統合報告書による情報開示の新潮流

Integrated Reporting

宝印刷株式会社
総合ディスクロージャー研究所 [編]

同文舘出版

はしがき

　宝印刷株式会社は，1952（昭和 27）年に創業以来，ディスクロージャー関連書類の印刷を専門とする会社として事業活動を展開して参りました。1967（昭和 42）年にはディスクロージャー制度に関連した法令等の調査研究およびディスクロージャー関連書類の事例収集と分析を目的とする「証券研究会」を発足させました。それから年月を重ね，2007（平成 19）年 4 月に「証券研究会」を発展的に改組し，ディスクロージャーの制度および実務に関する調査研究をより総合的な見地から追求するための専門機関として「総合ディスクロージャー研究所」を開設致しました。

　この度，その追求の矛先として，当研究所では，ひこばえの段階である統合報告に着目し，『統合報告書による情報開示の新潮流』を上梓する運びとなりました。

　2013（平成 25）年 12 月 9 日には，国際統合報告評議会（IIRC）が国際統合報告＜IR＞フレームワークを公表しました。それによると，「統合報告書は，組織の外部環境を背景として，組織の戦略，ガバナンス，実績，及び見通しが，どのように短，中，長期の価値創造を導くかについての簡潔なコミュニケーションである」と定義されています。企業報告の流れは「財務諸表等の財務情報」から「財務情報に ESG 情報等の非財務情報を加えた報告書」へと歩みを進めております。そのうえで本書の書名にもある通り，新潮流としての「統合報告書」へと変遷し，今後，作成する事業会社が増加していく予兆が感じられます。まさしく現在は，巨木へと育っていくであろう過渡期にいるのではないでしょうか。

　この書籍はさまざまな分野の第一人者が筆をとっております。具体的には学識経験者や実務家などが一同に介し，4 回の編集会議を経て発刊に至っております。編集会議では活発な意見が飛び交い，さまざまな視点から自説を述べていただきました。その集大成としての当該書籍が多様性をもっているのは，こうした議論の結果であるからです。

統合報告というと，専門用語が多く，理解することが難しいという通念がありますが，本書をお読みいただければ氷解すると自負しております。

　最後になりましたが，本書刊行に当たってご尽力いただいた同文舘出版株式会社編集局の青柳裕之氏に衷心より御礼申し上げます。

2014年5月

宝印刷株式会社
代表取締役社長　堆　誠一郎

目　次

第1部　わが国における統合報告書の現状

第1章　国際統合報告フレームワークの求める企業報告の変革

1. はじめに …………………………………………………………………… 3
2. なぜ統合報告か？：フレームワーク開発の背景 ………………………… 3
   - （1）企業経営の変化　5
   - （2）財務情報の説明力低下と情報ニーズの多様化　5
   - （3）金融市場の短期志向と持続可能性　6
   - （4）重要性と簡潔性に基づく報告の必要性　6
3. 国際統合報告フレームワーク ……………………………………………… 7
   - （1）統合報告の目的　7
   - （2）意思決定有用性を明示しない理由　9
     - ①利用者ニーズの実質的実現　9
     - ②スチュワードシップの重視　11
     - ③統合思考と統合報告のサイクル　12
   - （3）価値創造の伝達　13
     - ①組織価値の二側面　13
     - ②誰が，どのように価値を創造するか？　14
     - ③正の価値創造と負の価値創造　15
     - ④多様な資本と価値創造の連続性　15
   - （4）原則主義アプローチ：柔軟性と規範性のバランス　17
     - ①ガバナンス責任者の主体的関与と報告責任表明　17
     - ②重要性の概念と重要性決定プロセスの開示　18
     - ③量的指標の満たすべき特性と測定基準の開示　18
4. おわりに ………………………………………………………………… 18

第2章　統合報告＜IR＞国内事例調査 2013年版

（概要）……………………………………………………………………… 21
1. はじめに ………………………………………………………………… 22
2. 国内外の統合報告書の状況 …………………………………………… 22
　　（1）日本の統合報告書の発行状況　22
　　（2）海外における統合報告書の報告体系　25
　　（3）国内における統合報告書の報告体系　28
3. 統合報告＜IR＞国内事例調査　2013年版 ………………………… 29
　　（1）調査方法，調査対象企業　29
　　（2）リスク情報開示の状況　31
　　（3）マテリアリティテーマ別のリスク情報開示の状況　33
　　（4）リスク情報に関する媒体の横断的分析　36
　　　　①自動車・輸送機セクター　36
　　　　②運輸・物流セクター　37
4. おわりに ………………………………………………………………… 39

第3章　オムロン株式会社

1. はじめに ………………………………………………………………… 41
2. オムロンの経営方針と統合報告の関係性 …………………………… 42
　　（1）企業理念経営　42
　　（2）企業価値向上の考え方　43
　　（3）10年間の長期ビジョン　47
　　（4）オムロンのＩＲビジョン・ディスクロージャー戦略　49
3. アニュアルレポートから統合報告へ ………………………………… 54
　　（1）統合報告作成の背景　54
　　（2）「統合レポート2013」で目指したこと　56

4. 統合報告作成にあたっての留意点 …………………………………… 57
   （1）社内体制の整備　57
   （2）テーマ設定と表現方法　58
   （3）有効に活用するために　59
   （4）紙媒体かペーパーレスか　59
   （5）社外支援会社の活用　60
5. おわりに ……………………………………………………………… 61

第4章　武田薬品工業株式会社

1. CSRに関する考え方 …………………………………………………… 65
   （1）CSR活動と持続可能性の関係　65
   （2）「統合」に関する概念整理　66
2. 統合報告書の制作と活用 ……………………………………………… 67
   （1）制作チーム　67
   （2）開示フォーマット　68
   （3）活用方法　68
3. 統合報告／統合報告書の変遷 ………………………………………… 69
   （1）2003年度版：アニュアルレポートを通じた本業
       （＝CSR活動の根幹）の情報開示　69
   （2）2004－2005年度版：非財務情報開示の必要性を認識　70
   （3）2006－2008年度版：ステークホルダーからの要請への対応　71
   （4）2009年度版：グローバル企業としての責任を認識　72
   （5）2010年度版：中期経営計画への織り込み　74
   （6）2011年度版：統合ツールとしてのISO26000活用　75
   （7）2012年度版：IIRCパイロット・プログラムからの学び　76
4. 2013年度版の特徴 …………………………………………………… 77
   （1）戦略的焦点と将来志向　78

(2) 情報の結合性　79
　　　(3) ステークホルダー対応性　80
　　　(4) 重要性と簡潔性　81
　　　(5) 信頼性と完全性　82
　　　(6) 一貫性と比較可能性　83
　5. 今後の課題 ………………………………………………………… 83

第5章　フロイント産業株式会社

　1. 統合報告書作成の目的 ……………………………………………… 89
　　　(1) 当社の概要　89
　　　(2) IR活動の開始期　90
　　　(3) IRストーリーの構築　91
　　　(4) 株主通信→アニュアルレポート→統合報告へ展開の観点　92
　　　(5) 社内コンセンサスの形成　93
　　　(6) 当社IR資料の変遷　93
　2. 統合報告書の製作プロセス ………………………………………… 95
　　　(1) 作成チームの編成　95
　　　(2) 当社統合報告の作成に向けて　96
　　　(3) 社内の情報収集　97
　　　(4) 編成に至るまでの苦労話，問題　98
　　　(5) 開示フォーマットの変遷・統合報告書に至るまでのプロセス　98
　　　　① 2012年2月期：株主通信（Freund Report 2012）　99
　　　　② 2013年2月期：統合報告　100
　3. 総合統合書の内容 …………………………………………………… 100
　4. 統合報告書の活用 …………………………………………………… 102
　　　(1) 統合報告書作成後の内外の反応，利用法　102
　　　(2) 報告書作成にあたって参照したガイドライン　103

5. 今後の課題 ……………………………………………………… 103
　（1）今後の課題・可能性　103
　（2）現時点での反省点　104

第2部　統合報告書導入にあたっての課題

第1章　統合報告書のわが国証券市場での活用方法について

1. はじめに ………………………………………………………… 111
2. 上場企業の情報開示の方法 ……………………………………… 113
　（1）会社法に基づく開示　113
　　①概要　113
　　②事業報告　113
　　③計算書類　114
　（2）金融商品取引法に基づく開示　114
　　①概要　114
　　②有価証券報告書　115
　　③財務情報と非財務情報　115
　（3）証券取引所規程に基づく適時開示　115
　　①概要　115
　　②決算短信　116
　　③財務情報と非財務情報　117
　（4）任意開示のアニュアルリポート　118
　　①概要　118
　　②優れたアニュアルリポート　119
3. 各開示制度の下における統合報告書の活用方法 ……………… 120

（1）統合報告書の目的と利用者　120
　　（2）統合報告書の報告媒体　121
　　　　①独立した報告書または他の報告書の一部　121
　　　　②わかりやすい報告媒体　122
　　（3）統合報告書作成にあたっての基本原則と記載内容　122
　　　　①基本原則　122
　　　　②統合報告書の記載内容　124
　　　　③IIRCフレームワークに沿った統合報告型有価証券報告書　125
　　　　④IIRCフレームワークに沿った統合報告型決算短信　126
　　　　⑤IIRCフレームワークに沿った統合報告型アニュアルリポート　127
4. おわりに ………………………………………………………… 128

第2章　財務報告と統合報告

1. はじめに ………………………………………………………… 131
2. 統合報告の必要性と目的 ……………………………………… 131
　　（1）統合報告と統合報告書　131
　　（2）統合報告の必要性　132
　　　　①開示すべき情報の拡大　132
　　　　②情報の簡約化・集約化　132
　　　　③投資の短期思考から中長期思考へ　132
　　（3）統合報告の目的と利用者　133
3. 統合報告の位置づけ …………………………………………… 134
　　（1）価値に対する見方　134
　　（2）財務情報と非財務情報との統合　134
　　（3）統合報告の範囲　136
　　（4）統合報告の内容　137
　　（5）統合報告における情報の性質　139

4. 財務報告の見方の拡大 …………………………………………140
   （1）資本と利益　140
   （2）統合報告における「資本」　141
   （3）財務報告の見方の拡大と課題　143
5. おわりに ………………………………………………………144

第3章　財務報告と統合財務報告制度

1. 統合報告とワンレポート ………………………………………147
2. 統合報告に至る代替的経路 ……………………………………150
3. 開示フレームワークの再構成 …………………………………153
   （1）財務報告の構成要素　153
   （2）配置規準の設定　155
4. 財務報告と統合報告の境界問題 ………………………………156
5. おわりに―統合報告型有価証券報告書を目指すのか― ……159

第4章　環境報告書・CSR報告書から統合報告書へ

1. はじめに ……………………………………………………… 163
2. ESG情報に関連するガイドライン ………………………… 164
   （1）環境会計ガイドライン　165
   （2）環境報告書ガイドライン　166
   （3）GRIガイドライン　168
   （4）国連グローバル・コンパクト（UNGC）　169
3. 非財務情報開示の現状と課題 …………………………………170
4. 統合報告書への期待と課題 ……………………………………173
   （1）統合報告書への期待　173

（2）中長期的な志向への誘導は可能か　175
　5．おわりに ………………………………………………………………176

第5章　証券市場における情報開示の今後のあり方

　1．統合報告は企業価値を映す鏡となり得るか ……………………………179
　　（1）開示から報告へ　179
　　　　①開示（disclosure）と報告（report）　179
　　　　②ハードな開示（disclosure）から，ソフトローとしての規則へ　180
　　　　③非財務情報と財務情報　180
　　（2）開示制度の重さと新しい報告（書）作成への期待　181
　　　　①開示規制の重さ　181
　　　　②新しい報告（書）への期待　182
　　（3）市場の下で統合報告は有用か　183
　　　　①アプローチの方向性は正しいものの　183
　　　　②市場の現実認識ができていない　183
　　　　③抽象的基礎概念は実用的でない　184
　　（4）統合報告が企業価値算定にどうつながるか　185
　　　　①国際財務報告基準　185
　　　　②統合「財務」報告アプローチ　185
　　　　③企業経営者にとって　186
　2．作成企業からみて意義ある報告とは何か ………………………………186
　　（1）経営者の思考回路は"統合思考"そのもの　186
　　（2）財務情報に特化し過ぎる取締役　187
　　　　①財務中心の報告会　187
　　　　②取締役会の活性化のためには　187
　　（3）多忙な現場とIR時の経営者の悩み　188
　　　　①経営者にとって　188

②広義のIRに向けて　189
3. 投資家からみて意義のある報告とは何か ………………………………… 189
　（1）わかりやすいと有用的であるとの関係　189
　　①有用性とは　189
　　②アナリストとして　190
　（2）個人投資家としての経験から　190
　　①投資信託を通じての企業評価について　190
　　②個別株投資の意義と材料不足の現状　191
4. おわりに ………………………………………………………………………191
　（1）市場原理と国際，国内社会の相克にかかわる諸現象　191
　　①金融商品としての企業　191
　　②市場における真の企業価値　192
　　③市場と社会のゆがみと是正　193

第6章　統合報告書は「統合思考」の醸成から

1. はじめに ……………………………………………………………………… 195
2. 環境・社会の持続可能性と企業価値 ………………………………………… 195
　（1）企業価値にかかわるグローバルな環境的・社会的課題　195
　（2）高まる企業の責任と期待　196
　（3）狭義と広義の企業価値，両者をつなぐ非財務情報　197
3. 重要性を増す非財務情報 ……………………………………………………… 198
　（1）企業情報の多様化と非財務情報の重視　198
　（2）企業価値に対する財務情報の説明力低下　199
　（3）非財務情報の中核としての「ESG情報」　199
　（4）どのような非財務情報が有用なのか？　200
4. 財務情報と非財務情報の戦略的統合 ………………………………………… 201
　（1）世界的に本格的な模索が始まった「統合報告書」　201

（2）そもそも，統合報告書とは何か？　202
　　　　①なぜ統合報告書なのか？　202
　　　　②統合報告書に不可欠な「統合思考」　203
　　　　③財務情報と非財務情報の戦略的な関係づけ　204
　　　　④統合報告書で答えるべき価値創造プロセスに関する8つの問　204
5. 発想の転換を迫る「統合思考」………………………………………… 206
　　（1）鍵を握る「統合思考」　206
　　（2）「統合思考」の導入に向けた4つのポイント　206
6. おわりに ………………………………………………………………… 209
　　（1）いかに経営戦略の個性を伝えるか？　209
　　（2）"情報開示の統合"から入るのが現実的？　209

第7章　法定開示と統合報告

1. はじめに ………………………………………………………………… 211
2. 法定開示制度の概要と特質 …………………………………………… 212
　　（1）法定開示制度の概要　212
　　（2）法定開示における投資情報の特質　214
3. リスク情報等にみる法定開示制度の変遷 …………………………… 217
　　（1）リスク情報等の特質　217
　　（2）リスク情報等の導入　218
　　　　①金融審議会の報告書　218
　　　　②開示府令等における規定　220
4. 統合報告の法定開示化 ………………………………………………… 221
　　（1）「法定開示化」の考え方　221
　　　　①記載事項について　221
　　　　②将来情報への対応について　222
　　　　③保証について　223

    （2）「法定開示化」の検討　224
       ①改正提案　224
       ②改正提案へのコメント　225
 5. おわりに ………………………………………………………… 226

第8章　統合報告書の意義について―規制開示との比較・検討―

 1. はじめに ………………………………………………………… 229
 2. 証券市場における企業情報の開示 ……………………………… 231
    （1）証券市場の成立の前提　231
    （2）証券市場への企業情報の開示ルート　231
    （3）任意開示としての統合報告書の意義の考察スタンス　233
 3. 統合報告書と規制開示の構成比較 ……………………………… 233
    （1）統合報告書における開示情報の構成　233
    （2）規制開示における開示情報の構成　234
    （3）統合報告書と規制開示の全体的比較　234
       ①財務諸表　234
       ②財務諸表以外の情報　235
 4. 法定開示と統合報告書の比較 …………………………………… 236
    （1）有価証券報告書における開示　236
    （2）統合報告書の「実績」開示との比較　236
    （3）統合報告書の「将来の見通し」との比較　238
 5. 適時開示と統合報告書の比較 …………………………………… 238
    （1）決算短信における開示　238
    （2）統合報告書の「実績」開示との比較　239
    （3）統合報告書の「将来の見通し」との比較　239
 6. 開示情報のあり方と統合報告書の意義 ………………………… 241
    （1）「実績」と「将来の見通し」に関する比較・検討の評価　241

(2) 統合報告書（フレームワーク）の意義　241
7. おわりに …………………………………………………………… 242

第9章　統合報告と制度的対応
―英国の統合報告に関する規制の試み―

1. はじめに ……………………………………………………………… 245
2. 非財務情報（記述的な情報）の開示に関する従来の規制 …………… 246
    (1) 英国会社法の規制　246
    (2) 金融サービス市場法による規制　248
    (3) 開示に関する監査と民事責任　250
        ①監査等　250
        ②不実開示等に関する取締役等の民事責任　250
3. 非財務情報の開示に関するフレームワーク見直しの試み ………… 251
    (1) 新たな開示フレームワークの提案　251
    (2) 2013年規則による2006年会社法の改正　253
        ①改正規則案の公表　253
        ②2013年規則による会社法の改正　254
4. おわりに―若干の検討 ……………………………………………… 255

第1部

わが国における統合報告書の現状

第1章 国際統合報告フレームワークの求める企業報告の変革

1. はじめに

　本章では，2013年12月9日に公表されたIIRC国際統合報告フレームワーク1.0の背景および特徴的な点に触れながら，統合報告の求める企業報告の変革についてまとめる。

　前段では，金融市場の短期志向，持続可能性の問題，企業の無形価値の増大という一連の課題に対して，企業，投資家，政府による行動変化が求められる状況から，統合報告が提唱された背景を概括する。後段では，IIRCの公表した国際統合報告フレームワークの概要について，これまでの企業報告との違いにも言及しながら筆者の見解を述べる。

2. なぜ統合報告か？：フレームワーク開発の背景

　"Integrated Reporting is about a revolution in corporate reporting"（統合報告は企業報告に革命をもたらすものである）。これは，国際統合報告評議会（The International Integrated Reporting Council：IIRC）CEOであるPaul Druckman氏の言葉である。彼の言葉に明確に表れているように，IIRCは，統合報告が従来の企業報告の単純な延長線上にあるものとしては捉えていない。

　IIRCは2013年12月9日，国際統合報告フレームワークを公表した。

> **第1部** わが国における統合報告書の現状

　2009年12月，英国ロンドンのクラレンス・ハウス公邸で開催された円卓会議にて設立が合意されてから，約4年間の活動を経て，当初目的を達成したこととなる。

　IIRCが設立され，統合報告を提唱し，国際フレームワーク策定に至った背景は，金融市場ひいては経済全体のショート・ターミズム（短期主義）と持続可能性課題というグローバル課題に対処すること，また，制度および投資家要請に対応する形で増加し続ける開示情報を重要性・結合性の観点から整理することを通じて企業報告の簡潔性を高めることにある。筆者は，4年間，IIRCの技術作業部会（Technical Task Force：TTF）において，その基本的な考え方が共有され，強化され，理論的，技術的に整理されるプロセスに参加してきた。そこでの議論は，これまでの過去財務情報の伝達に焦点を当て，制度遵守による規律づけを前提とした報告のあり方ではなく，企業報告が社会全体の長期持続的な価値創造を実現するためのドライバーとして機能することを主眼においたものであった。

　IIRCは2011年9月，討議文書「統合報告に向けて～21世紀における価値を伝達する～」を公表し，統合報告の必要性を提起した。経営環境および経営実態が大きく変化しているにもかかわらず企業報告が適切に対応できていないこと，それによって企業の価値が適切に表せていないこと，そして，開示情報が急速に増大しており報告の簡潔性と結合性が失われていることに焦点が当てられた。そして，そのような状況に対応するため，企業報告は，統合思考に基づき，将来・長期志向で，戦略を軸とした重要情報を簡潔に提示するものとする，という統合報告の方向性が示された。さらに，統合報告を国際的な広がりをもって実現するための枠組みとして，国際統合報告フレームワークを開発することが提案された。公開意見募集の結果，これを支持する形での意見が大多数を占めた。

　以下，討議文書で提起された内容を中心に，統合報告が必要とされる趣旨を概説する。

(1) 企業経営の変化

　統合報告が提唱されることとなった要因の1つに，企業報告が，現代経済社会における企業経営のあり方に適応できていないという問題意識がある。グローバル化が進み，大規模企業が世界経済の中心的存在となる一方で，環境や人権といった持続可能性課題の顕在化と企業の果たすべき役割に対する期待が広がりつつある。企業は，従来よりも広範な課題に取り組むことが求められ，その対応次第で経営が左右されるという認識は一般化しつつあるといえよう。また，財務的，物的資本に比して，人的，知的資本，社会関係資本といった無形の資本が企業価値に占める割合が高まっていることは，たびたび指摘されてきた点である。

(2) 財務情報の説明力低下と情報ニーズの多様化

　そのような経営環境や経営のあり方の変化は，伝統的な会計によって作成される財務情報の説明力の低下につながった。近年，財務報告においても年金会計，税効果会計，減損会計，資産除去債務といった，将来見通しについての経営判断を必要とする会計基準の開発が進められてきているが，そこで補足可能な情報は，当然ながら会計上の認識および測定要件を満たすものに限定され，企業が直面するさまざまな経営課題や，それに対する経営上の対応を財務情報のみで表現することは不可能である。そのため，米国企業報告制度規則S-Kにおいて要求されるMD&Aを含む10-K上の記載項目や，IASBの提唱するManagement Commentaryといった形で，各国制度上，財務諸表以外の情報の充実がつとめられてきた。

　また，コーポレートガバナンスや経営者報酬に関する報告，持続可能性報告書のように企業の環境・社会的側面に焦点を当てた報告等，企業に求められる情報は多様化しており，情報媒体も多岐にわたる。多くの企業は，有価証券報告書等の制度開示書類のみならず，自主的なアニュアルレポートや投資家向けプレゼンテーション書類，ウェブサイト上の情報提供等，さまざまな形で情報を開示している。

(3) 金融市場の短期志向と持続可能性

　巨大金融機関リーマン・ブラザーズの経営破たんを直接のきっかけとする金融危機は，倫理観の欠如した短期志向の金融のあり方の脆さを露呈した。本来，長期的に運用益を上げることを求められる年金基金等の機関投資家さえも，短期志向の運用に陥り，企業の短期的な財務業績に一喜一憂し，それによって株価が大きく変動する。このような短期志向の金融のあり方に対して，企業報告のあり方に責任はなかったかという問題提起，また，企業報告のあり方を変化させることによって，長期志向の金融を実現することができるのではないかという議論も，IIRC内外でなされた。

　また，近年，投資家がより責任ある投資行動をとることによって財務リターンの確保と持続可能な社会の実現という2つの目的を同時実現していくことへの取り組みも広がりをみせてきた。国際レベルでは，国連の責任投資原則（PRI）への公的年金基金等の機関投資家による参画が中核となり，国レベルでも，欧州各国での長期運用方針の開示要請（Statement of Policy）やスチュワードシップ・コードの策定を通じて，投資家が，長期的志向に基づき，持続可能性に配慮して投資運用をすることが求められるようになってきた。このような国際イニシアティブや各国制度は，機関投資家が長期の運用方針を策定し，投資先のESG（環境，社会，ガバナンス）要因を分析評価し，エンゲージメントを含む投資家行動をとる実務と，そのための体制整備に貢献した。そして，投資行動を変化させてきた機関投資家層は，近年の企業報告が過去の財務実績を中心とした企業価値の短期的な側面のみに焦点を当てすぎており，長期的な価値に影響する課題を軽視しすぎているというメッセージをIIRCに送り，そのような投資家の声は，IIRCにおける統合報告のあり方の議論に強く影響を及ぼしてきた。

(4) 重要性と簡潔性に基づく報告の必要性

　企業経営の変化と財務情報の説明力低下，投資家ニーズの多様化，長期志向情報の必要性といった要請は，伝統的な財務報告以外の情報開示，非財務情報開示の制度化という形で，開示情報の増加につながった。欧米企業の年

次報告書は数百ページにおよび，その他にも，持続可能性報告書，投資家向けのプレゼンテーション，ウェブ情報といった形で，さまざまな情報が開示されるに至った。このような情報量の増加は，投資家による分析および理解の材料を提供する一方で，企業の全体像理解を阻害する要因としても指摘されることとなった[1]。この問題に対して，IIRC討議文書は，価値創造という観点で重要な情報のみを簡潔に報告する統合報告書を中核として，既存のさまざまな報告をリンクさせ，再構成することによって解決することを提案した。

3. 国際統合報告フレームワーク

次に，2013年末に公表された国際統合報告フレームワークの中で，特に企業報告に大きな変化をもたらし得る特徴を論じる。

(1) 統合報告の目的

IIRCが国際統合報告フレームワークを開発する究極的な目的は，フレームワーク冒頭に下記のように記されている。

> IIRCの長期的なビジョンは，統合報告が企業報告の主流となり，それによって統合思考が公的・民間セクター組織の中核に組み込まれることである。統合思考と統合報告の循環によって，効率的かつ生産的な資本配分がもたらされ，それによって金融安定化と持続可能性に向けた力となるだろう。

また，続く文章では，統合報告の狙いについて，

---

[1] FRC (Financial Reporting Council) (2011) Cutting Clutter : Combating clutter in annual reports.

第1部　わが国における統合報告書の現状

> - 財務資本提供者が利用可能な情報の質を改善する。
> - 組織の価値創造の重要な要因についての複数の報告形態を基礎としつつ，より纏まりがある，効率的なアプローチを進める。
> - 多様な資本についての説明責任とスチュワードシップを高める。
> - 長期的な価値創造につながる統合思考，意思決定および行動を支援する。

の4点があげられている。

ここに記載されているように，IIRC は，統合報告を企業報告の主流の実務としていくことについて明確な政策目的を有する。これらは，先述のとおり，IIRC が設立され，統合報告の必要性についての検討を進めていく過程において確立されてきたものである。

さらに，フレームワークは，統合報告の目的と想定利用者に関して，以下のように記述している。

> ＜統合報告書の目的と利用者＞
> 統合報告書の主たる目的は，財務資本の提供者に対して，組織がどのように長期的に価値を創造するかを説明することにある。

フレームワーク冒頭で記述されているとおり，IIRC の究極的な目的は金融安定化と持続可能性の同時実現である。これは，IIRC の設立時から共有されてきている基本的な理念に基づくものである。近年の金融の短期志向化は，経済の不安定要因となり，短期志向な経済活動は経済社会の持続可能性を危機的なものとしている。資本主義社会の中核をなす金融セクターと企業セクターの両方が，長期的志向に基づき行動することが必要であり，そのためには，両者のコミュニケーション手段である企業報告が変わらなければいけない。

実のところ，IIRC 設立時より，企業の多様な側面を取り扱う統合報告においては，従業員,消費者,取引先,地域住民といった多様なステークホルダーを財務資本提供者と同様に情報利用者として位置づけるべきだとの見解も，

特に持続可能性報告の関係者から強く示されてきた。しかしながら、異なる情報ニーズを有する多様なステークホルダーを情報利用者とする場合、どのステークホルダーの情報ニーズをも満たせなくなるという理由に加えて、長期志向の市場経済を実現するという IIRC の目的からも、財務資本提供者を主たる利用者とする方針は堅持された。

このように統合報告の想定利用者は、財務資本の提供者となっており、この点において伝統的な財務報告枠組みからの転換はない。しかし、この報告目的に関する記載においては、財務資本提供者に価値創造を伝達することのみ記載されており、その意思決定に資することを目的とする旨の言及はない。実は、2013年4月に公表されたコンサルテーション草案には、「統合報告書は、財務資本の提供者に向けて、その財務資本配分の際の評価に資することを目的として、作成されるべきである。」との記載があったが、コメント対応のための議論の末、方針が転換された。この方針転換は、開示情報を決定するための原則である「重要性」原則の記述においても、想定利用者の判断への影響度合いを考慮する形から、価値創造への影響という判断基準のみに限定するという形で修正されており、同様の対応となっている。IASB の財務報告に関する概念フレームワークにおいては、投資家等の情報利用者による将来キャッシュ・フロー予測に基づく資源提供の際の意思決定に資する財務情報を提供していくことを目的としており、今回の国際統合報告フレームワークがコンサルテーション草案から修正された点を考慮すると、統合報告に関して、意思決定有用性を意図的に明示していないことが理解できる。

(2) 意思決定有用性を明示しない理由
①利用者ニーズの実質的実現

フレームワーク上、意思決定有用性を強調しない第1の理由は、利用者ニーズを強調しすぎることにより想定される懸念への対応にある。TTF にて、統合報告における重要性をどのように決定するか、すなわち、企業は報告すべき事項を、どのような視点とプロセスによって決定すべきかを議論した際に、この点が問題となった。

第1部　わが国における統合報告書の現状

　議論の当初段階において，投資家側のメンバーは，企業が投資家ニーズを考慮しながら開示情報の重要性を判断するアプローチを主張した。投資家にとって有用な情報は何かを判断基準として報告事項が決定されるべきであるという，意思決定有用性アプローチに基づく主張である。一方，企業サイドからは，投資家といってもヘッジファンドから年金基金まで多様であり，そのニーズも異なるため，それらすべての情報ニーズを満たす報告は現実的でないという主張がなされた。また，多様な投資家に共通する情報ニーズに焦点を当てようとすると，短期の財務的側面に関する情報に収斂してしまい，結果として投資家の短期的な意思決定に基づく行動が助長されるという問題も，実務者および有識者それぞれからたびたび提起されてきた。

　そのような議論を踏まえ，IIRCは，フレームワークにおいて利用者ニーズを強調するよりも，財務資本提供者にとって本来的に価値がある情報，さらには，本来投資家が投資判断において考慮すべき情報の基本方針を示すアプローチが有効であると判断した。そして，統合報告においては，価値創造を主題とし，組織がどのような価値をどのように創造するかを示すことを目的とすべきと結論づけた。

　このように，IIRCは，主たる想定利用者である財務資本提供者にとっての情報の有用性を強く意識しつつも，意思決定有用性を統合報告の目的としなかった。IIRCは，そのフレームワーク開発プロセスにおいて，非常に多くの投資家関係者の声を聞いている。IIRC内の協議体に投資家の参画を求め，主要な機関投資家から構成される投資家ネットワークを組織している。各国地域で開催されるラウンドテーブルにも，企業関係者と並んで投資家メンバーの参画を担保してきた。これらの対応は，投資家ニーズを報告枠組みに反映させようというIIRCの意思の表れといえる。2011年9月公表のディスカッション・ペーパー，2013年4月公表のコンサルテーション草案に対して，投資家サイドからのコメントが多く提出された。

　しかし，IIRCは，フレームワーク上で意思決定有用性アプローチを明示的に示すことを避けた。意思決定有用性を強調し，意思決定有用性の観点からのみ報告のあり方を整理することが，逆説的ではあるが，財務資本提供者

にとっての有用性を損ないかねないと判断したからである。その代わりに，フレームワークは，統合報告におけるガバナンス責任者の主体的関与を求め，ガバナンス責任者が重要と考える情報をその責任のもとで開示することによって，情報の有用性を実質的に担保しようとしている。この点については，より詳しく後述する。

②スチュワードシップの重視

　フレームワークは，企業（経営者）のスチュワードシップを重視している。近年の財務報告においても，意思決定有用性だけでなくスチュワードシップを基礎とした説明責任を目的とすべきことが再認識されつつあるが，統合報告フレームワークの策定過程において，報告目的にスチュワードシップを果たしていることの説明を含めるべきだとの主張が示された。

　フレームワークにおけるスチュワードシップ重視の姿勢は，以下の各点から読み取れる。

- 統合報告の目指すところとして，多様な資本についてのスチュワードシップを高めることを掲げた。
- 統合報告の中核となる価値創造について，多様な資本概念を採用した。
- 統合報告書作成の基本原則として，ステークホルダー関係性を掲げ，多様な資本に対する企業のスチュワードシップの発揮状況について説明することを求めた。

　IIRCがスチュワードシップを重視する理由は，以下の点にあると筆者は考える。第1に，統合報告が長期志向の企業報告を志向しており，年金基金等の長期保有型の投資家を主たる利用者として意識していることがあげられる[2]。長期保有型の投資家は，その投資ポートフォリオ運用にあたって株式売買という形での株主行動をとることが難しいことが多い。また，近年，長期保有型の投資家には，投資家自身のスチュワードシップが政策的に，また実務的にも求められており，その結果，投資家は企業との関係においてエン

---

2) 国際統合報告フレームワークのコンサルテーション草案では，統合報告によって最も便益を享受するのは長期投資家であると記述されていた。

ゲージメント活動により一層力点をおくようになっている[3]。そのため，長期投資家にとっては，将来キャッシュ・フロー予測に資する情報だけでなく，投資先企業が，彼らの委託した資本を適切に活用する形で経営行動をとっているかにも強い関心をもつこととなる。IIRC のフレームワーク開発に参画している投資家は，このような長期投資家であり，彼らのニーズはフレームワークに強く反映された。

　また，統合報告では，多様な資本をインプットとして活用し，これを増やしていくことを価値創造として捉えている。したがって，企業には，これらの資本をどのように有効活用し，価値創造に繋げたかについての説明が期待される。ここで，統合報告における資本は財務資本に限られず，人的資本や知的資本，自然資本なども含まれる。その資本提供者も多様である。そのため，財務報告と異なり，統合報告フレームワークのいうスチュワードシップは，財務資本の提供者に対するスチュワードシップに限られない。例えば，人的資本の提供者は従業員であり，従業員へのスチュワードシップも，統合報告で考慮すべき対象となる。

　一方，統合報告書の主たる目的から，想定利用者は財務資本提供者として位置づけられている。したがって，統合報告では，財務資本提供者による価値創造評価に資する範囲においてのみ，これらのスチュワードシップの状況は報告される。統合報告はマルチ・ステークホルダーに対する多様な資本に関するスチュワードシップの発揮状況を取り扱うが，それは，財務資本提供者に有用な範囲においてである。

③統合思考と統合報告のサイクル

　上記のフレームワーク冒頭の記述にあるとおり，IIRC は統合思考と統合報告のサイクル（好循環）を重視している。統合報告を実施する重要な目的の1つである。統合報告を実施することによって企業内の統合思考が促され，その統合思考は，より進んだ統合報告の基礎となるという考え方である。こ

---

[3] 日本においても「責任ある機関投資家の諸原則〈日本版スチュワードシップ・コード〉」が金融庁より 2014 年 2 月 27 日に公表された。

のような考え方に対して，組織外への情報開示を目的とする「報告活動」に関して，企業自身にとっての効果を言及することには，理論的観点から否定的な意見も存在した。しかしながら，そのような意見にも増して，統合報告における統合思考の重要性を指摘する声，そして，統合報告が企業内の統合思考を深化させることへの期待は，特に実務者である企業と投資家の間で大変強かった。

　IIRCでも議論されたことであるが，企業がスチュワードシップを発揮することと，企業の統合思考を深化させていくことは，密接に関係にしている。すなわち，企業が受託した多様な資本を有効活用し，価値創造を進めるためには，統合思考が不可欠である。また，企業が，その統合思考に基づき，価値創造をしているかどうかについての情報は，財務資本提供者にとって不可欠な情報である。

(3) 価値創造の伝達

　先述のとおり，統合報告書は，財務資本提供者に対して価値創造を報告することを目的とする。言い換えれば，価値創造が統合報告書の主題となる。IIRCは，統合報告書において報告されるべき価値創造の概念整理に多くの時間を費やしてきた。フレームワークの中でも，基礎的概念として価値創造概念を説明しており，複数の側面において伝統的な企業価値の定義を拡張している。以下，その主な特徴を述べる。

①組織価値の二側面

　フレームワークは，組織が創造する価値には，組織自身に対する価値と，他者（すなわちステークホルダー，より広く社会）に対する価値という2つの側面があるとしている。組織自身に対する価値とは，最終的に財務資本提供者に財務リターンとして還元されるものであり，いわゆる株主価値（あるいは負債も含めた財務企業価値）と呼ばれるものである。

　企業は，事業活動を通じて財・サービスを提供する。ここで顧客，より広くは経済社会に生み出される価値は，他者に対する価値である。この顧客へ

の財・サービスの提供は企業収益という財務リターンとなり，株主にとっての企業価値創造となる。また，企業は教育研修や会社内外での経験を積む機会を提供する等の形で人的投資を行っているが，このような人的資本への投資は，将来の収益増やリスク低減を通じて株主への財務リターンを増やすので，株主価値の増加につながる。一方，他者への価値創造という視点でみれば，従業員というステークホルダーに価値を提供する活動といえる。このように，企業が実施するさまざまな活動は，「組織に対する価値」と「組織外に対する価値」の両方を高めていくことを目的としている。

ここで，伝統的な財務報告は，組織にとっての価値のみを測定することを目的としてきたが，組織外への価値創造を理解せずに組織価値を評価することは不可能である。一方，持続可能性報告は，組織外に対する価値に焦点を当ててきたが，対象が環境・社会といった限られた領域を対象としてきたのに加えて，組織自身にとっての価値さらには株主価値との関係性が明確ではなかった。今回，フレームワークは，企業価値の2つの側面が明確に関係づけられたうえで報告されることが，財務資本提供者の企業価値評価において不可欠であるとして，統合報告はその両方を報告対象とすべきであることを明確にした。

②誰が，どのように価値を創造するか？

さらに，フレームワークは価値創造の主体に着目し，価値は組織単独で創造されるものではなく，外部環境に影響を受けつつ，ステークホルダーとの関係性を通じ，多様な資源に依拠しながら，創造されるものであるとした。輸送用機械メーカーを例にとれば，金銭的資源だけでなく，鉱物資源，エネルギー資源，機械装置，広範な科学技術，良質な労働力とノウハウといった多様な資源を活用する。また，部品製造，輸送，販売会社といった組織外のサプライチェーンが製品の品質やリードタイムに大きく影響を与える。また，より広く，安全で快適なモビリティ価値の提供という観点からみれば，情報システムや交通情報等のビッグデータが急速に重要性を増している。新興国や開発途上国での事業展開は，地域社会との良好な関係を築くことによって，

事業活動に対する社会的許諾（Social license to operate）を獲得することが不可欠となっている。

③正の価値創造と負の価値創造

　また，フレームワークは，価値を増やす正の価値創造だけでなく，価値を減らす負の価値創造（価値の毀損）も対象としている。企業活動は，さまざまな形で多かれ少なかれ環境負荷を生じさせており，これは社会的価値の毀損として捉えられる。それだけでなく，過酷な労働環境や人権の侵害が存在すれば，それもまた社会的価値の毀損につながり，組織自身にとっても評判リスクの顕在化や回復コスト負担等を通じて財務的価値をも損ないかねない。フレームワークは，企業活動の正の側面だけでなく，負の側面も含めて偏りなく報告することを求めることによって，統合報告が価値創造の全体像を捉えることができるようにしている。

④多様な資本と価値創造の連続性

　これらの拡張された価値創造概念を支えるのが，多様な資本という概念である。企業は，財務資本のみならず，製造資本，知的資本，人的資本，社会関係資本および自然資本を活用し，組み合わせ，事業活動プロセスを経ることを通じて，これらの資本を増減させる。この活動を価値創造として定義した。資本は価値の蓄積として捉えられる。財務報告では，貸借対照表に示されるように，組織が所有する財務資本と製造資本，および知的資本の一部をストック情報として捉え，毎期の事業活動による経済的価値の増加という成果（または減少というマイナスの成果）をフロー情報として，その連続性によって財務的な企業価値の増減を伝達してきた。

　統合報告フレームワークは，このストックとフローの概念を先の6つの資本に表される多様な価値創造に拡張している。企業の価値源泉における無形資産の重要性が増し，さらには環境問題や社会的課題に企業がどのように対応するかが，社会にとっても，組織自身にとっても重要性が高まっているという状況認識のもと，これらのさまざまな資源および関係性（すなわち資本）

第1部　わが国における統合報告書の現状

の増減を一連の価値創造システムとして捉えたのが，統合報告における価値創造モデルである。価値創造というフロー概念と，資本というストック概念が組み合わさることによって，現在のさまざまな組織活動の成果および影響は，将来の価値創造力にも影響を及ぼすという実態を表現することができる。

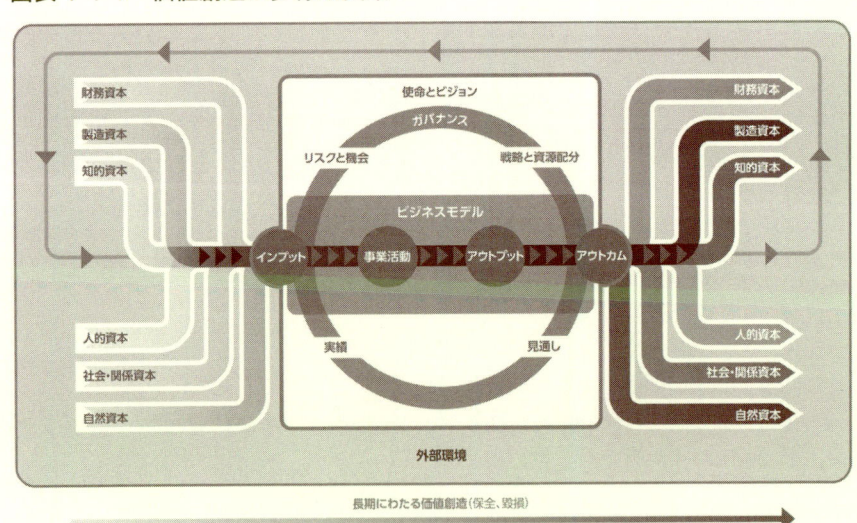

図表 1-1-1　価値創造と多様な資本

出所：IIRC（2013）The International <IR> Framework, December, p13.

　以上，国際統合報告フレームワークにおける価値創造の考え方を説明したが，これは統合報告の基礎概念であり，図表1-1-1に表される価値創造モデルをそのまま当てはめて報告されることを意図したものではない。筆者は，会社がどのような資本を利用しているかをフレームワークの資本分類に沿って開示する必要があるのかという質問をいただくことがよくあるが，それはフレームワークの意図するところではない。フレームワーク上で統合報告書の報告内容を規定するのは，要求事項の設定された基本原則および内容要素である。むしろ，フレームワークに示される基礎的概念は，価値創造を軸に，経営資源，ステークホルダーとの関係性，創造する価値，そしてその時間軸

といった各視座を幅広く捉えなおすためのものであり，報告組織が，基本原則と内容要素に基づき何をどのように開示するかを考慮する際の基本的な視点を提供するものといえる。

(4) 原則主義アプローチ：柔軟性と規範性のバランス

フレームワークは，報告組織の多様な状況を柔軟に反映できる枠組みとすることを重視して開発されており，原則主義的な考え方が貫かれている。IIRC に対し，何をどのように報告するかについて，より具体的に示す等，より規範性の高いフレームワークとすべきとの声も多かった。例えば，統合報告における共通の KPI（Key Performance Indicators）とその測定基準等の提示についてである。しかし，経営の多様性が高まる状況において，そして，国際的な枠組み文書において，画一的な情報開示を求めることは適切ではないという判断から，フレームワーク上 KPI を規定するという選択は採用しなかった。

このように，IIRC は，原則主義という報告組織の主体性，柔軟性を重視するアプローチを採用する一方で，企業の主体的判断によって作成される報告書が，求められる規範性を確保し，報告の質を担保したものとなるための工夫を施している。

①ガバナンス責任者の主体的関与と報告責任表明

フレームワークは，統合報告書が，ガバナンス責任者（取締役会等，組織の戦略的な方向性と説明責任およびスチュワードシップ責任を負うもの）の主体的関与のもと作成されることを求めている。さらに，統合報告書の中でガバナンス責任者による責任表明を含めることも求めている。ここでの責任とは，統合報告書の誠実性を確保し，統合報告書の作成および表示に関して総合的な考察を適用し，フレームワークへの準拠性を担保する責任である。

この背景には，統合報告において何をどのように報告するかは，ガバナンス責任者としての経営層がその最終的な責任のもと決定すべき問題であり，そのような体制と，それに基づくプロセス無しに，実質的な内容の伴うコミュ

第1部　わが国における統合報告書の現状

ニケーションは実現し得ないという基本的な考え方がある。

②重要性の概念と重要性決定プロセスの開示
　フレームワークでは，統合報告書にどのような事項（Matters）を開示するかは，組織自身が，経営課題等の短，中，長期的な価値創造における重要性を判断して決定するものとして位置づけている。
　一方，フレームワークは，報告組織がどのように報告事項を決定し，ガバナンス責任者がどのような役割を果たしたかの重要性決定プロセスの開示を求めている[4]。開示される経営課題等の選択について，報告組織側の裁量を非常に大きくとるとともに，そのプロセスの透明性を高めることによって，情報利用者がその適切性を判断し，必要に応じて対話や株主権行使等のエンゲージメント行動をとることができる。

③量的指標の満たすべき特性と測定基準の開示
　フレームワークは，報告組織がその重要性判断のもと報告すべき事項（経営課題等）を決定することを求めているが，各事項に関する経営上の進捗を表す実績情報についても，報告組織が選択することとしている。そのうえで，実績情報の質を担保するため，特に量的指標が適切なものとなるために満たすべき特性を明示している。また，指標等の測定にあたって採用した基準の開示も求めた。
　そのような認識のもと，フレームワークは，原則主義を採用し，ガバナンス責任者の主体的関与，重要性決定プロセスの開示等を求めた。

4．おわりに

　最後に，国際統合報告フレームワークが企業報告のあり方にどのような変革をもたらそうとしているのかについての筆者の見解を述べる（図表1-1-2）。

---

[4] 簡潔性の観点から，統合報告書の中では重要性決定プロセスの概要を開示し，その詳細についてはウェブサイト等での開示を想定している。

第1章　国際統合報告フレームワークの求める企業報告の変革

　フレームワークは，企業報告を報告組織が自主的かつ主体的に取り組むべき活動として明確に位置づけた。企業報告は，本来，コンプライアンス目的，あるいはその逆にPR目的でなされるものではないということである。企業自身，そして，その最終意思決定者であるガバナンス責任者が，何が自社の価値創造にとって重要か，それをどのように報告するかを主体的に判断してこそ，意義ある報告が実現される。そして，そのような報告のためには，統合思考が欠かせない。統合思考があってこそ，幅広い全体的（ホリスティックな）視点から，企業の価値創造を報告することが可能となる。

　投資家は，経営トップから示された長期的な価値創造に向けた意思，行動そして実績を，評価し，さまざまな行動をとる。IIRCは金融安定化と持続可能性という目的をもってフレームワーク開発を進めてきたが，その究極的な目的を達成するためには，財務資本提供者である投資家の長期的視点に基づく責任ある投資行動が不可欠である。企業経営者と投資家それぞれが，その委託者に対するスチュワードシップを発揮する必要がある。そのためには，経営者と投資家の長期の統合思考に基づく対話が欠かせない。

図表1-1-2　統合思考に基づく財務資本提供者とのコミュニケーション

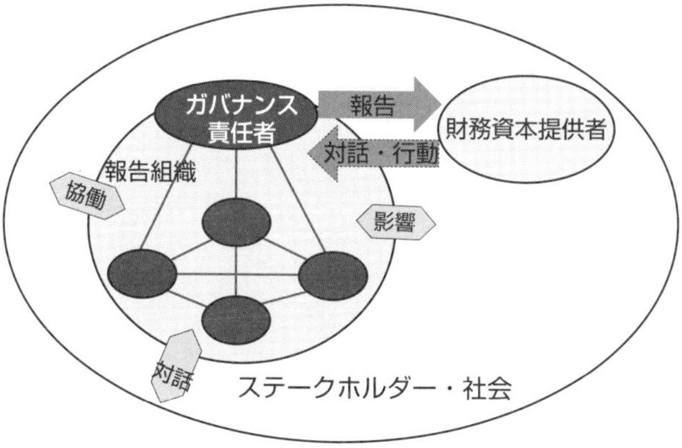

出所：フレームワークを基に筆者作成。

第2章
統合報告＜IR＞国内事例調査
2013年版

（概要）

　2013年12月，IIRCが公表した国際統合報告フレームワークによれば，統合報告書は「企業価値創造についての簡潔なコミュニケーション」とされているが，報告媒体を特定しているわけではない。国内外の事例をみると発展段階ということも含め，多様な報告体系が存在している。それは本社所在国の開示規制や上場取引所の規則，各社の自由な開示戦略によるものだと考えられる。

　本章では，海外事例の報告体系を参考にしながら，国内の統合報告書のトレンドを考察する。さらに日本固有の事情を考慮すると，法定開示書類である有価証券報告書の位置づけを統合報告という文脈の中で整理し直す必要があると考えられる。日経225銘柄のコーポレート・ディスクロージャーを有価証券報告書にフォーカスしながら，アニュアルレポートやサステナビリティレポートも含めて俯瞰的に調査した。

　本調査によれば，横並び開示と揶揄される有価証券報告書においても積極的な開示を行う事例が少数ながら見受けられた。短期的な視点では，現状の規則の中でもコスト・ベネフィットの高い開示を選択していくことも考えられる。中・長期的には関係者も含め，統合報告の潮流をきっかけとした包括的な議論が望まれる。

第1部　わが国における統合報告書の現状

1. はじめに

　統合報告のグローバル・スタンダードを目指すフレームワークが，国際統合報告評議会（The International Integrated Reporting Council：IIRC）から公表された。これによれば統合報告書は「企業価値創造についての簡潔なコミュニケーション」と定義されているが[1]，これは原則がまとめられているものであり，報告媒体は限定されていない。実際，国内外の事例では多様な報告体系が存在し，企業報告における進化の模索がみられる。本章では開示実務担当者の手助けとなるべく，開示媒体という切り口から統合報告についての議論を展開する。国内外の事例を紹介するとともに，日経225銘柄事例を分析し，将来に向けた課題を探る。なお本章における意見にかかわる部分は私見であることをあらかじめお断りさせていただく。

2. 国内外の統合報告書の状況

(1) 日本の統合報告書の発行状況

　統合報告書の発行事例はIIRCが発足した2010年以前より存在する。IIRCの前身であるA4S（Accounting for Sustainability）は2004年に設立され，2007年に財務とサステナビリティのパフォーマンスを統合して報告する"Connected Reporting"フレームワーク[2]を提唱している。また，Corporate Register社の年次トレンド調査[3]をみると，2004年よりIntegrated Reportの統計数値がカウントされている。統合報告の先進といわれているデンマークの製薬企業であるNovo Nordisk社は2004年に"Annual Report（Integrated Report）"へ切り替えているようだ[4]。

---

1) IIRC(2013) The International <IR> Framework, Decemberより一部抜粋し，仮訳（http://www.theiirc.org/international-ir-framework/）。
2) Accounting for Sustainability (http://www.accountingforsustainability.org/)。
3) Corporate Register Reporting Award "2012 Global Winners & Reporting Trends" (http://www.corporateregister.com/crra/)。
4) Novo Nordisk Online reports (http://www.novonordisk.com/sustainability/online-reports/online-reports.asp)。

国内の動向をみると，2004年に財務と非財務情報を総合的に1冊で報告したレポートが発行されている。その後，統合報告書の発行が拡がる海外動向にあわせて国内でも徐々に普及し始め，IIRCの発足前後より急激な伸びがみられる。ここでは編集方針等で統合報告書である旨を自己宣言している"自己表明型統合報告書"をカウントした経年推移を示している。これらは従来，アニュアルレポートとして作成されていたものが多い。内容はIIRCフレームワークが本来志向するようなレポートと同一視できない事例もみられる。図表1-2-1で示した93社のうち，レポート中でIIRCやそのフレームワークへの言及があるのは15社にとどまる。

また，統合報告書と自己表明しているものに限らず，投資家向けのコミュニケーション媒体であるアニュアルレポートにおけるESG情報量が年々拡大している[5]ことも，統合報告の考え方が浸透している表れだと推察される。

IIRCフレームワークは，統合報告の想定利用者を財務資本提供者と位置づけているが，実際の作成意図は各社各様で，発行の動機について数社へのインタビューをしたところ，投資家との長期視点でのコミュニケーション，従業員の意識改革や社内組織サイロの打破，媒体の制作コスト圧縮意識から

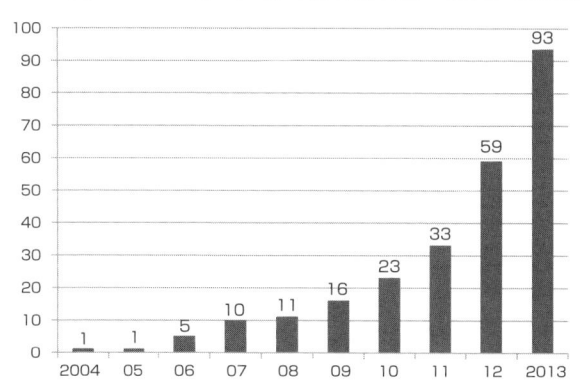

図表1-2-1　国内における自己表明型統合報告書の発行企業数推移

年	社数
2004	1
05	1
06	5
07	10
08	11
09	16
10	23
11	33
12	59
2013	93

出所：ESGコミュニケーション・フォーラム「レポート情報（2014年3月4日時点）」。

5) ESGコミュニケーション・フォーラム (2013)「アニュアルレポート調査2012～アニュアルレポートの動向とESG情報の開示状況～」(http://www.esgcf.com/archive/a_inrepo.html)。

第1部　わが国における統合報告書の現状

図表1-2-2　国内における自己表明型統合報告書の業種別発行企業数（2013年）

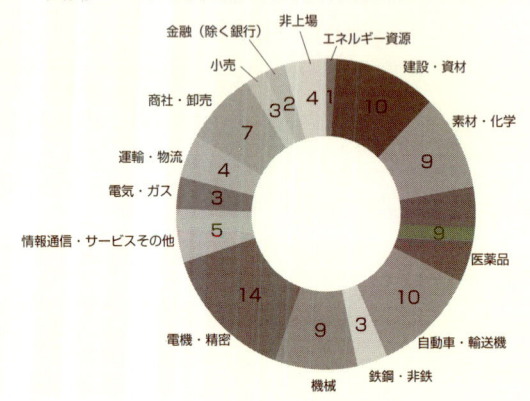

（ドーナツチャート）
- 金融（除く銀行）：2
- 非上場：3
- エネルギー資源：4
- 建設・資材：1
- 素材・化学：10
- 医薬品：9
- 自動車・輸送機：9
- 鉄鋼・非鉄：10
- 機械：3
- 電機・精密：9
- 情報通信・サービスその他：14
- 電気・ガス：5
- 運輸・物流：3
- 商社・卸売：4
- 小売：7

出所：ESGコミュニケーション・フォーラム「レポート情報（2014年3月4日時点）」を元に東証TOPIX-17業種で分類し，筆者作成。

という意見があった。ここ1，2年の状況では，経済同友会や経済財政諮問会議の専門委員会でも統合報告について触れられている[6]ことから，トップダウンで取り組みを始める企業も多いようだ。

統合報告書採用には業種特性もみられた（図表1-2-2）。採用が偏ってみられる業種は比較的研究開発や製造期間が長く，投資効果が財務上表れるまで時間がかかり，従来から投資家による長期視点の企業評価を求めていたのではないかと推察される。国内外で発行企業をみると，医薬品セクターでその傾向が顕著にみられる。

国内において開示が義務づけられている書類は有価証券報告書であり，アニュアルレポートは任意開示書類である。先行して，統合報告書の多くが発行されている欧州では，投資家行動を意識した法定開示書類であるアニュアルレポートとして，統合報告書を作成するケースが多いと思われるが，日本との大きな違いはここにあり，直接的に欧州の事例や考え方を参考にできない部分もある。

---

[6] 経済同友会（2013）「第17回 企業白書—持続可能な経営の実現—」（http://www.doyukai.or.jp/whitepaper/articles/no17.html）；目指すべき市場経済システムに関する専門調査会（http://www5.cao.go.jp/keizai-shimon/kaigi/special/market/index.html）。

(2) 海外における統合報告書の報告体系

　IIRC フレームワークでは，統合報告書は簡潔で分かりやすいものとし，詳細な情報へのレファレンスが要求されている。参照レポートがわかりやすく明示されている事例として，Novo Nordisk 社がある。アニュアルレポートの Web ページに"Additional Reporting"として，"Form 20-F""Corporate Governance Report""UN Global Compact Report""Diversity Report"が掲載されており，法定開示書類と任意開示書類の区別なく，追加的に参照すべきレポートとして一覧でみることができる。

　ここでは IIRC パイロットプログラム[7] に参加する企業の報告体系事例をみる。年次で発行されているそれぞれのレポートの主な内容を踏まえ，「統合情報」「詳細な財務情報」「詳細なサステナビリティ情報」という 3 つの切り口から事例を考察する。

　Danone 社はフランスに本社をおく食品のグローバル企業で，現在売上の約半分を新興成長市場が占めている。"Economic and Social Report"は写真やイラストを多用し，簡潔に統合情報がまとめられている。この巻末には，年次財務報告書である "Registration Document" と，GRI ガイドラインに準拠して作成された "Sustainability Report" が参照レポートとして示されている（図表 1-2-3）。

図表 1-2-3　Danone 社の報告体系

Economic and Social Report 2012	Sustainability Report 2012	Registration Document 2012
64 ページ	176 ページ	296 ページ

出所：HP に掲載された最新の年次レポート（2013 年 12 月末時点）を参照して筆者作成。

---

[7] IIRC(2014) Pilot Program Business Network（http://www.theiirc.org/companies-and-investors/pilot-programme-business-network/）.

第1部　わが国における統合報告書の現状

　Clorox 社は米国に本社をおく食品・化学品のグローバル企業である。米国企業では Annual Review という経営者メッセージ等の定性情報を法定開示書類である Form 10-K に補足的に添付し，アニュアルレポートとする実務慣行があり，10-K wrap とも呼ばれる。Clorox 社は Annual Review を統合情報とサステナビリティ情報も含めて記載し，"Integrated Annual Report" として作成していると推察される。この抜粋版としてエグゼクティブサマリー版も作成している（図表1-2-4）。

図表 1-2-4　Clorox 社の報告体系

| Integrated Annual Report 2013　59ページ | Integrated Annual Report -Executive Summary- 2013　22ページ | Form-10K 2013　133ページ |

出所：HP に掲載された最新の年次レポート（2013年12月末時点）を参照して筆者作成。

　CLP ホールディングスは香港に本社をおく電力企業で，香港，中国本土，オーストラリア，インド，東南アジア，台湾で電力事業を手掛けている。CSR を国策として推進している中国の事情から，サステナビリティ報告の比重が高いように見受けられ，"Sustainability Report" は本体のほかにも，サマリー版，各 ESG テーマに関する背景情報や活動の様子が簡潔にまとめられている。"Interim Report" は将来見通しやガバナンス等の統合情報と，詳細な財務情報が掲載されている（図表1-2-5）。

図表 1-2-5　CLP ホールディングスの報告体系

Interim Report 2013　76ページ	Sustainability Report 2012　225ページ	Sustainability Report 2012 5 Minute　10ページ	Energy Supply 27ページ	Business Performance 22ページ
			People 50ページ	Environment 54ページ

出所：HP に掲載された最新の年次レポート（2013 年 12 月末時点）を参照して筆者作成。

　BASF 社はドイツに本社をおく世界最大の総合化学メーカーで，過去から統合報告書が高い評価を得ている。HP の Publications にある"Integrated Annual/Financial Report"の一覧には，グループレポートとして3つ（図表 1-2-6）が並べられている。BASF 社はアニュアルレポートを"BASF Report"とし，一部補足文書も併記しているものの，統合情報，サステナビリティ情報，財務情報が1冊にまとめられている。

図表 1-2-6　BASF 社の報告体系

BASF Report 2012　244ページ	Restated Figures 2012　12ページ	List of Shares Held 2012　10ページ

出所：HP に掲載された最新の年次レポート（2013 年 12 月末時点）を参照して筆者作成。

(3) 国内における統合報告書の報告体系

国内における自己表明型統合報告書発行企業の報告体系をみていく。ここでも海外事例と同じ3つの切り口から，主要な掲載情報を元に分類している。図表1-2-1で示した93社のうち，HPで報告書の確認ができる92社を対象とした。財務レポートは主にフィナンシャルレビューやファクトブックが該当し，サステナビリティレポートにはCSRレポートや環境社会報告書等も含んでいる（図表1-2-7）。

このうち，編集方針等で報告体系を明らかにしているのは35社にとどまる。日本企業の場合，上場企業であれば主要な財務レポートである有価証券報告書を必ず作成しているが，特に明示していない場合にはカウントしていない。

図表1-2-7 国内自己表明型統合報告書のパターン別報告体系の割合

	分類	割合（社数）	平均頁数
パターンA	統合報告書＋サステナビリティレポート・財務レポート	22.8%(21社)	77.0
パターンB	統合報告書＋財務レポート	10.9%(10社)	85.5
パターンC	統合報告書＋サステナビリティレポート	16.3%(15社)	103.4
パターンD	統合報告書＋参照webを明記	17.4%(16社)	78.2
パターンE	統合報告書単独	32.6%(30社)	71.4

注：編集方針等の自己表明を参照しているが，明示していない場合には，HPのIR・CSRライブラリに年次報告のPDFが掲載されていれば財務レポートまたはサステナビリティレポートとしてカウントしている。HTMLのみの開示でも，アーカイブが永続的に残されることが予測されれば，数値に含んでいる。
出所：各社のHPに掲載された最新の年次レポート（2013年12月末時点）を参照して筆者作成。

報告体系に大きな偏りはみられず，作成しながらも検討段階にある企業も多いと考えられる。パターンEには中規模会社のアニュアルレポートとサステナビリティレポートの合本型も含まれているため，これまで複数のレポートを作成してきた大企業においては，パターンAが比較的スタンダードになっていると推察される。

3. 統合報告＜IR＞国内事例調査　2013年版

(1) 調査方法，調査対象企業

　本調査では統合報告書単体ではなく，コーポレート・ディスクロージャーを対象とした。企業が年次で開示する報告書全般を取り扱い，どの程度統合報告が進んできたかを確認する。さらに，日本企業の特徴としてアニュアルレポートが統合報告書へ移行している事例が特に多いことから，任意開示書類の中のみで開示が進められていることが危惧されるため，有価証券報告書にフォーカスし，定性情報開示の状況や，任意開示書類との情報の整合性もみていく。

図表 1-2-8　調査対象企業のプロフィール

	外国人持株比率 (%)			海外取引所上場	任意開示書類作成数		
	平均	最大	最小		平均	最大	最小
日経225	26.0	75.9	6.5	23社	3.0	6	0

出所：各社の有価証券報告書，HPから筆者作成。

図表 1-2-9　調査対象企業の任意開示書類の発行状況

	統合報告書		統合報告書サマリー		アニュアルレポート		アニュアルレポートサマリー	
	発行	平均	発行	平均	発行	平均	発行	平均
日経225	44社	94.3頁	2社	39頁	150社	67.2頁	1社	20.0頁

	サステナビリティレポート		サステナビリティレポートサマリー		環境レポート		社会貢献レポート		補足データブック	
	発行	平均	発行	平均	発行	平均	発行	平均	発行	平均
日経225	169社	73.2頁	43社	30.0頁	22社	49.7頁	9社	28.3頁	94社	31.1頁

出所：各社のHPより筆者作成。ページ数はPDFで公開されているもののみで集計。

第1部　わが国における統合報告書の現状

　調査対象企業は，日経225銘柄（2013年4月時点）とした（図表1-2-8）。対象とするレポートは，各社HPのIR・CSRライブラリを中心に，2013年12月末時点でHPにおいて確認できる日本語のPDF（アニュアルレポートが英文のみの場合は対象に含む）としている（図表1-2-9）。HTMLのみの開示でも，年次報告であることが明確であれば，対象に含んでいる。最新年度版に更新されていない場合は，発行の有無のみ前年実績でカウントしている。対象期間は2012年4月～2013年3月の間に決算日を迎える会計期間で，任意開示書類は内容もある程度考慮しながら，主にレポートのタイトルで分類している。

　この他，インベスターズガイドを11社，会社案内を74社，知的資産経営報告書を8社，情報セキュリティ報告書を3社が任意に作成しており，業種別の法定開示書類であるディスクロージャー誌や安全報告書も各社で別途公開している。

図表1-2-10　各レポートにおけるESG，財務情報の記載社数割合

		統合報告書	アニュアルレポート	サステナビリティレポート
環境	記載	97.7%	50.3%	98.8%
	一部記載	2.3%	24.5%	0.6%
	なし	0.0%	25.2%	0.6%
社会	記載	97.7%	51.7%	97.5%
	一部記載	2.3%	25.2%	2.5%
	なし	0.0%	23.1%	0.0%
ガバナンス	記載	97.7%	76.9%	92.5%
	一部記載	2.3%	10.9%	2.5%
	なし	0.0%	12.2%	5.0%
財務	記載	25.0%	53.1%	0.0%
	一部記載	68.2%	43.5%	5.6%
	なし	6.8%	3.4%	94.4%

注：環境・社会の一部記載はトピックスのみの記述，ガバナンスの一部記載は体制図等のみの記述，財務の一部記載は財務諸表のみで注記のないものが該当。
出所：各社のレポートから筆者作成。

現状，統合報告が進められている主な報告書である，統合報告書，アニュアルレポート，サステナビリティレポートにおける，ESG情報と財務情報の掲載状況は図表1-2-10のとおりである。アニュアルレポートにおいて，環境・社会情報はトピックスのみの事例も多くみられるが，統合報告書へ移行することで，より重要な情報にフォーカスしている傾向がみられる。また統合報告書においては，ESG情報と財務情報がほとんど網羅されていることがわかる。

(2) リスク情報開示の状況

　IIRCフレームワークが示す内容要素の1つにリスクと機会がある。統合情報にはこの両側面があると考えられるが，本章では企業間である程度比較可能性のあるリスク情報にフォーカスする。法定開示書類における統合報告の状況を確認するため，有価証券報告書の事業等のリスクにおける記述を分析する。虚偽記載の罰則が厳しいことが背景にあると考えられるが，消極的で横並び的な開示が多くみられるのが実情である。しかし国内で統合報告の議論をする場合，有価証券報告書の位置づけを統合報告という文脈の中で整理し直す必要があると考えられるため，事例分析から課題を考察する。

　まずは開示分量から企業の開示姿勢をみるため，事業等のリスクのテキスト数と項目数（項目立てがない場合はテーマ数）を調査した。ボリュームが必ずしも質を担保しているわけではないが，定量データの1つの切り口として確認する。散布図をみると，多くの企業が左下に固まっており，多くの企業が横並びに開示をしていると推察される一方で，豊富な情報を盛り込む企業も少数ながらいることがわかる（図表1-2-11）。

　これらを業種別にみると，大きな差があることがわかる（図表1-2-12）。規制業種においては全体的に数値が高いが，それ以外の業種でも差が出ている。ただし最大値と最小値をみるとどの業種でも大きく開きがあり，法定開示書類の中にあっても，より積極的に開示をしている企業と，従前の横並びの開示を抜け出せていない企業に明確に分かれていると推察される（図表1-2-13）。

第1部　わが国における統合報告書の現状

図表 1-2-11　事業等のリスクのテキスト数と項目数の散布状況

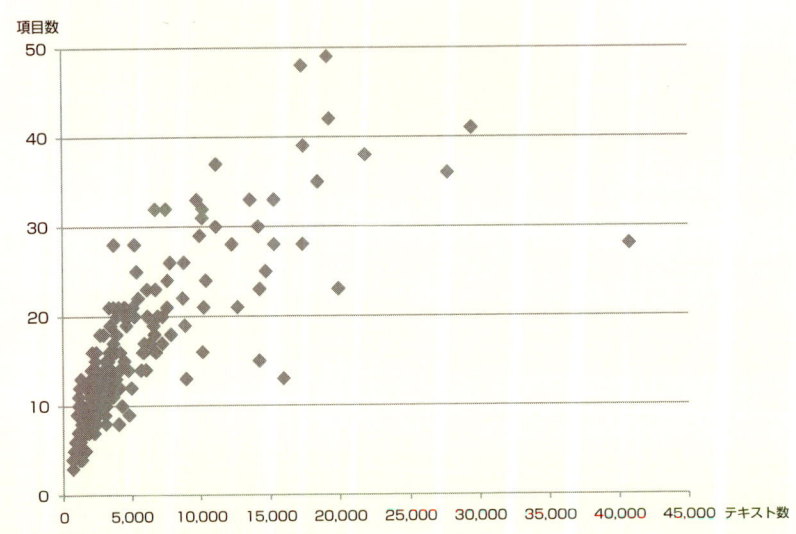

出所：各社の有価証券報告書から筆者作成。

図表 1-2-12　有価証券報告書における事業等のリスクの業種別平均値

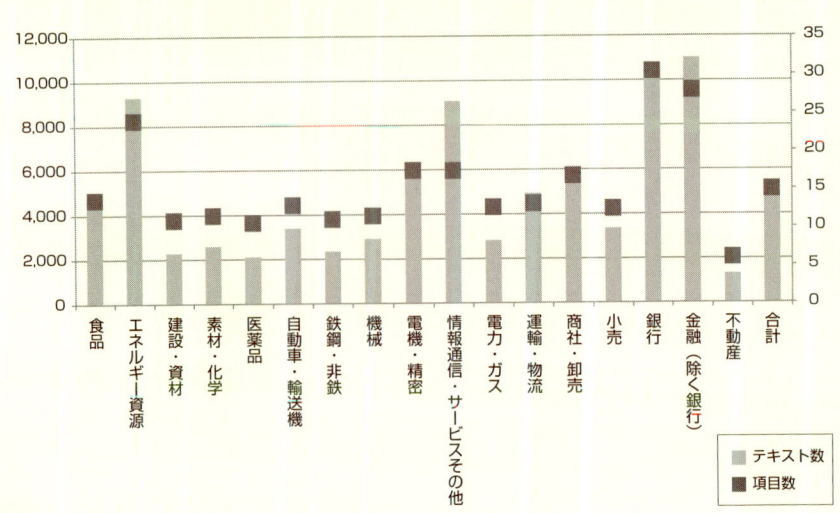

出所：各社の有価証券報告書から筆者作成。

32

図表 1-2-13　有価証券報告書における事業等のリスクの業種別記載状況

業種	社数	テキスト数 平均	テキスト数 最大	テキスト数 最小	項目数 平均	項目数 最大	項目数 最小
食品	13	4,297	19,954	1,104	13.6	23	7
エネルギー資源	3	9,303	17,373	3,051	24.0	32	12
建設・資材	17	2,274	6,750	1,119	11.0	28	4
素材・化学	26	2,611	6,142	1,257	11.6	21	5
医薬品	8	2,118	2,740	1,253	10.6	18	7
自動車・輸送機	13	3,402	6,122	1,720	12.9	23	10
鉄鋼・非鉄	17	2,354	4,155	904	11.1	21	5
機械	16	2,917	8,721	700	11.5	22	3
電機・精密	34	6,356	29,461	1,018	17.4	41	7
情報通信・サービスその他	16	9,091	40,734	1,342	17.4	49	4
電力・ガス	5	2,829	4,474	1,146	12.6	21	8
運輸・物流	15	4,926	12,690	1,553	13.1	33	5
商社・卸売	7	6,049	10,266	2,222	16.7	21	10
小売	8	3,363	10,158	1,076	12.4	31	5
銀行	11	10,611	27,715	3,509	30.4	42	19
金融（除く銀行）	10	11,024	21,859	2,401	27.9	48	9
不動産	6	1,316	3,068	676	6.0	9	4
合計	225	4,853	40,734	676	14.9	49	3

出所：各社の有価証券報告書から筆者作成。

（3）マテリアリティテーマ別のリスク情報開示の状況

　開示内容の質的な面からも分析を試みる。IIRCがフレームワークの中で重点的に示す原則にマテリアリティ（materiality：重要性）がある。2013年5月に第4版へアップデートされたサステナビリティ報告のグローバル・スタンダードであるGRIガイドライン（G4）[8]でもマテリアリティは重視さ

---

8) GRI(2013) G4 Sustainability Reporting Guidelines (https://www.globalreporting.org/reporting/g4/Pages/default.aspx).

れている。これは各社が選定するものであるが，妥当な方法で選定を行えばある程度の比較可能性が出てくると考えられる。

　ESGマテリアリティテーマの選定にあたっては，GRIガイドラインのメソッドが現在スタンダードとなっている。G4ではマテリアリティ選定プロセスについて，「組織の経済，環境，社会影響の著しさ」「ステークホルダーの評価や意思決定への影響」という2軸からテーマを抽出する方法が採用されている。IIRCフレームワークには異なったアプローチが示されているため，今後どう収斂されるか注視する必要があるが，本章ではGRIベースで分析を行う。

　調査対象企業のうち，マテリアリティテーマを示している企業は49.8%（112社），その選定プロセスを明示している企業は26.2%（59社）であり，これらはほとんどがサステナビリティレポートに記載されている。テーマは少数に絞られているものから，網羅的に設定されているものまで大きく幅がある。その選定プロセスは，使用したツールや方法を示している事例が多く，社内での承認プロセス等，経営との関わりまで表現されている事例はほとんど見受けられなかった。

　最低限開示すべきマテリアリティテーマとして，本章では有価証券報告書の事業等のリスクから業種ごとにマテリアリティテーマを抽出する方法で調査を行った。それぞれの項目名を内容も加味して平準化し，記載社数の上位5テーマのうちからESG要素の強いテーマを1つ選択した。

　事業等のリスクの中でこれらのテーマについて言及があるか，ある場合には，認識している"背景"，そのリスクに対しての"対応"，具体的に起こり得る"事象"の3つの点から記載状況を調査した。また事業等のリスクはアニュアルレポートにも記載される場合がある。その方法は，全文を記載している事例や再編集されている事例がある。この記載状況も業種別に確認している（図表1-2-14，図表1-2-15）。

　業種によってバラつきがあるものの，全体として"背景"や"対応"にまで触れている事例は多くない。また，"背景・対応・事象"のすべてを満たした記載をしていた企業は調査対象企業のうち29.3%（58社）で，どれも当

てはまらない記載をしていた企業は5.6%（11社）である。

　事業等のリスクは一定数，アニュアルレポートへも流用されていることがわかった。再編集されている事例には，テーマのみを一覧で記載しているもの，特定のリスクのみを掘り下げているもの，より投資家が利用しやすいように項目立てを再整理し，図表も用いて詳細な開示をしているものもみられた。

図表1-2-14　各業種のマテリアリティテーマと事業等のリスクにおける開示状況

業種	マテリアリティテーマ	テーマ	背景	対応	事象	同等	再編集
食品	食の安全	92%	42%	83%	58%	77.8%	0.0%
エネルギー資源	調達先のカントリーリスク	100%	100%	33%	100%	66.7%	33.3%
建設・資材	原材料価格の変動	82%	43%	36%	64%	23.1%	0.0%
素材・化学	自然災害・産業事故	96%	28%	64%	80%	52.2%	4.3%
医薬品	知的財産	100%	75%	50%	100%	62.5%	25.0%
自動車・輸送機	原材料調達（価格変動以外）	85%	91%	36%	64%	54.5%	18.2%
鉄鋼・非鉄	環境規制	82%	57%	50%	57%	50.0%	0.0%
機械	製造物責任・品質	75%	50%	75%	92%	25.0%	33.3%
電機・精密	研究開発・技術革新	85%	69%	48%	97%	42.3%	23.1%
情報通信・サービスその他	情報セキュリティ	81%	77%	69%	100%	63.6%	18.2%
電力・ガス	自然災害・事故	100%	80%	80%	100%	60.0%	0.0%
運輸・物流	重大事故・テロ	87%	62%	62%	85%	30.0%	20.0%
商社・卸売	環境リスク・規制	100%	71%	71%	86%	28.6%	28.6%
小売	自然災害	100%	50%	50%	63%	42.9%	0.0%
銀行	コンプライアンス	100%	45%	91%	73%	0.0%	80.0%
金融（除く銀行）	コンプライアンス	80%	75%	75%	100%	0.0%	12.5%
不動産	自然災害	83%	0%	0%	40%	25.0%	0.0%
合計	-	90%	60%	57%	80%	41%	17%

出所：各社の有価証券報告書，アニュアルレポート（統合報告書，ディスクロージャー誌を含む）から筆者作成。

第1部　わが国における統合報告書の現状

図表 1-2-15　有価証券報告書における事業等のリスクの業種別マテリアリティテーマ記載状況

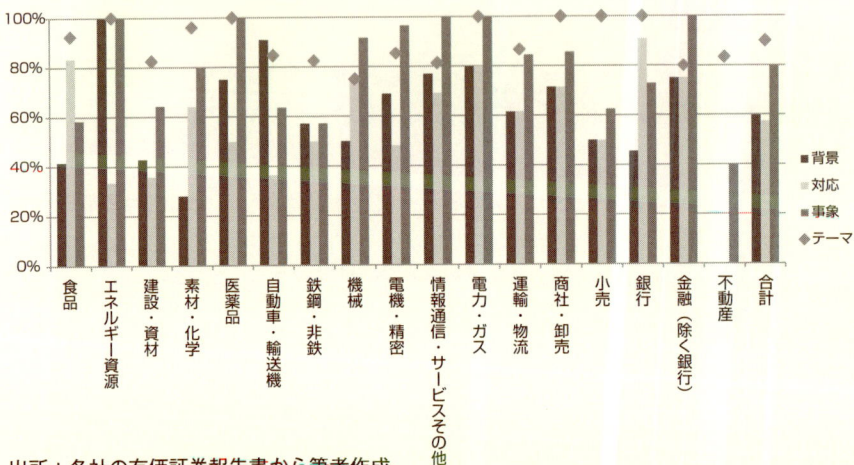

出所：各社の有価証券報告書から筆者作成。

（4）リスク情報に関する媒体の横断的分析

　有価証券報告書の事業等のリスクの記載内容が統合報告書やアニュアルレポート，サステナビリティレポートでどの程度補完されているかを調査した。製造業，非製造業で1業種ずつ取り上げ，記載されている場合はその関連性，記載されていない場合はその内容自体が別媒体で開示されているかをみていく。

①自動車・輸送機セクター

　事業等のリスクにおける原材料調達リスクの記述の中では，特定サプライヤーへの依存についての言及が最も多くみられたため，関連するESGイシューとして，サプライヤーとの関係性について開示状況を調査した（図表1-2-16）。自動車・輸送機セクターでは，東日本大震災やタイの洪水で特に大きなインパクトを受け，サプライチェーンリスクが露呈した業種である。一般社団法人日本自動車部品工業会がBCP（事業継続計画）ガイドラインを策定し，自動車メーカー企業だけでなく，部品メーカー等の取引先での

BCP策定も促している等，業界全体としても取り組みが進められている。

まず掲載情報の分母を明らかにすることで開示パフォーマンスのインパクトを測ることができるため，主要サプライヤーの社数や地域が示されているかを確認している。またそのマネジメント手法として，ガイドラインや方針の策定状況や周知活動，バウンダリ（対象範囲）の開示をみている。BCPについても調査した。

有価証券報告書において"対応"を開示している企業は36％（図表1-2-14）であったため，それと比較して，約2倍の企業が調達ガイドライン等を策定し（61.5％），研修等を行っている（76.9％）ことをサステナビリティレポートの中で開示している。調達ガイドラインの中にはBCPの策定や，CSR活動の実施をサプライヤーに要求している事例も多く，これらはサプライヤーマネジメントの補完情報と考えられるが，問題点としてバウンダリやサプライヤーの基礎情報が明確になっている事例が少ないため，インパクトを測定しにくいことが考えられる。

図表1-2-16 自動車・輸送機セクター企業における各レポートでのサプライチェーン情報に関する記載状況

	主要サプライヤー		調達ガイドライン等					BCP	
	社数	地域	策定	内容公開	研修等	バウンダリ（地域）	バウンダリ（社数等）	新規策定，見直し等	バウンダリ（地域）
アニュアルレポート	0.0%	9.1%	18.2%	0.0%	9.1%	0.0%	0.0%	27.3%	9.1%
サステナビリティレポート	7.7%	7.7%	61.5%	53.8%	76.9%	15.4%	53.8%	69.2%	7.7%

出所：各社のアニュアルレポート，サステナビリティレポートから筆者作成。

②運輸・物流セクター

重大事故やテロ等といったリスク情報に関連するESGイシューとして，安全対策や事故対応があげられる。事業等のリスクにおいても，これらについてあわせて記述する事例が最も多かった。この業種に含まれる企業には安

全報告書の提出が義務づけられているように，安全への関心は高いと推察される。

安全についての方針の有無と，それらのモニタリング指標として，研修の実施状況や事故件数，再発防止策等の対応の開示状況を調査した。有価証券報告書における"対応"は62%（図表1-2-14）の企業が開示しており，これと比較するとサステナビリティレポートにおいては，ほぼ同等もしくは低い数値になっている。アニュアルレポートにおいても，有価証券報告書の数値より低い傾向がある。そのモニタリング指標となる事故件数等については，あまり開示がみられなかった（図表1-2-17）。

図表1-2-17　運輸・物流セクター企業における各レポートでのサプライチェーン情報に関する記載状況

	安全についての方針等			安全対策		
	策定	研修等	バウンダリ(社数等)	事故件数	再発防止策	見直し
アニュアルレポート	50.0%	50.0%	16.7%	16.7%	25.0%	41.7%
サステナビリティレポート	66.7%	75.0%	50.0%	33.3%	25.0%	33.3%

注：統合報告書の場合は，アニュアルレポートに含んでいる。
出所：各社のアニュアルレポート，サステナビリティレポートから筆者作成。

サプライヤーマネジメントといった各社が自主的に行う活動については，サステナビリティレポートやアニュアルレポートの方が有価証券報告書よりも情報が充実し，補完関係のある情報開示となっている傾向がみられた。一方，安全対策といった一部取り組み義務のある活動については，有価証券報告書の中である程度情報がカバーされていると考えられ，業種やテーマによって開示傾向に差が見受けられた。

4. おわりに

　本章では，まず報告体系の事例から，統合報告の考え方は統合報告書単体の議論ではなく，統合報告書における新しいコミュニケーションを考えていくとともに，これまでの開示情報の再整理を包括的に行う必要があることを改めて確認した。今回の事例調査では後者に比重をおき，統合思考の裾野が広がることを願って，上場企業が必ず作成しなければならない有価証券報告書にフォーカスし，その現状と課題を分析した。本調査によれば，横並び開示と揶揄される有価証券報告書においても，量的な面，質的な面から積極的な開示を行う事例も見受けられた。これは会社規模の大小とは必ずしも一致しておらず，特定の業種に限った傾向でもない。このような企業には，アニュアルレポート，サステナビリティレポートにおいても充実した開示を行う企業と，作成ツール数を絞り，有価証券報告書やアニュアルレポートを充実させる企業がみられた。短期的な視点で考えれば，後者のやり方がコスト・ベネフィットも得やすいと思われる。

　IIRCフレームワークを一例に有価証券報告書の考察をしてみたが，一方で，開示規制や上場規則で統合報告や非財務情報開示を義務化する国々があるのも事実である。IIRCによって初めて統合報告についての基準が示され，これは大企業だけの取り組みを促すものではもはやない潮流である。単に財務結果を一方通行で伝達するだけでは，企業活動や上場維持が難しいことも同時に示している時代に入り，かつコスト・ベネフィットが追い付いていないと考えるべきである。法定開示書類をしっかり作成すれば，統合報告の考え方を活かすことが可能であると考えられるが，今日的な実務上の課題として，さまざまな書類間で開示内容が必ずしも連動していないことが見受けられる。それは本来，有価証券報告書の中でも記載されるべき情報が欠けている可能性を示唆している。

　有価証券報告書も全文XBRL化となっただけではなく，統合報告の考え方を活かし内容のより一層の進化が伴えば，最も先進的なツールとして世界でも驚かれることになるであろう。そういう意味では，先行企業のベターな

事例を参照し，実務上の成果を専門家が収斂し，規制当局が担保し，日本の活力にすべき時間が迫っている。

参考文献

IRRCI (Investor Responsibility Research Center Institute) (2013) Integrated Financial and Sustainability Reporting in the United States (http://irrcinstitute.org/pdf/FINAL_Integrated_Financial_Sustain_Reporting_April_2013.pdf).

総合ディスクロージャー研究所(2013)「統合報告時代におけるディスクロージャーのあり方―ディスクロージャー2.0へ向けて―」ディスクロージャーニュース別冊 (http://rid.takara-printing.jp/res/data2013/2013-05.pdf)。

第3章

オムロン株式会社

1. はじめに

　オムロンはファクトリーオートメーション用の制御機器や電子部品などを製造・販売するメーカーであり，経営の特徴を簡潔に表現すると，
「企業は社会の公器である」という企業理念のもとで，
「安心・安全・健康・環境」といった事業ドメインにおいて
「センシング&コントロール技術」を成長エンジンとして
「社会が潜在的に抱えるニーズ」をいち早く捉え，
「グローバルでフェアな」事業運営を目指す企業グループ
となる。

　このような特徴をもつオムロンの経営の実態や将来像をいかにわかりやすく，かつタイムリーに説明するかが，筆者がIR（インベスターリレーションズ）の担当役員として最も腐心している点であり，その重要な表現手段の1つとして位置づけているのが「統合報告」である。そして，オムロンには統合報告を作成する際に必要な統合的思考（integrated thinking）はすでに経営にビルトインされているため，統合報告の中で，経営の理念や持続的な成長性などをすべてのステークホルダーに対して簡潔に訴求することに努力している。

　その意味で，日本企業には企業理念を重視して長期にわたる持続的な成長を目指している企業が多く，そのような日本企業にとって統合報告は，企業

第1部　わが国における統合報告書の現状

の本源的な価値を説明するための有効な手段である。より多くの企業が統合報告の作成にチャレンジし，日本企業特有の長期的な価値創造プロセスをアピールすれば日本企業に対する評価は必ず向上すると確信している。

　また，統合報告を発行すると，企業を取り巻く多くのステークホルダーから企業価値の向上に資するフィードバックが寄せられるので，さまざまな制約を乗り越えて作成することは計り知れない副次的なメリットもある。

　本章ではオムロンにおける統合報告作成の取り組みに関して，企業理念経営や企業価値向上の考え方との関係から作成にあたっての実務上の留意点や表現方法の具体例に至るまでを紹介していきたい。

2．オムロンの経営方針と統合報告の関係性

(1) 企業理念経営

　まず，オムロンの企業理念経営，企業価値の考え方と統合報告の関係について述べていく。

　「われわれの働きで，われわれの生活を向上し，よりよい社会をつくりましょう」

　上記の標語がオムロンの「社憲」である。いわゆる社是，社訓にあたるものであり，創業者の立石一真（たていしかずま）が1959年に定めた。この社憲に示されている精神は，「企業は社会に役立ってこそ存在価値があり，利潤を上げて，存続することができる」という考え方である。そして，この考え方こそが，オムロンの経営のDNAである。

　そして，現在の「企業理念」は，この社憲の精神を受け継ぎ，2006年に見直しを行って，改めて制定したものである。

　企業理念において「企業は社会の公器である」という基本理念を掲げて「長期的な視点で経営を行い，チャレンジ精神を発揮することで事業を通じてイノベーションを起こし，ソーシャルニーズを創造してグローバル社会に貢献する。そして，企業として持続的に成長し，発展する」ことを宣言している。

　また，企業理念を支えるものとして「経営理念」「経営指針」「行動指針」

を定めており，特に基本理念に沿った経営を進めていくための方針として「経営指針」の中で「個人の尊重」「顧客満足の最大化」「株主との信頼関係の構築」「企業市民の自覚と実践」の4つをあげている。それは，当社のすべてのステークホルダーに対する基本姿勢を明示している。

　これは換言すると「ステークホルダー経営」，すなわちステークホルダーとの誠実な対話と信頼関係を重視して経営を進めることを宣言したもので，ディスクロージャーやIRにおいてcomply or explainの原則に基づいて，事業計画や実績についてきわめて詳細なデータを開示し，かつわかりやすく，実態に即した説明をするよう努力している。まさに統合報告作成にあたっての理念に通じるものである。

(2) 企業価値向上の考え方

　次に，オムロンの企業価値向上に対する考え方を説明する（図表1-3-1）。

　企業価値は経済的価値と社会的価値の掛け算で決まると考えており，個人，組織，社会が長期にわたり存続するためには「夢」「誇り」「自信」の3つの要素が必要である。

図表1-3-1　オムロンの企業価値向上の考え方①「企業価値の最大化」

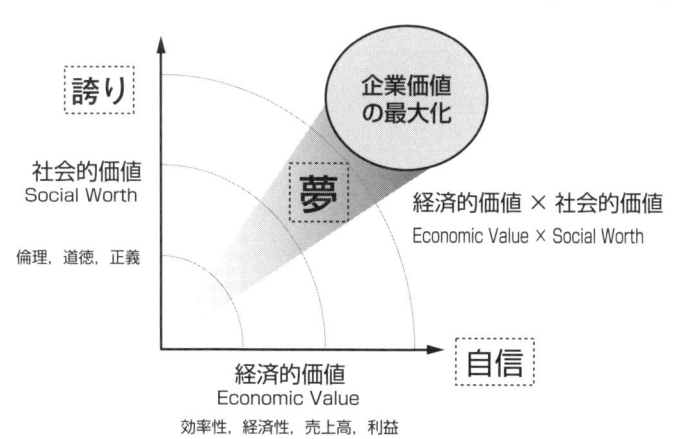

出所：オムロン作成。

第1部　わが国における統合報告書の現状

　企業は経済的価値を追求するだけでなく，社会的価値をも追求し，この2つの価値のバランスをとりながら，より高い目標を追い求めていくことが大切である。このような経営姿勢を徹底することが「企業価値の最大化」に繋がるわけであり，オムロンが理想とする「夢」の姿でもある。

　もちろん企業にとって事業の効率性を向上させ，売上高や利益額といった経済的価値を追求することは重要な経営目標であり，赤字の企業には社会的存在価値はない。しかしながら，経済的価値を追求するあまり，倫理・道徳・正義といった社会的価値を軽んずると，必ず社会の反発を招き，結果として企業の成長を阻害してしまう。

　このことを認識したうえで，オムロンがグループで共有すべき価値観とは何かを自律して考え，経営陣のみならずグローバルの社員1人ひとりが，その価値観を十分に理解して，日々行動することが重要である。そのために，例えば，1〜2年で退社するケースも多い新興国の生産工場の若いワーカーにまで企業理念やCSRの浸透を積極的に図っているわけである。

図表1-3-2　オムロンの企業価値向上の考え方②「ビジネス活動の分類」

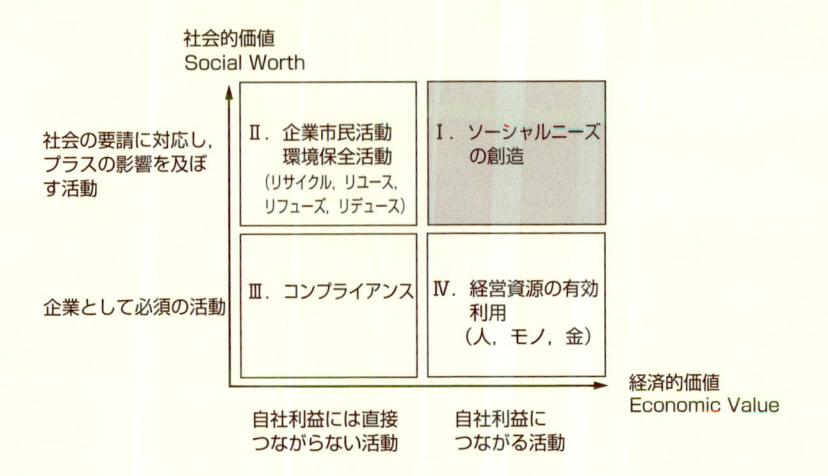

	自社利益には直接つながらない活動	自社利益につながる活動
社会の要請に対応し，プラスの影響を及ぼす活動	II. 企業市民活動　環境保全活動（リサイクル，リユース，リフューズ，リデュース）	I. ソーシャルニーズの創造
企業として必須の活動	III. コンプライアンス	IV. 経営資源の有効利用（人，モノ，金）

縦軸：社会的価値　Social Worth
横軸：経済的価値　Economic Value

出所：オムロン作成。

44

図表1-3-2は，横軸に経済的価値，縦軸に社会的価値をおいて，ビジネス活動を4区分に分類したものである。第3・第4象限は企業として必須の実践領域であり，第1・第2象限は社会に貢献しプラスの影響を与える領域，第2・第3象限は直接的には利益に繋がらない領域，第1・第4象限は自社の利益に繋がる領域である。

　第3象限の「コンプライアンス」は，企業が存在するために最低限守らなければならないものである。法律の遵守はもちろんのこと，倫理に反する行為があれば，企業は社会から批判を受け，最悪の場合には社会からの退場を宣告されてしまう。

　第4象限は「経営資源の有効活用」である。社会から一時的に預かっている経営資源（人財，原材料，資金など）を無駄使いする企業活動であっては断じてならない。一方，経営資源を効率よく活用することは，同時に経済的価値を高めることになるため，より少ない資源でより高い付加価値を生み出すための効率性を追求していくことが肝要である。

　第2象限は「企業市民活動」で，狭義のCSRと考えてもよい。社会の一員として，企業市民活動や環境を配慮した活動（リサイクル，リユース，リフューズ，リデュース）など，社会からの要請に応えることは企業の重要な役割である。この活動は社会に迎合して行うものではなく，企業自らの意思による自主的自発的なものであり，かつ持続的に取り組むことが求められる。

　第1象限は「ソーシャルニーズの創造」であり，オムロンが最も注力して取り組んでいる活動である。横軸の経済的価値と縦軸の社会的価値のバランスをとって，「ソーシャルニーズの創造」を持続的にやり続けることが，企業の競争力を強化し，企業価値の最大化にもつながる。

　なお，先に述べた「誇り」は「企業は社会の公器である」という企業理念の実践でもある。オムロンは，これまでも社会の公器として社会に貢献してきており，今後も経営陣・社員一丸となって，この理念を実践し続けていきたいと考えている。

　「自信」は，企業の永続性である。つまり，継続的に利益を出して企業活

動を続けていくことである。利益というものは，社会からオムロンに対する期待や評価が還元されたものであり，社会から存在が認められた結果である。100年，200年と存続していくことは企業としてのきわめて大きな「自信」に繋がる。そして，オムロンの「夢」は，「ソーシャルニーズの創造」になる。これは，オムロンが存続するかぎり，追い求め続ける最大の経営目標である。

　ちなみに，「企業価値」の考え方について最近の流れである非財務情報（非財務指標）を重要視することも踏まえると，「持続性」という切り口が重要であると考えている。そのため，当社では，前述の経済的価値と社会的価値の掛け算をもう少し具体的に「企業価値＝規模×質×持続性」というように解釈し，理念の浸透度，企業文化の濃さ，CSR活動やガバナンスなどの考え方を「企業価値」として評価されることが必要であると考えている（図表1-3-3）。

図表1-3-3　今後の企業価値の考え方

・従来重視していた財務指標だけでなく，非財務指標も重要視する。
・企業価値の決定要因は規模，質，持続性。

財務指標	◇売上高 ◇総資産 ◇拠点数 ◇成長率	◇売上総利益率 ◇営業利益率 ◇ROE, ROIC ◇キャッシュフロー	◇株主資本比率 ◇負債比率 ◇D／E比率
非財務指標 見えない資産	◇社員数 ◇顧客数 ◇潜在顧客数 ◇株主数	◇社員満足度 ◇サポーターの質 ◇顧客継続率 ◇株主継続率	◇理念の浸透度 ◇企業文化の濃さ ◇CSR ◇ガバナンス ◇次世代経営者

企業価値 ＝ 規模 × 質 × 持続性

出所：オムロン作成。

　このようにオムロンがこだわっている企業理念や企業価値向上の考え方を社内で徹底し，社外のさまざまなステークホルダーに伝えるための自発的開示手段として統合報告はきわめて有効である。したがって，統合報告の作成にチャレンジする場合には，企業としての経営の理念などをしっかり認識す

(3) 10年間の長期ビジョン

　オムロンは10年間の長期ビジョンを策定して経営している。10年間の長期計画を策定している日本企業は，さほど多くない。オムロンでは10年後の世界やグローバルな事業環境を予測したうえで，今何をすべきなのか，を考えて長期的な視点に立った持続的な経営を行っている。

　これは創業者が提唱した社会発展モデルである「シニック（SINIC）理論」をモチーフにした経営理念である。「シニック理論」は，1970年に創業者の立石一真が国際未来学会で発表した未来予測理論のことで，戦後の復興をとげた日本にとってこれからは「未来学（創造学）」が必要との認識のもと研究を進めた結果生み出された理論である。

　「シニック理論」では，「科学と技術と社会の間には円環論的な関係があり，異なる2つの方向から相互にインパクトを与えあって，お互いが原因となり結果となって社会が発展していく」としている。

　さらにその社会の発展については，過去の「工業社会」から「最適化社会」，「自律社会」に移行するとし，社会におけるニーズは大きく変化していくとしている（図表1-3-4）。10年先の企業のあるべき姿を展望して，10年間のタームで経営を進化させ，成長していくための取り組みはオムロンの真骨頂でもある。

　ちなみに，過去に「Golden' 90s」（1990年4月～2001年3月），「Grand Design for year 2010」(2001年4月～2011年3月)を策定したが，いずれも「シニック理論」を用いて世の中の動きを予測し，それをベースに10年間の長期経営ビジョンを策定したものである（図表1-3-5）。

第1部　わが国における統合報告書の現状

図表 1-3-4　工業社会から最適化社会，自律社会へ

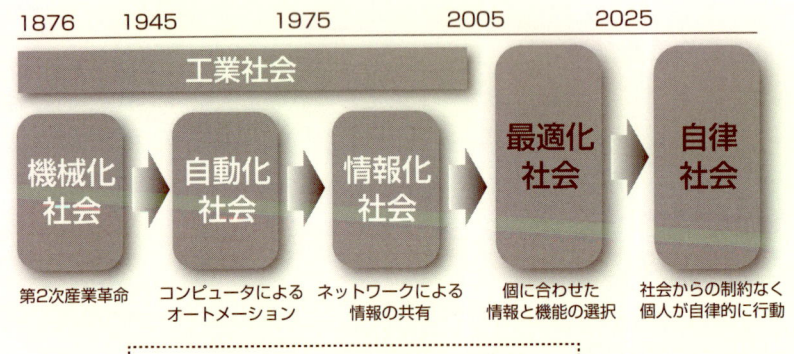

```
     1876      1945       1975        2005        2025
 ┌─────────────────────────────────────┐
 │            工業社会                   │
 └─────────────────────────────────────┘
  機械化     自動化      情報化      最適化      自律
  社会  →   社会   →   社会   →   社会   →   社会

 第2次産業革命  コンピュータによる ネットワークによる 個に合わせた    社会からの制約なく
              オートメーション   情報の共有       情報と機能の選択 個人が自律的に行動
```

　　　　　　Sensing & Control 技術

生産性・効率の追求　　　　　　生きがい・働きがい
　生産者の視点　　　　→　　　　生活者の視点
　モノの世代　　　　　　　　　　心の世代

出所：オムロン作成。

図表 1-3-5　シニック理論と長期経営ビジョン

経営の羅針盤としているSINIC理論を用いて世の中の動きを予測し，それをベースに10年毎に長期経営ビジョンを策定

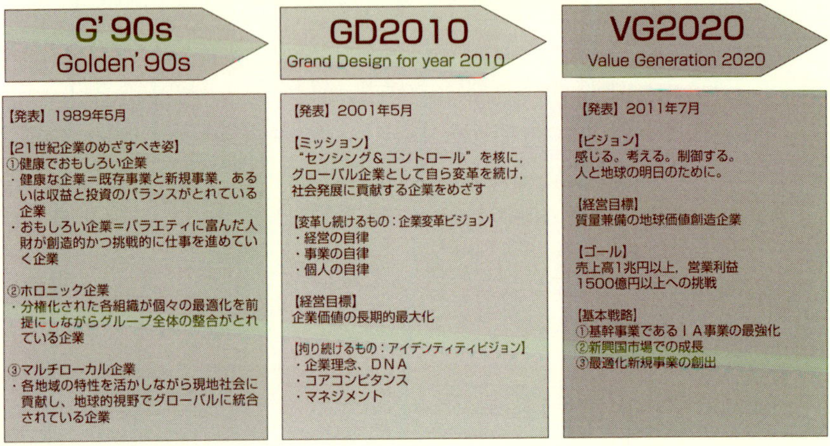

G'90s（Golden'90s）

【発表】1989年5月

【21世紀企業のめざすべき姿】
① 健康でおもしろい企業
　・健康な企業＝既存事業と新規事業，あるいは収益と投資のバランスがとれている企業
　・おもしろい企業＝バラエティに富んだ人財が創造的かつ挑戦的に仕事を進めていく企業
② ホロニック企業
　・分権化された各組織が個々の最適化を前提にしながらグループ全体の整合がとれている企業
③ マルチローカル企業
　・各地域の特性を活かしながら現地社会に貢献し，地球的視野でグローバルに統合されている企業

GD2010（Grand Design for year 2010）

【発表】2001年5月

【ミッション】
"センシング＆コントロール"を核に，グローバル企業として自ら変革を続け，社会発展に貢献する企業をめざす

【変革し続けるもの：企業変革ビジョン】
・経営の自律
・事業の自律
・個人の自律

【経営目標】
企業価値の長期的最大化

【拘り続けるもの：アイデンティティビジョン】
・企業理念、DNA
・コアコンピタンス
・マネジメント

VG2020（Value Generation 2020）

【発表】2011年7月

【ビジョン】
感じる。考える。制御する。
人と地球の明日のために。

【経営目標】
質量兼備の地球価値創造企業

【ゴール】
売上高1兆円以上，営業利益1500億円以上への挑戦

【基本戦略】
① 基幹事業であるＩＡ事業の最強化
② 新興国市場での成長
③ 最適化新規事業の創出

出所：オムロン作成。

したがって,現在の長期ビジョン「VG2020（Value Generation 2020）」は,2011年度から2020年度までが対象で10年ビジョンとしては3度目のものである。

VG2020の具体的な成長戦略は,利益率の高い制御機器事業を強化すること（基幹事業であるIA事業の最強化），制御機器事業やヘルスケア事業において新興国における成長を目指すこと（新興国市場での成長），新規事業として環境関連事業に注力すること（最適化新規事業の創出）であり,同時に収益構造改革を行って売上総利益率などの改善に取り組み,売上成長と利益率の向上の掛け算で利益額を増加させ,成長のためのキャッシュ・フローを持続的に生み出すことである。

このような長期視点からの経営に必要なコンセプトが「統合的思考」であり,その重要な説明手段が統合報告である。

(4) オムロンのIRビジョン・ディスクロージャー戦略

現在のIRビジョンは「広げる。創る。対話する。株主とオムロンの明日のために」としており,もちろんオムロングループ全体の10年ビジョンにビルトインされている（図表1-3-6）。そして,実現したい姿を「オムロンの企業価値と株価のベストマッチング」とした。

2020年までに目指す売上高1兆円超,営業利益1,500億円という定量的な業績目標を掲げているが,成長の確かさをアピールするためにも「バランス」「公平性」「即時性」を尊重して株主を含めたすべてのステークホルダーとの対話を継続し,現在の株主のみならず,有望な潜在株主である個人および機関投資家からセルサイド・アナリストやコーポレート・アクセス担当が所属する証券会社,そして証券取引所や自社グループの社員に至るまでを対象にさまざまな能動的なIR活動を展開している。

第1部 わが国における統合報告書の現状

図表1-3-6 オムロンIR活動ビジョン

ビジョン	広げる。創る。対話する。株主とオムロンの明日のために。
実現したい姿	オムロンの企業価値と株価のベストマッチング
基本スタンス	株主と経営の双方の視点に立ち、"バランス"、"公平性"、"即時性"を徹底する
各ステークホルダーへの貢献	投資家（潜在株主）：投資機会に対する適正な情報 株主：地球価値創造により生み出された利益の享受 社員：・株主として得られる利益の享受　・株主の支持を受けた安定的な事業運営 証券会社，証券取引所：資本市場の活性化，信頼性の向上 （中心：オムロンの企業価値と株価のベストマッチング）

出所：オムロン作成。

　IRの組織と陣容ならびに活動内容を紹介する（図表1-3-7）。

　経営IR室は社長直轄で独立しており，機関投資家・個人投資家向けの対応，社員持株会から株主総会運営，株主還元方針の策定を含めた広義のIRまで幅広く担当している。ちなみに，CSR部と社内外の広報活動を所管するコーポレート・コミュニケーション部は別組織であり，担当役員も異なる。

　そして，IRに関しては「経営IR室」が，投資家向けの非財務情報を開示する責任を負っており，情報開示にあたっては全社の経営戦略を担うグローバル戦略室，財務情報に責任をもつ経理・財務部門，マスメディア向けコミュニケーションを担う広報部門とはきわめて緊密に連携して内容の充実を図っている。

図表 1-3-7　IR活動の組織

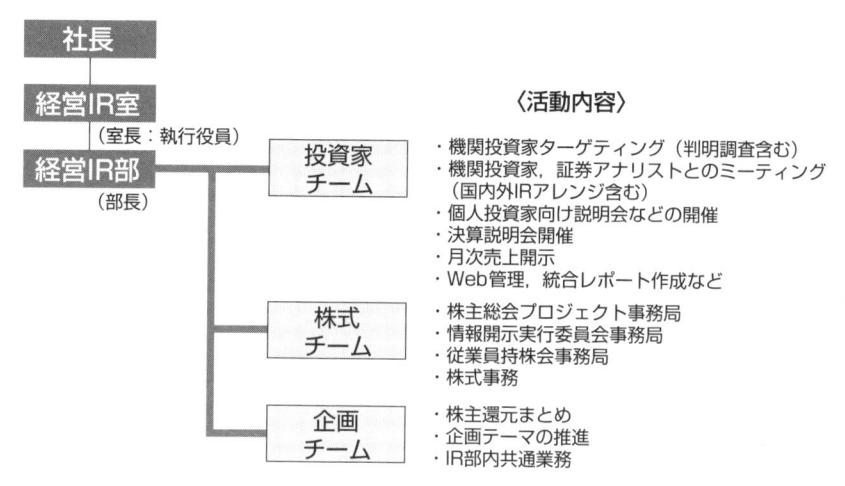

```
社長
 │
経営IR室
（室長：執行役員）
 │
経営IR部
（部長）
 ├── 投資家チーム
 ├── 株式チーム
 └── 企画チーム
```

〈活動内容〉

投資家チーム
・機関投資家ターゲティング（判明調査含む）
・機関投資家，証券アナリストとのミーティング（国内外IRアレンジ含む）
・個人投資家向け説明会などの開催
・決算説明会開催
・月次売上開示
・Web管理，統合レポート作成など

株式チーム
・株主総会プロジェクト事務局
・情報開示実行委員会事務局
・従業員持株会事務局
・株式事務

企画チーム
・株主還元まとめ
・企画テーマの推進
・IR部内共通業務

出所：オムロン作成。

　一方，IRの組織名に「経営」とついているとおり，単なるスポークスマンではない。当然，足元業績の進捗状況の確認に直接かつ主体的に関与しているので，IRにおける情報開示の範囲や内容・シナリオ策定などについてはIRの判断が尊重される。

　オムロンの場合は経営陣が「ステークホルダー経営」を標榜し，社長直轄の独立した組織である経営IR室に大きな権限が与えられ，そのうえで株主を中心とするステークホルダーと双方向のコミュニケーションを担い，株主の意見を経営に反映させることにより，真にグローバルな企業を目指すというPDCAが確立している。したがって，仕事がきわめてやりやすく，常に現状改革的な取り組みをすることができる。

　なお，2012年度に，日本IR協議会からIR優良企業大賞をいただいたが，以下の点について高い評価を受けた。

・CEO自らがIRを積極的に実施していること
・CEO直轄のIR部門にあらゆる情報が蓄積されていること
・IR部門の改善意欲が高いこと

> 第1部　わが国における統合報告書の現状

- 投資家の声を社内にフィードバックして経営に役立てていること
- 機関投資家向けだけではなく個人投資家向けの活動にも熱心なこと
- 統合レポート作成といった先進的な取り組みをしていること

　最後に，オムロンが現在力を入れているIRおよびディスクロージャーにおける3つのポイントを説明する。これは，同時に統合報告を作成するモチベーションそのものでもある。

① さらなる戦略的かつ効果的な活動を実践すること
② 平時における多面的な情報開示を強化すること
③ 投資家とのコミュニケーション手法を高度化すること

　1つ目の戦略的かつ効果的なIR活動を実践することは，とりもなおさず受動的なIRから脱却することであり，データベースマーケティングの一手法である「ターゲティング」をいっそう深化させることである。

　2つ目のポイントは，さまざまな開示資料を高度化して投資家に対する情報開示を徹底し，さらにESGアプローチを強化することである。換言すると，平時において有事を想定したリスク情報を積極的に開示し，不測の事態が発生したときにも投資家にリカバリー手段の正当性に確信をもってもらうことである。これは，情報開示に優れた企業は，ネガティブなイベントにより株価が急落したような場合でも株価の戻りが早いということが研究で実証されているからである。まさに，このことを実現するための格好の手段が統合報告であると位置づけて積極的に取り組んできた。

　その結果，IIRCとも協力関係にあるWICIジャパンが2013年度より新設した「統合報告」優秀企業表彰制度においてオムロンは優秀企業3社のうちの1社に選ばれた。

　3つ目のポイントは投資家とのコミュニケーション手法の高度化についてである。オムロンは資本コストを意識し，ROICを使って事業ポートフォリオ管理を行っており，社長や事業部門長の報酬評価についても使っており，投資家との「エンゲージメント」にも使用している。

第3章　オムロン株式会社

　ちなみに，エンゲージメントとは投資家と双方向の対話をすることにより，経営を改善し，投資家と企業が，いわゆる WIN-WIN の関係を築こうとする取り組みであり，オムロンにおいて，そのような取り組みを強化するとともに，筆者は経済産業省経済産業政策局企業会計室が主催する「企業報告ラボ」(http://www.meti.go.jp/policy/economy/keiei_innovation/kigyoukaikei/index.html)の企画委員の1人として啓発活動を推進している。統合報告を作成する際のさまざまな示唆を得ることができるので是非ご参照いただきたい。

　オムロンでは，図表1-3-8や図表1-3-9のような資料を使用しており経営陣が資本コストやROICを意識した経営を実践し，このような形で投資家との対話にも活用したいと考えている。

図表 1-3-8　主要経営指標の開示

ROIC などの経営指標を活用した事業運営を行い，企業価値を高めていく。

経営指標	2013年度見通し	2013年度計画	2012年度実績
売上総利益率	39%	39%	37.1%
営業利益率	8.7%	8.2%	7.0%
ROE	11%程度	10%超	8.8%
ROIC	11%程度	10%超	8.6%

ROIC＝当期純利益／投下資本

出所：オムロン作成。

第1部　わが国における統合報告書の現状

図表 1-3-9　ROIC の考え方

各事業ごとにブレイクダウンし，KPIを定めて改善実行

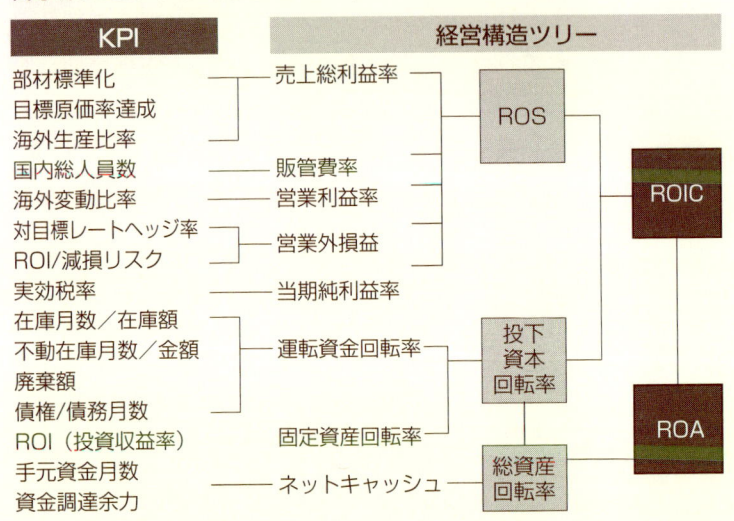

KPI	経営構造ツリー
部材標準化 目標原価率達成 海外生産比率	― 売上総利益率 ― ROS
国内総人員数 海外変動比率	― 販管費率 ― 営業利益率
対目標レートヘッジ率 ROI／減損リスク	― 営業外損益
実効税率	― 当期純利益率
在庫月数／在庫額 不動在庫月数／金額 廃棄額 債権／債務月数 ROI（投資収益率） 手元資金月数 資金調達余力	― 運転資金回転率 ― 固定資産回転率　投下資本回転率 ― ネットキャッシュ　総資産回転率

ROS → ROIC → ROA

出所：オムロン作成。

3. アニュアルレポートから統合報告へ

（1）統合報告作成の背景

　オムロンは2011年度のアニュアルレポート作成時にESG情報に関する開示を意識的に強化することとした。当時，CEOの交代に関して「新社長誕生秘話」という表題で，経営承継プロセスの実態と取締役会の諮問機関である社長指名諮問委員会の機能や社外取締役が果たした役割について詳細に開示したことが統合報告の作成に向けたチャレンジのきっかけになった。

　そして，2012年度からは名称を「アニュアルレポート」から「統合レポート」に変更して，IIRCの統合報告フレームワークの策定プロセスも参考にしながら名実ともに統合版の作成をスタートした。

　アニュアルレポートとCSRレポートを融合しようと考えた背景は以下のとおりである。

企業理念や経営方針，事業運営状況などの情報を1冊にまとめることにより，すべてのステークホルダーにわかりやすく，具体的にオムロンの現状を伝えるためである。そして，中長期の成長性や信頼性，いわゆるサスティナビリティを理解していただき，平時に有事を想定した情報開示を行うことで有事の信頼性が担保できるのではないかと考えている。

アニュアルレポート2011，統合レポート2012のコンテンツの構成を比較してみる（図表1-3-10）。統合レポートでも有価証券報告書と同等の財務情報を掲載し，かつ非財務情報を拡充したため総ページ数は20ページ強増えたが，特にコーポレート・ガバナンスやCSRをページ数では14から34ページへと2.4倍に，比率では13%から26%に倍増させた。ただし，統合レポート作成後の今もCSRレポートは存続させている。

一部の企業では統合版を作成することでコスト削減をしようという動きもあるようだが，オムロンは，そのような考え方をしていない。

図表1-3-10　統合レポートとアニュアルレポートの比較

コンテンツ別ページ数

	プロフィール	ステークホルダー(SH)の皆様へ	事業戦略	セグメント情報	コーポレート・ガバナンス・CSR	財務情報	会社情報	合計
2011年度	10	4	16	15	14	46	3	108
2012年度	8	2	16	22	34	45	2	129

●アニュアルレポート2011コンテンツ比率

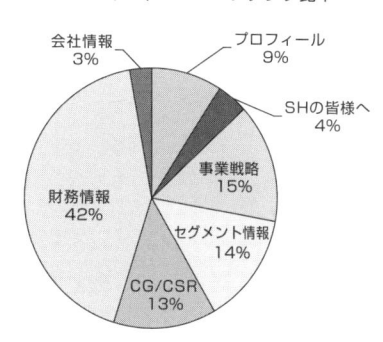

- 会社情報 3%
- プロフィール 9%
- SHの皆様へ 4%
- 事業戦略 15%
- セグメント情報 14%
- CG/CSR 13%
- 財務情報 42%

●統合レポート2012コンテンツ比率

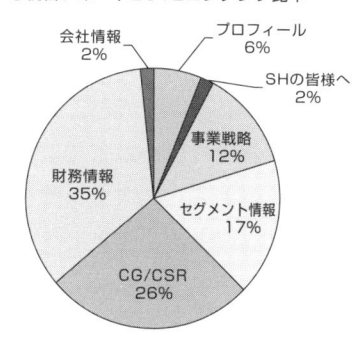

- 会社情報 2%
- プロフィール 6%
- SHの皆様へ 2%
- 事業戦略 12%
- セグメント情報 17%
- CG/CSR 26%
- 財務情報 35%

出所：オムロン作成。

(2)「統合レポート 2013」で目指したこと

次に,「統合レポート 2013」で目指したことについて説明する。

まず,原点にかえって,再度統合レポートを作成する目的を明確にした。

1つは,戦略的情報開示による全ステークホルダーとの信頼関係の構築である。オムロンは,統合レポートをマルチステークホルダー向けであると位置づけたのである。もう1つは,当然のことであるが,中長期にわたって株式を保有してもらえる安定的な株主獲得について十分に意識している。

そして,財務情報と非財務情報を融合させることが重要なのである。昨年の 2012 年版でも単にアニュアルレポートと CSR レポートの合本にならないよう留意したが,まだ関連性,いわゆる IIRC フレームワークでいう「コネクティビティ」の追求が不十分だった。

オムロンは 2013 年 5 月 10 日に創業 80 周年を迎えたので,80 年間のものづくりにより蓄積されたオムロンの経営面・事業面での強みをベースに,新たな価値創造についてストーリーを展開した。具体的には,オムロンはどのような企業か,ということから始めて,オムロンはどこへ向かおうとしているのか,オムロンの企業価値とは何か,企業価値の源泉は何か,それらを支えるコーポレート・ガバナンスや CSR の取り組みを示している。2013 年版でも特集形式を踏襲し,具体的には「重点テーマ」という見せ方をして,わかりやすく訴求することを継続している。

また,昨年までは有価証券報告書と同等の財務情報を掲載していたが,かなりの部分を WEB 開示にシフトし,財務セクションのページ数は半分以下の 20 ページ程度に圧縮して,非財務情報パートとのボリュームバランスを改善した。2012 年版と 2013 年版を比較すると図表 1-3-11 のようになる。財務情報を圧縮したほかは,オムロンがステークホルダーに是非とも説明したい内容にこだわった結果である。

筆者は,より多くの企業が統合版のレポートにチャレンジしていただきたいと願っている。もちろんさまざまな制約があるだろうが,それらを乗り越えるだけの意味のあるプロジェクトであり,一歩踏み出すことが何より重要である。現在は統合レポートのまさに創成期であり,だからこそ率先してチャ

レンジすることに価値があると考えている。

図表1-3-11　統合レポート2012と2013の比較

	プロフィール	ステークホルダー(SH)の皆様へ	事業戦略	セグメント情報	コーポレート・ガバナンス・CSR	財務情報	会社情報	合計
2012年度	8	2	16	22	34	45	2	129
2013年度	11	2	22	18	26	20*	3	102

*13年度より連結財務諸表の注記部分を「財務詳細版」としてWEBのみの開示としている

●2012コンテンツ比率
- 会社情報 2%
- プロフィール 6%
- SHの皆様へ 2%
- 事業戦略 12%
- セグメント情報 17%
- CG/CSR 26%
- 財務情報 35%

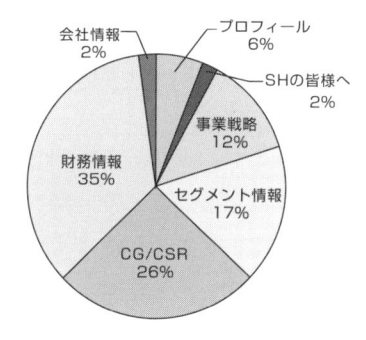

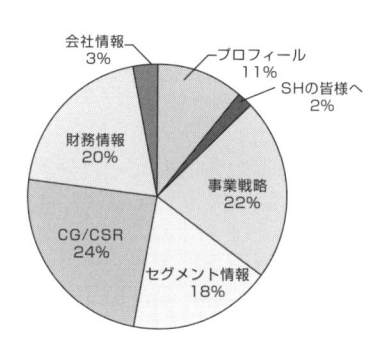

●2013コンテンツ比率
- 会社情報 3%
- プロフィール 11%
- SHの皆様へ 2%
- 事業戦略 22%
- セグメント情報 18%
- CG/CSR 24%
- 財務情報 20%

出所：オムロン作成。

4. 統合報告作成にあたっての留意点

(1) 社内体制の整備

　統合報告作成にあたっては，経営陣がいかに財務情報と非財務情報を融合して企業の本源的な価値を伝える必要性を認識するかということが重要であることは論を俟たない。しかしながら，経営陣の統合報告にかける意欲があったとしても，それだけでよい統合報告を作るための十分条件ではない。社内にはさまざまな機能や役割をもった組織が存在しているので，やはり作成実務を取り仕切る指令塔が重要である。

　オムロンの場合には経営IR室が編集責任を負い，コンテンツは経営IR

室とCSR部が共同でまとめている。逆にいえば，全社あげての大人数のプロジェクトチームを立ち上げていない。もちろん事業部門や他のコーポレート部門の協力は不可欠だが，プロジェクト方式では往々にして「分担」という作業に成りがちで，各担当者が作成したパーツを合体してまとめても単なる合本であって統合版とはいえないのは自明である。やはり編集方針を決め，現場から上がってきた情報を取捨選択し，必要に応じて内容を修正させるだけの権限が必要である。

しかしながら，「権限」は単なるパワーではなく，編集責任者に任せておけば，きちんとバランスのよい報告になるという信頼感がすべてである。往々にして縦割意識の強い企業においては，最初から信頼を得るのは難しいので，とにかく統合報告を作るという意思を固めて，年々課題を克服することが必要である。

その際，どの機能をもった組織が編集責任をもつのがよいかというテーマがよく議論される。オムロンの場合は経営IR室が務めており，個人的には株主など投資家とコンタクトの多いIR部門が作成するのが最もよいと考えるが，企業によって組織の考え方は違うので，まずは従来アニュアルレポートの編集責任を負っていた部署が統合報告の編集責任を継続するのが妥当のように思われる。そのうえで，ステップバイステップで最も適切な部署を検討するか，その過程で新たな組織に作りかえる選択肢もある。

いずれにしても，ESGや事業の強み・弱みや実態を十分に理解した人が編集責任者を務めることが肝要である。加えて，統合レポートの作成により，IRとCSRのメンバーの意識や知識レベルの向上を同時に図っていくことも重要である。

(2) テーマ設定と表現方法

テーマを設定する際，どうしても網羅的になりがちだが，毎年経営陣がこだわっているすべての事項について記載することは統合報告の分量的な制約からして無理であり，マテリアリティ（重要性）の観点からはテーマを絞りこむ必要がある。

一方で，毎年同様の事柄を記載するのは平時における開示を強化するという目的からは避けるべきであると考える。したがって，各年度に説明したいことを書くとして，筆者は3年間くらいで相応にESG関連の事項を網羅することも必要であると考える。

また，表現方法としては，すべて文章のみ，かつ一方的な説明のみでは平板になってしまいがちで，本来アピールすべき点が十分に読み手に伝わらない。やはり写真やグラフを活用するとか，特集仕立てにするとか，対談形式にして読み手に興味をもってもらうことも必要である。そして，一方的な企業の論理ではなく，社外役員や外部のステークホルダーからの評価やコメントも記載内容に説得性をもたせるにはきわめて有効である。

(3) 有効に活用するために

統合報告を作ることは骨の折れる作業であるが，本来作ることが目的ではなく，ターゲットとするステークホルダーに読んでもらうことがきわめて重要である。特に，機関投資家やSRI投資家には能動的にアプローチする必要もあるため，弊社ではEメールにてURLを送付するとともに，冊子を郵送し，さらにミーティングの際に手渡したうえでコメントや評価を求めている。結果として，従来，日本企業が発行する報告書にあまり興味のなかった海外機関投資家にも内容やメッセージ性を十分評価してもらった。

また，社員に対してはグローバルなコアポジションメンバーや管理職には1冊ずつ配布し，チームビルディングや社内コミュニケーションの一助にした。日常，自身が所属する以外の部門が，どのような考え方で運営されているかという点について具体的に理解が深まったという感想が多く寄せられた。このような具体的な方法を用いて作成した統合報告を有効活用することが必要である。

(4) 紙媒体かペーパーレスか

統合報告を作成する際，紙媒体かペーパーレスとしてWEB開示にするかは，作成した統合報告をステークホルダーにどのように活用してもらうかに

かかっている。

　ここで注意する必要があるのは，統合報告を作ることが目的ではなく，ステークホルダーに読んでもらうことが目的であるという前提である。一般論としては，経費削減の要請を含めてWEB開示のみで十分であると考える向きが多いが，オムロンではプッシュ型のIRを促進する手段と認識して紙媒体を作成している。ちなみに，WEB開示する際は，単にPDFファイルを貼るだけでは不十分であり，コンテンツごとにリンクを張って，より詳細な情報へのアクセスを可能にしておかないと，いわゆる自己満足的な開示となってしまう。

　また，1冊にするか，非財務情報と財務情報のパートを分冊にするか，といった方法があるが，筆者個人としては統合報告の趣旨からして分冊にすることは必ずしもよくないのではないかと考えている。したがって，非財務情報であれ財務情報であれ，いかにマテリアリティを重視してコンパクトにコンテンツを絞り込み，非財務情報と財務情報をバランスよく記載することが求められる。やはり紙媒体の場合は100ページ以内とするのが妥当であると考える。

(5) 社外支援会社の活用

　初めて統合報告を作成する場合，社内のメンバーが中心になって編集していくわけだが，やはり外部の支援会社に助言を求めることは統合報告としての様式を具備するためにも，また用語や商品説明について社外のステークホルダーから，よりわかりやすい記載をするためにも有効である。いくつかのコンテンツを絞り込む際に，どれを選択すべきかということについて意見を求めて，それを参考にすることが必要である。

　ただし，統合報告の歴史は浅いだけに，支援会社も依然としてアニュアルレポートの作成に強い会社，CSR報告書の作成に強い会社があり，すべて満足するアドバイスができる支援会社はきわめて少ないので，企業側がリーダーシップをとりながら，必要に応じて支援会社にアドバイスを求めることが肝要である。当然のことだが，支援会社に丸投げしては，よい統合報告が

できるはずもない。

5. おわりに

　最後のまとめとして，統合レポートの活用方法や課題などについて記述する。

　まず，WEBのURLを主要なステークホルダーにEメールにて通知，次に紙媒体を担当者宛に郵送し，個別ミーティングの際に持参するとともに，読んでもらうよう促し，次回訪問時やメールにてフィードバックをもらう。

　2013年度版は総じて高評価を得た。長期の優良投資家とのコミュニケーションにはきわめて有効であるとの手ごたえを得ている。2013年度版を評価する投資家には，前年・前々年に遡って読んでもらっている。

　前述のWICIの優良企業賞については，選ばれたこと自体はステークホルダーへの訴求力が増すが，それだけではなく，審査の過程で示された課題や改善点のフィードバックがよりよい統合報告を作成するためにきわめて有効である。

　また，オムロンでは社内IRに力を入れているが，統合報告は社外のステークホルダーに配布するだけではなく，グローバルな管理職に配布して経営戦略への理解を深め，社内コミュニケーションの一助としている。社員からは「経営の全体像がよくわかった」，「自分の所属している事業部門以外の強みや課題が理解できた」という前向きな意見が多く聞かれた。

　一方で，マテリアリティとコネクティビティに課題があると認識している。特に，非財務情報が財務面に及ぼす影響や効果については，まだまだ起承転結を試行錯誤している状態であり，非財務情報と財務情報の関連性が十分でない。

　また，マテリアリティの観点からは，多様な事業セグメントを有するオムロンとしては，自ずとページ数を割かざるを得ないため，ページ数とのバランスもみて，1つの事例でオムロンの経営の全体を想起できるようなテーマを模索していきたい。

第1部　わが国における統合報告書の現状

第3章　オムロン株式会社

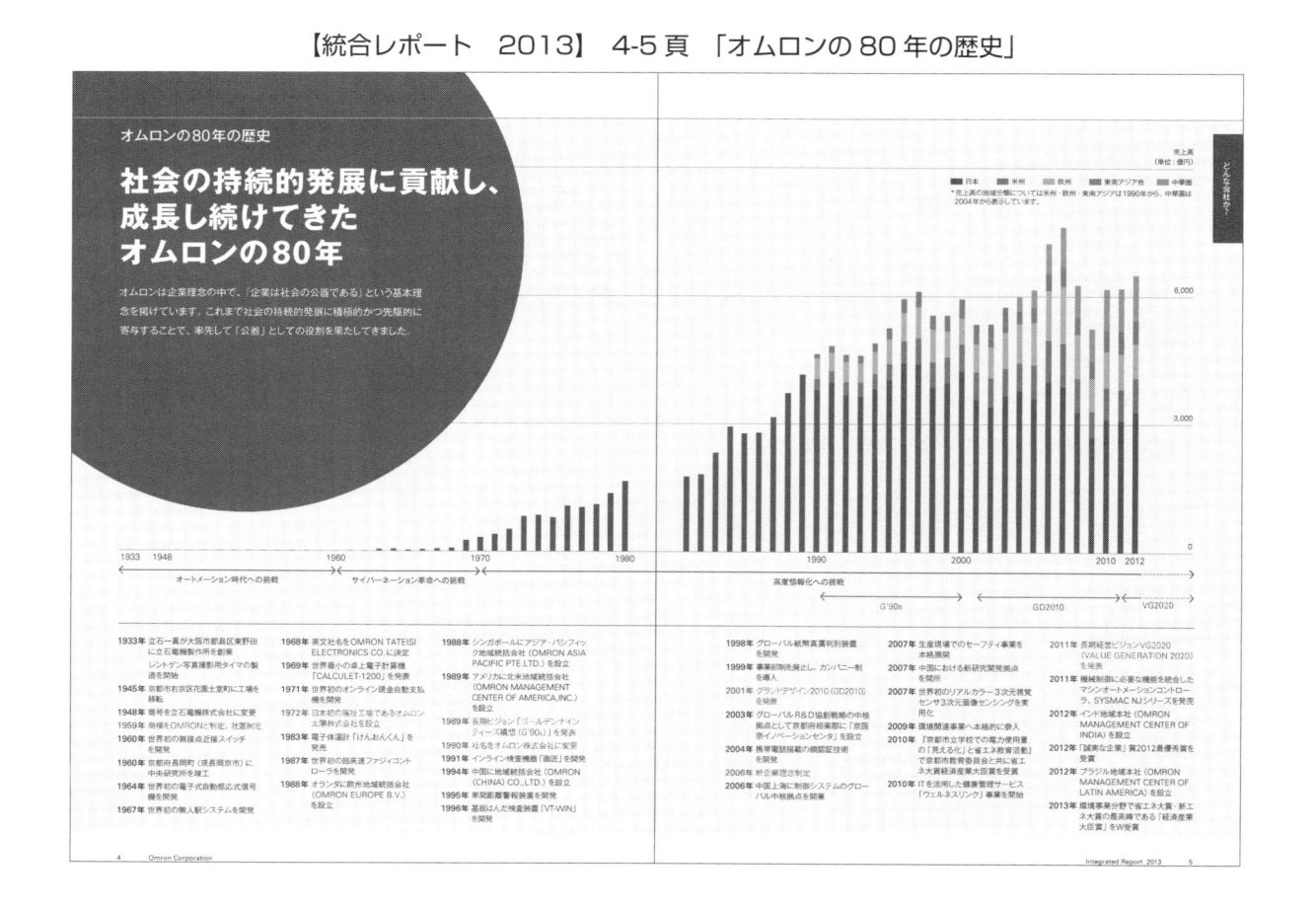

【統合レポート 2013】4-5頁「オムロンの80年の歴史」

第1部　わが国における統合報告書の現状

【統合レポート 2013】 22-23頁 「社長インタビュー」

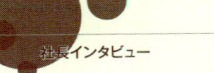

社長インタビュー

代表取締役社長
山田 義仁

Q1　13年度は中長期戦略（VG2020）の最初の3年間（グローブステージ）の最後の年、進捗状況と次のステージ（アースステージ）に向けた取組みについてお聞かせください。

2011年7月に長期経営ビジョンVG2020を発表し、今年はその3年目に当たります。最初の3年間（グローブステージ）を「グローバルでの収益・成長構造づくり」の期間とし、基幹事業であるIA*事業を中心に、厳しい経済環境下においても競争力のある商品の開発や新興国におけるテキストエリアへの新たな展開などの成長投資を行ってきました。

グローブステージにおける事業項目については当初掲げた数値（売上高7,500億円/営業利益1,000億円/売上総利益率42％）から修正（売上高1,100億円/営業利益580億円/売上総利益率39％）しておりますが、私自身この3年間の収益について、じくじたる思いを持っています。背景としては急激な需要変動、そして世界経済環境など、計画の前提となる事業部門を取り巻く環境が大きく変わってきたこともありますが、為替が固定されるなど事業環境が改善してきており、すでにいくつかの手を打っております。事実、事業面では設備投資に影響を受けやすいIA事業の他方が不安定を下回ったデータネット網の強化、新興国市場の深耕などIA事業を中心にこの2ヶ月で各商品の開発や新商品をより早くチームに組み込み動きに進めて着実に、これらの出荷が少しずつ成長に繋がっていまして。しかし、これらの出荷が回復に伴って、またこれらの投資の効果が出てきたものがこの計算では、これまでの成果なども総合となって気が付きます。

*IA: Industrial Automation

VG2020ゴールに向けたシナリオ

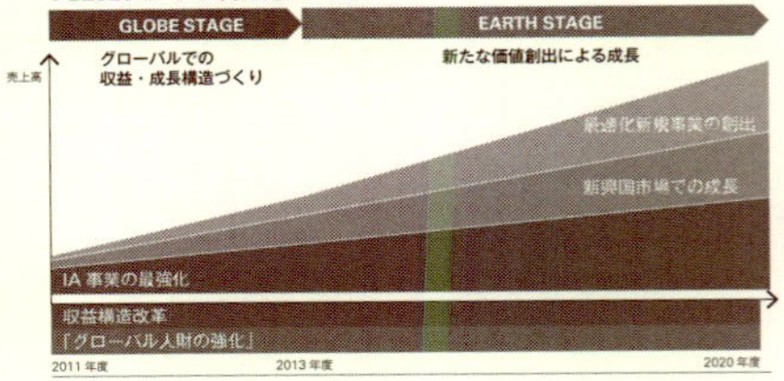

GLOBE STAGE → EARTH STAGE
グローバルでの　新たな価値創出による成長
収益・成長構造づくり

長期成長領域の取込み

既存事業の成長

2011年度　2013年度　2020年度

2013年度の方針

Complete the GLOBE Stage!

「成長力」×「改造力」×「変化対応力」を備えた強い企業へ変革を成し遂げる

実行プラン

VGグローブステージで描いた実行プランは継続し、完成させる。
- IA事業の最適化
- 新興国成長での売上拡大
- グローバル人財の強化
- 収益構造改革
- 環境事業への注力

特に新興国のものづくり市場においては経済成長やインフラ投資の増加、品質意識の高まりを背景にファクトリーオートメーションへのニーズは大きくなっていて、IA事業は伸び悩んだものの、品質改革などなどこの3年間みたおとし、今後の展開みたとおりと確信に成長中です。

また構造改革を継続的に進めており、外部環境の変化に強い収益体質を持つ会社に上がってきています。ニーズに対する反応を早くしマーケットや社会システムを捉えそのニーズに応えていくことで我々の企業の社会的な価値を高めていくべく、以外の事業もこのIA以外の事業の収益性向上と成長スピードを早めて、新規事業としても力を入れている連結関連事業も当初計上を上回るスピードで収益化の時間を短縮できています。

我々は今後の成長に必要な商品開発や販売網の構築のために、優先的に注力事業にリソースを配分しています。これは来年以降に続く次なるステージ（アースステージ）における「新たな価値創出による成長」に向けたアクションです。

基幹事業であるIA事業を中心に、厳しい経済環境下においても必要な投資を行ってきました。

第4章

武田薬品工業株式会社

1. CSRに関する考え方

(1) CSR活動と持続可能性の関係

　武田薬品工業（以下，タケダという）の歴史は，1781（天明元）年，初代近江屋長兵衞による大阪・道修町での和漢薬仲買業から始まった。以来，「優れた医薬品の創出を通じて人々の健康と医療の未来に貢献する」というミッションのもと，患者・医療関係者，株主・投資家，従業員，取引先，政府，地域社会をはじめとする多様なステークホルダーに対して誠実に向き合い，企業の社会的責任（以下，CSRという）を果たすことで230年を超える長きにわたり事業を継続してきた。

　タケダでは2009年にコーポレート・コミュニケーション部内にCSRチームを新設し，CSR活動の組織的な推進に着手したが，それにあわせて，上記の認識に基づき，CSRに関する基本的な考え方を整理した。具体的には，CSR活動を「自社の持続可能性と社会の持続可能性を高めるための手段である」と位置づけ，また，CSR活動の構成要素を以下の3つに分類した（図表1-4-1参照）。

- 企業として，社会に役立つ製品・サービスを提供する活動
- 社会の一員として，社会に過大な負荷をかけず誠実な事業プロセスを遂行する活動
- 企業市民として，社会課題の解決に関わり，社会の豊かさを支える活動

図表 1-4-1　CSR 活動と持続可能性の関係

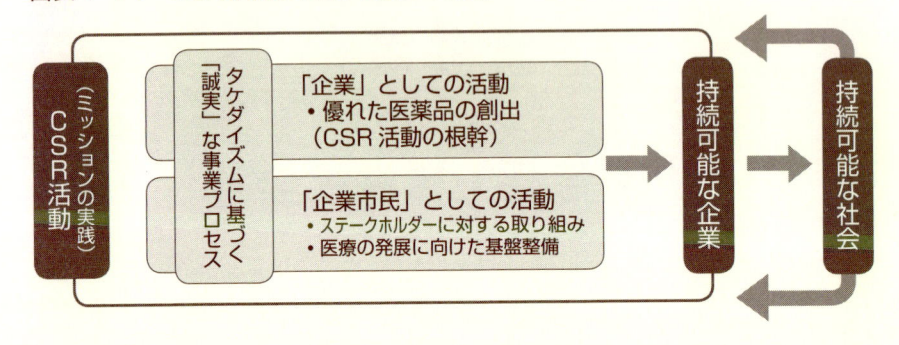

| CSR活動（ミッションの実践） | タケダイズムに基づく「誠実」な事業プロセス | 「企業」としての活動
・優れた医薬品の創出
　（CSR 活動の根幹）
「企業市民」としての活動
・ステークホルダーに対する取り組み
・医療の発展に向けた基盤整備 | → 持続可能な企業 ⇄ 持続可能な社会 |

　タケダが将来にわたり事業を継続し，社会に貢献していくためには，以下の2つの意味における「統合」を，これまで以上に加速させることが課題だと考えている。1つは「CSR 活動の経営戦略への統合」であり，もう1つが本章のテーマである「CSR 情報などの非財務情報と財務情報の統合」，すなわち，企業情報の統合開示にかかわる問題である。

(2) 「統合」に関する概念整理

　タケダでは，独自の検討に基づいて 2006 年より実践してきた統合開示をグローバルなレベルに引き上げるため，2011 年に国際統合報告評議会（以下，IIRC という）のパイロット・プログラムに参加し，先進企業の考え方や事例を学び始めた。IIRC は統合にかかわる3つの概念，すなわち「統合思考」「統合報告」「統合報告書」を提示しているが，この「統合思考」は，図表 1-4-1 で示した「企業は社会の一部であり，両者は相互に影響しあう関係にある」というタケダの考え方に近い。そこで，2013 年度版の統合報告書（以下，統合版アニュアルレポートという）には，タケダ自身が考える「統合思考」を掲載し，その中で「健全な社会のサステナビリティ（持続可能性）なくして自社のサステナビリティはない」というスタンスを示した。

　本章では，以降，「統合思考」に基づいて自社と社会の持続可能性を高めるために実践する活動を CSR 活動，CSR 活動に関する情報を株主・投資家を中心とした幅広いステークホルダーに誠実に開示するプロセスを「統合報

告」，そして，「統合報告」の開示フォーマットを「統合報告書」として議論を進めることにする（図表 1-4-2）。

図表 1-4-2　統合思考，CSR 活動，統合報告，統合報告書の関係

統合思考	CSR 活動	統合報告	統合報告書
「企業は社会の一部」という考え方 ・企業と社会は相互に影響し合う関係	「統合思考」に基づき，企業と社会の双方の持続可能性を考えて実践する企業活動 ・製品・サービス ・事業プロセス ・企業市民活動	「CSR 活動」の報告プロセス ・社会・環境要素を経営戦略に統合 ・「財務情報」と「非財務情報」の相互の関係性を統合的に開示	「統合報告」を表現するフォーマット ・冊子 ・ウェブ ・電子ブック ・動画，など

2. 統合報告書の制作と活用

（1）制作チーム

タケダの統合版アニュアルレポートは，コーポレート・コミュニケーション（CC）部が制作を担当している。CC 部は，4 つのチーム，すなわち，「PR（Public Relations）チーム」，「IR（Investor Relations）チーム」，「ER（Employee Relations）チーム」，そして CR（Community Relations）および社内の CSR 実践部門の活動を支援する「CSR チーム」で構成されており，社内外のコミュニケーション機能を統括している。CC 部は 2013 年 12 月末時点で 25 名が所属しているが，統合版アニュアルレポートを制作する際には，毎年，各チームから 4 人程度が制作プロジェクトのメンバーとして指名される。最新の 2013 年度版に関しては 16 人が約 7 ヵ月間，制作にかかわった。

これら 4 チームは，統合版アニュアルレポートに関するメディア取材対応

(PR + IR + CSR)，SRI 投資家とのインタビュー（IR + CSR），社内報を通じた統合版アニュアルレポートの従業員への紹介（ER + CSR）の際など臨機応変に連携し，ステークホルダーとの円滑なコミュニケーションに取り組んでいる。

(2) 開示フォーマット

　タケダでは，2003 年以降，経営環境の変化に対応する形で開示フォーマットに適宜変更を加えている。基本は紙媒体とその PDF 版での開示であるが，2012 年度からは，読みやすさを考慮し，電子ブック版での開示も開始した。また，経営幹部の「マネジメント・メッセージ」については，その要約版をアニュアルレポートに掲載すると同時に，フル・バージョンを動画配信している（図表 1-4-3 参照）。

図表 1-4-3　開示フォーマットの変遷

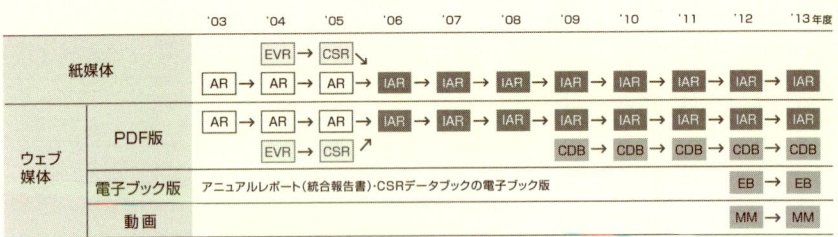

媒体	形式	'03	'04	'05	'06	'07	'08	'09	'10	'11	'12	'13年度
紙媒体			AR	AR→EVR→CSR↘AR	IAR	IAR	IAR	IAR	IAR	IAR	IAR	IAR
ウェブ媒体	PDF版		AR	AR→EVR→CSR↗AR	IAR	IAR	IAR	IAR	IAR	IAR	IAR	IAR
								CDB	CDB	CDB	CDB	CDB
	電子ブック版	アニュアルレポート（統合報告書）・CSRデータブックの電子ブック版									EB	EB
	動画										MM	MM

AR：アニュアルレポート　EVR：環境報告書　CSR：CSR報告書　IAR：統合版アニュアルレポート
CDB：CSRデータブック　EB：電子ブック　MM：マネジメント・メッセージ

(3) 活用方法

　CC 部の各チームは，それぞれが担当するステークホルダーとコミュニケーションをとる際に，統合版アニュアルレポートを適宜活用しているが，CSR チームの場合，統合版アニュアルレポートを従業員向け CSR 研修のテキストとして活用している。具体的には，新入社員・中途入社社員に対して CSR 研修を実施する際に，統合版アニュアルレポートを全員に配布し，CSR の一般的な定義，製薬企業特有の CSR，タケダの CSR に関する考え方や活動事例について，読み合わせしながら解説を行っている。また，CSR チー

ムのスタッフは，約90箇所ある医薬営業本部の国内営業所を順次訪問してCSR説明会を実施しており，その際にも，統合版アニュアルレポートを説明資料として営業スタッフ全員に配布し，CSRと営業活動の関係などについて説明している。

3. 統合報告／統合報告書の変遷

　タケダはさまざまな試行錯誤を経て，2006年度より統合版アニュアルレポートを発行している。本節では，2003年から2012年にかけてのタケダの「統合報告」および「統合報告書」の変遷について，統合版アニュアルレポートの編集方針からの引用等を用いて紹介する。

(1) 2003年度版：アニュアルレポートを通じた本業 （＝CSR活動の根幹）の情報開示

　日本のCSR元年といわれる2003年当時，一部のCSR先進企業がCSR報告書を発行し始める中，タケダでは，企業情報に関する任意の報告書としてアニュアルレポートが中心的な役割を果たしていた。CSR報告書の制作に関する議論はすでに始まってはいたが，2003年時点では，既存のアニュアルレポートに追加して別途CSR報告書を制作することで，企業情報を開示するという結論には至らなかった。主な理由としては，以下の2点があげられる。

- タケダにとってのCSR活動の根幹は「誠実な事業プロセス」を通じて「優れた医薬品を創出すること」，すなわち，本業そのものであり，その考え方や活動内容にかかわる非財務情報については，これまでもアニュアルレポート上に記載してきた。
- 「企業市民活動」に関する当時の実質的な活動主体は，タケダ本体というよりも3つの企業財団（武田科学振興財団，尚志社，発酵研究所）であり，それらは「陰徳陽報」の方針を掲げていた。

(2) 2004-2005年度版：非財務情報開示の必要性を認識

　しかし，国際社会からのCSR情報，特に環境情報に関する開示要請の高まりから，タケダとしても，非財務情報の開示に関する具体的なアクションをとる必要性に迫られるようになった。そこで，まず2004年に環境報告書を発行し，タケダの環境経営の現状と今後の方針について情報開示を試みた。

『環境報告書2004』p.2 「ごあいさつ」

> 環境問題への取り組みは，今や地球規模での貢献が求められる人類共通の課題であり，社会の意識，要請も着実に高まっています。この環境を健全な状態で次世代に継承することが私たちの基本的な責務であり，企業にとっても存続の最低条件であると認識しています。

　さらに2005年には環境報告書を発展的に廃止し，これを代替する形で，環境情報に社会や従業員にかかわる情報を加えたCSR報告書の発行に踏み切った。このように，2004年度と2005年度については，それぞれ「アニュアルレポート＋環境報告書」，「アニュアルレポート＋CSR報告書」という組み合わせで2種類の報告書を制作，発行していた。

『CSRレポート2005』p.4 「ごあいさつ」

> 企業活動が質量とも拡大し，社会に与える影響が大きくなるに従い，企業の社会的責任（CSR）に対する要請が強まっています。・・・（中略）・・・タケダは，CSRに対する誠実な取り組みを通じて，ステークホルダーの皆様との間に信頼関係を構築し，企業価値を向上させ，事業を持続的に成長させることにつとめてまいります。

　ところが，完成した2005年度版のアニュアルレポートとCSR報告書を見比べてみると開示内容にかなりの重複があることがわかった。アニュアルレ

ポートには，経営計画や財務情報はもとより，経営理念や医薬事業を通じた貢献についての考え方が掲載されているだけでなく，企業市民活動を中心とした「CSR」と題したページがあり，他方，CSR報告書には，同じく経営理念や医薬事業を通じた貢献のほか，売上，利益，研究開発費，株主情報などの基本的な財務情報や事業概要が掲載されていた。タケダの社会的使命は，優れた医薬品を人々に届けることであり，経営理念や医薬事業を通じた貢献などは，まさに共通の記載項目となり得る。アニュアルレポートとCSR報告書を別々に制作する際に生じる両レポート上での財務情報と非財務情報の"相乗り"状態は自然の流れとも理解できる。

　この結果を踏まえ，株主・投資家を中心とした幅広いステークホルダーに対して，タケダの企業活動全体を一貫性のある形で読みやすく開示したいとの考えから，また，社内的には制作費用の削減の観点から，2006年度よりアニュアルレポートを存続レポートとする形態でのワンレポート化，すなわち，「統合報告書」の制作に取り組むことになった。

(3) 2006-2008年度版：ステークホルダーからの要請への対応

　このように「統合報告書」といっても，タケダの場合は，まず「形式面の統合化」からスタートしているため，2006年度統合版アニュアルレポートの統合度合いは決して高いとはいえず，"合冊報告書"と評した方が実態に近いかもしれない。しかし，振り返ってみれば，この「形式面の統合化」こそが，同時に，「内容面の統合化」，すなわち，成熟した「統合報告書」の制作に向けての起点となった。タケダは，生命関連企業，言い換えれば，「人々の"いのち"に携わる製薬産業」に属し，さらには，「誠実」を経営理念とする企業である。すでに2006年度統合版アニュアルレポートのトップ・メッセージにおいて，「CSRが目新しいものではなく事業に統合されている」と経営トップが述べていることからもわかるように，タケダは，社会と企業の関係性を包括的，かつ，相互に影響し合うものとして捉えるホリスティックな「統合思考」を従来から持ち続けている。タケダにとっての2006年とは，この「統合思考」に基づいて約230年間実践してきた事業活動を「統合報告

第1部　わが国における統合報告書の現状

書」のフォーマットで表現し，発信する機会に出会えた意義深い年と位置づけられる。

『アニュアルレポート2006』p.10　「ステークホルダーの皆さまへ」

> 昨年，タケダでは，企業活動のグローバル化に伴いさまざまに広がりつつあるCSR（企業の社会的責任）活動をとりまとめた「CSR報告書」を初めて発行しました。タケダでは，CSRという考え方が決して目新しいものであるとは考えていません。私たちは，「誠実（公正・正直・不屈）な企業活動によって，くすりづくりの王道を歩み，社会に貢献する」というタケダイズムの実践に基づくタケダの活動そのものが，「タケダにとってのCSR」であると認識しています。そこで本年度からは，従来の「アニュアルレポート」と「CSR報告書」を統合し，本業である「優れた医薬品の創出」を通じた社会貢献を主軸としながら，タケダの経済的責任と社会的責任についてご紹介することといたしました。

　2006年から2008年度の統合版アニュアルレポートに共通していることは，事業の責任者や担当者が，自らの事業を自らの言葉で誠実に語るというアプローチをとっていることである。また，特筆すべき変化として，年を追うごとに,「統合報告」の本質に関する理解を深める中で,多様なステークホルダーの声を取り入れていった点があげられる。患者さんや医療関係者からの期待を掲載することから始まり，2008年度統合版アニュアルレポートには，社会が抱える課題に対してともに取り組むパートナーとしてのNGO/NPOの声を掲載した。

(4) 2009年度版：グローバル企業としての責任を認識

　2009年度統合版アニュアルレポートには，開示内容，および，開示フォーマットに大きな変更が加えられた。その理由は，タケダの「事業のグローバル化」にある。開示内容については，CSR活動の経営戦略へのさらなる組み入れを念頭に，

第4章　武田薬品工業株式会社

- 「事業のグローバル化」に伴う「CSR活動のグローバル化」の重要性
- 「国連グローバル・コンパクト（GC）」への加盟の背景
- 「国連ミレニアム開発目標」に向けた具体的な対応

などについて詳細に開示した。

『アニュアルレポート2009』p.22
「特集3．国連グローバル・コンパクトへの参加」

> タケダは経営哲学である「タケダイズム＝誠実」を旨とした事業運営をしています。他方，国連グローバル・コンパクトは，グローバル市場において企業が「誠実」に事業運営するための重要な枠組みを提示しています。「世界的製薬企業」を目指すタケダは，2009年3月，国連グローバル・コンパクトに参加し，10原則の支持を表明しました。参加を通じて得られるステークホルダーとの対話と学習の機会を活用し，事業運営上で直面する課題に対応するだけでなく，社会的な課題に対して解決策を提案していきたいと考えます。

　さらに，開示フォーマット上での変化として，「統合報告書」としての統合版アニュアルレポートを補完する形で，アニュアルレポートに掲載されている非財務情報をさらに充実させて再編集した「CSRデータブック」をウェブ上にPDF形式で掲載したことがあげられる。これにより，アニュアルレポート上では紙面の都合で記載できなかった下記の情報も開示が可能となった。
- 詳細な環境関連のデータ
- 海外グループ各社による企業市民活動の個別事例
- GRIガイドライン対照表
- 非財務情報に関する第三者所見
- フィードバック・アンケート

　なお，IIRCの考え方を援用すれば，統合版アニュアルレポートは「プライマリー・レポート」，「CSRデータブック」はセカンダリー・レポートという位置づけになる。

73

(5) 2010年度版：中期経営計画への織り込み

　この時期，製薬業界はブロックバスターの特許が切れる"2010年問題"の真只中にあり，タケダもこれまでの成功体験から決別し，自己変革を迫られる時期であった。そこで2010年度統合版アニュアルレポートの表紙には，"Transformation into a New Takeda" というメッセージを載せ，株主・投資家を中心とした幅広いステークホルダーに対して，自己変革の決意を表明した。この新たなタケダへの変革に向け，2010年度統合版アニュアルレポートには，「10-12中期計画」，ならびに，計画遂行のための具体的戦略「革新への挑戦（Innovation）」「持続可能な成長（Growth）」「活力ある企業風土の創造（Culture）」を公開した。統合の観点から特筆すべきは，「活力ある企業風土の創造（Culture）」の項目に，「良き企業市民としての地位向上」が経営戦略という位置づけで明記されている点である。

『アニュアルレポート2010』 p.9 「新たな経営方針に基づく具体的戦略」

> 活力ある企業風土の創造（Culture）
> 社会の一員として，従業員がお互いを認め合い，
> タイムリーな意思決定を行うことによって，
> 活力ある企業風土を創ります。
> 　1. 従業員の多様性の推進
> 　2. グローバル人材の育成
> 　3. 組織の活性化
> 　4. 良き企業市民としての地位向上

　この他，2010年度統合版アニュアルレポートの特色として，以下の2点をあげることができる。
- 国際社会が製薬業界に対して取り組みを期待する重要な社会課題（マテリアリティ：materiality）を紙面上で正面から取り上げた。具体的には，「保健医療アクセス」，「生物多様性」，「水資源」といった諸問題に対するタケダの取り組みやその背景となる考え方を詳細に開示した。

- CSR活動を推進するための新たなチャレンジという意味で，企業市民活動にかかわるNPOとの「ステークホルダー対話」の模様，そして，医薬品の品質維持・向上に関する「バリューチェーン管理」のあり方について掲載した。

(6) 2011年度版：統合ツールとしてのISO26000活用

　創業230周年を迎えた2011年に制作された統合版アニュアルレポートについては，「統合報告」を進めるために，世界のマルチステークホルダーによる参画を通じて策定されたISO26000の考え方と枠組みを参考にして作成した。ISO26000を活用する以前は，「社会」「環境」「取引先」「従業員」など，タケダ自身が重要だと考える主要なステークホルダーの枠組みでページを構成していたが，2011年版では，ISO26000が提示する7つの中核主題，「組織統治」「人権」「労働慣行」「環境」「公正な事業慣行」「消費者課題」「コミュニティ参画および発展」の枠組みを採用し，CSR情報の開示に努めた。

　また，ISO26000では，事業活動をバリューチェーンの観点で捉えたうえで，社会から受ける影響や社会に対する影響を考えることが求められている。2010年度統合版アニュアルレポートでのバリューチェーン分析は「医薬品の品質」に限られていたが，2011年度統合版アニュアルレポートについては，「医薬品の品質」に加え，「人権」と「コミュニティ参画および発展」分野でも，バリューチェーン分析を通じた情報開示を行った。例えば，「人権」の場合，これまでは，「人権＝従業員の人権」と狭く捉えてしまう傾向にあったが，以下のようなバリューチェーン分析を行うことで，事業プロセス上での人権問題の関わりについて，「患者，サプライヤー，地域住民の人権」を含んだよりホリスティックな形での情報開示を進めることが可能となった（図表1-4-4参照）。

- 研究段階での「細胞研究における生命倫理問題」
- 開発（臨床試験）段階での「被験者のインフォームド・コンセントやプライバシー」
- 調達段階での「新興国・途上国のサプライヤーにおける労働に関する人権

問題」
- 生産段階での「偽造品・異物混入による患者さんの健康問題」や「地域住民の安全」
- 販売段階での「患者さんの健康を第一に考えた医療関係者との適切な関係の維持」

図表1-4-4　人権分野のバリューチェーン分析

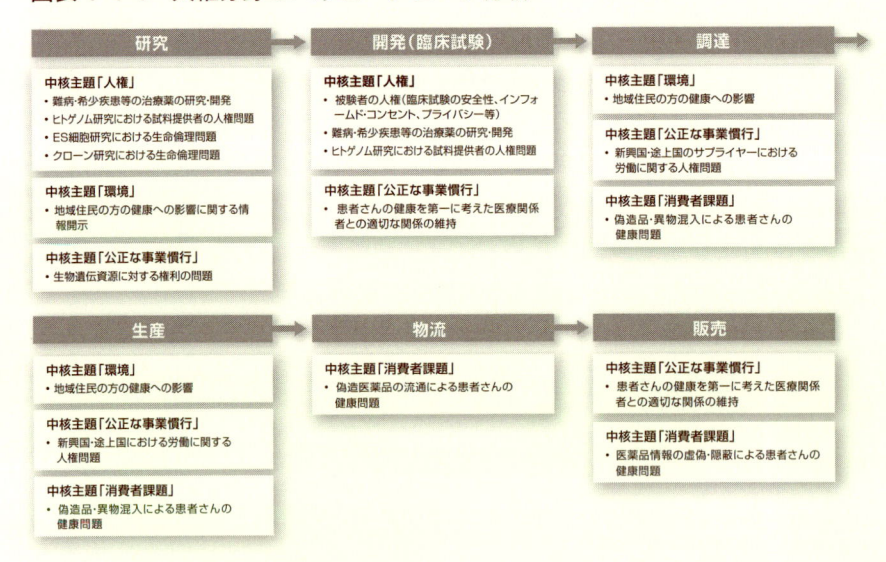

研究
中核主題「人権」
・難病・希少疾患等の治療薬の研究・開発
・ヒトゲノム研究における試料提供者の人権問題
・ES細胞研究における生命倫理問題
・クローン研究における生命倫理問題

中核主題「環境」
・地域住民の方の健康への影響に関する情報開示

中核主題「公正な事業慣行」
・生物遺伝資源に対する権利の問題

開発（臨床試験）
中核主題「人権」
・被験者の人権（臨床試験の安全性、インフォームド・コンセント、プライバシー等）
・難病・希少疾患等の治療薬の研究・開発
・ヒトゲノム研究における試料提供者の人権問題

中核主題「公正な事業慣行」
・患者さんの健康を第一に考えた医療関係者との適切な関係の維持

調達
中核主題「環境」
・地域住民の方の健康への影響

中核主題「公正な事業慣行」
・新興国・途上国のサプライヤーにおける労働に関する人権問題

中核主題「消費者課題」
・偽造品・異物混入による患者さんの健康問題

生産
中核主題「環境」
・地域住民の方の健康への影響

中核主題「公正な事業慣行」
・新興国・途上国における労働に関する人権問題

中核主題「消費者課題」
・偽造品・異物混入による患者さんの健康問題

物流
中核主題「消費者課題」
・偽造医薬品の流通による患者さんの健康問題

販売
中核主題「公正な事業慣行」
・患者さんの健康を第一に考えた医療関係者との適切な関係の維持

中核主題「消費者課題」
・医薬品情報の虚偽・隠蔽による患者さんの健康問題

(7) 2012年度版：IIRCパイロット・プログラムからの学び

　タケダは、2011年1月にスタートした、国連GCの理念の実践と普及をリードする「LEADプログラム」への加盟を通じて、CSRのプロデュース活動に触れる機会を得た。CSRのプロデュース活動とは、それまでの実践経験をベースにアドボカシー、ルールメイク、イニシアティブなどを行う戦略的活動である（図表1-4-5）。この「LEADプログラム」からの紹介で、同年7月、IIRCが主催するパイロット・プログラムに参加し、「統合報告書」作成のためのガイドラインの枠組み作りに関わり、グローバルな文脈から改めて「統合思考」「統合報告」「統合報告書」について学習を始めた。

第4章　武田薬品工業株式会社

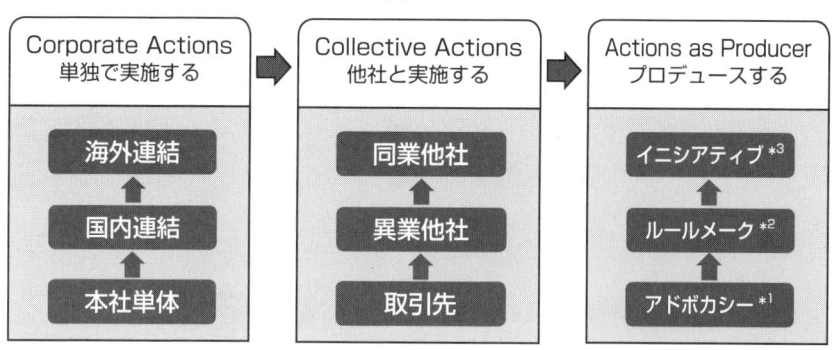

図表 1-4-5　プロデュース型 CSR 活動

Corporate Actions 単独で実施する	Collective Actions 他社と実施する	Actions as Producer プロデュースする
海外連結 ← 国内連結 ← 本社単体	同業他社 ← 異業他社 ← 取引先	イニシアティブ*3 ← ルールメーク*2 ← アドボカシー*1

*1 問題解決に向けた提言活動
*2 ルールづくりのプロセスへの参加活動
*3 率先して流れを作る活動

　枠組みの草案文書には,「統合報告書」を作成するにあたっての5つの基本原則（案）として,「戦略的焦点」「情報の結合性」「将来志向」「反応性およびステークホルダーの包含性」「簡潔性,信頼性および重要性」が盛り込まれおり,2012年度統合版アニュアルレポートでは,IIRCパイロット・プログラム参加企業として,この5原則に沿った開示を試みた。

『アニュアルレポート2012』p.1 「編集方針」

> 2011年には,ステークホルダーの皆さまに当社の価値創造・維持プロセスを適切な形で開示する目的で,統合報告の国際的なフレームワークを提供する「国際統合報告審議会（IIRC）」のパイロット・プログラムに参加し,以下の5つの基本原則に則り,開示を試みています。

4. 2013年度版の特徴

　本節では,2013年度統合版アニュアルレポートの特徴について紹介する。タケダでは,CSR活動の推進にあたり,グローバルなCSR規範を積極的に活用しているが,2013年度版は,IIRCが提示する「統合報告書」に関する

6つの基本原則（案）と GRI 第 4 版を参照し制作した（図表 1-4-6 参照）。以下，6 原則ごとに特徴をまとめる。

図表 1-4-6　GRI/IIRC ガイドラインの位置づけ

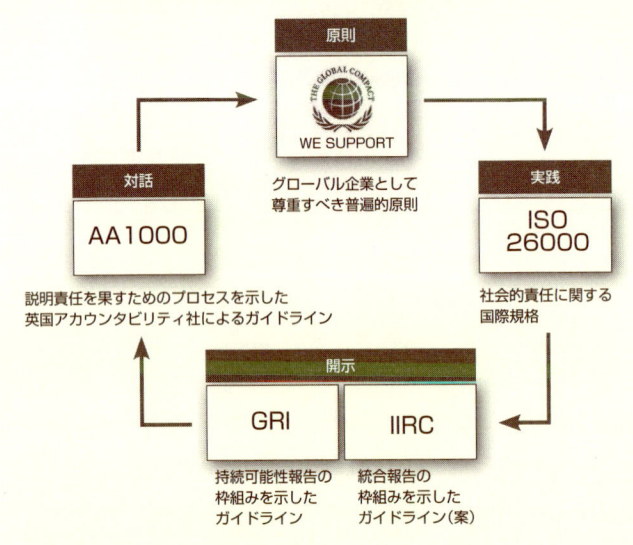

原則
WE SUPPORT (THE GLOBAL COMPACT)
グローバル企業として尊重すべき普遍的原則

対話
AA1000
説明責任を果すためのプロセスを示した英国アカウンタビリティ社によるガイドライン

実践
ISO 26000
社会的責任に関する国際規格

開示
GRI
持続可能性報告の枠組みを示したガイドライン

IIRC
統合報告の枠組みを示したガイドライン（案）

（1）戦略的焦点と将来志向

「事業目標」「具体的な戦略」「実施計画」を盛り込んだ中期成長戦略や，「ダイバーシティ」「保健医療アクセス」「腐敗防止」など，グローバルな事業拡大に伴うリスクへの対応に関する戦略を記載することで，企業価値の創造と保全の両面についての説明を試みた。特に，企業価値の保全に関しては，人権や環境にかかわる CSR デューディリジェンスの重要性や企業が作り出す外部不経済について，その内部化の必要性を明記した（図表 1-4-7）。また，ISO26000 中核 7 主題ごとに「Future Outlook」欄を設け，将来情報を開示している。

図表 1-4-7　企業価値の保全プロセス

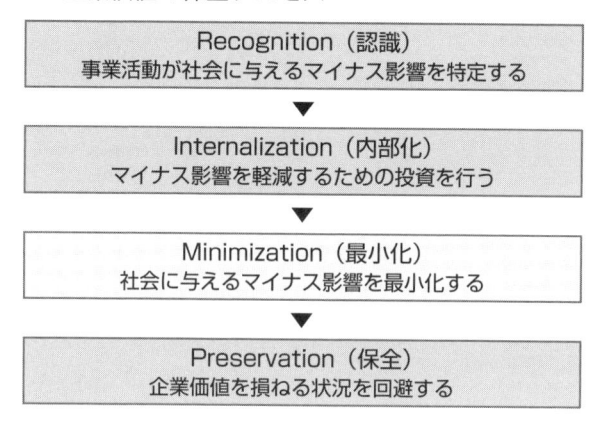

```
Recognition（認識）
事業活動が社会に与えるマイナス影響を特定する
          ▼
Internalization（内部化）
マイナス影響を軽減するための投資を行う
          ▼
Minimization（最小化）
社会に与えるマイナス影響を最小化する
          ▼
Preservation（保全）
企業価値を損ねる状況を回避する
```

(2) 情報の結合性

　事業戦略と CSR 活動の両面について，「研究」から「マーケティング」までのバリューチェーン開示を心掛け，結合性に配慮した（図表 1-4-8）。また，レポート内に関連情報がある場合には，その場所を示す「参照」タグを活用し，当社の考え方や事例がつながりをもった形で読者に伝わるように工夫を試みた。

図表 1-4-8　バリューチェーン開示のコンセプト

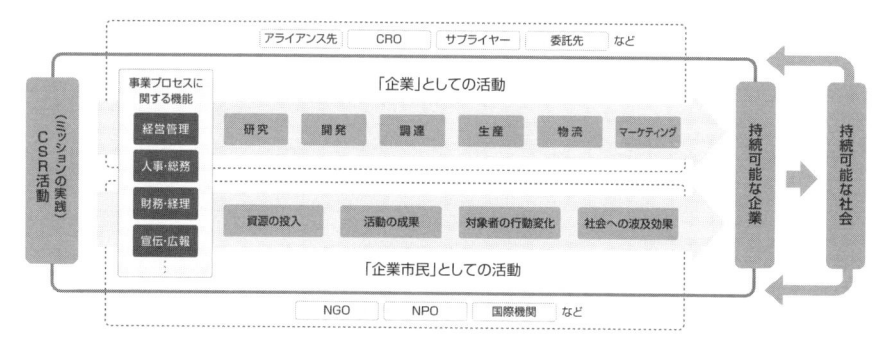

(3) ステークホルダー対応性

事業と関わりのあるステークホルダーを特定し，直接対話やアンケート調査をはじめとする多様なコミュニケーションの機会を設け，企業価値の創造と保全に活用している。また，G4を参照し，ステークホルダーとの対話方法についても開示した（図表1-4-9）。

図表1-4-9　ステークホルダーとの対話方法

タケダの ステークホルダー	対話方法	所管部門
患者さん・ 医療従事者の皆さま	・医薬情報活動 ・くすり相談室，ホームページなどを通じた情報提供 ・健康講座などの開催 ・広告を通じた情報提供	くすり相談室など
株主・ 投資家の皆さま	・アニュアルレポート，ホームページなどを通じた情報提供 ・株主総会，投資家説明会 ・IR活動 ・社会責任投資家からのCSRアンケート対応	コーポレート・コミュニケーション部など
社会	・NGO/NPOと協働したプログラムの実施 ・経済団体，業界団体を通じた諸活動 ・社会人・学生を対象にしたCSR講演 ・意見交換会（ダイアログ） ・ボランティア活動	コーポレート・コミュニケーション部など
環境	・工場・研究所周辺の地域住民の皆さまとの対話 ・アニュアルレポート，ホームページなどを通じた情報公開	各工場・研究所の担当部門など
お取引先	・タケダ・グローバル行動規準，CSR購買ガイドラインに基づいた誠実な購買活動の実践 ・お取引先アンケート調査の実施 ・意見交換会，説明会，勉強会 ・お問い合わせ窓口	各組織の 購買担当部門など
従業員	・グローバル風土意識調査 ・社内イントラネット ・Voice of Takeda System(VTS) ・労使協議 ・カウンセリング ・社内報 ・タケダイズム実践月間の実施 ・能力開発に資する多様な研修	人事関連部門など

ステークホルダーとは，企業の事業活動により影響を受ける，または企業の活動に影響を与える，すべての関係者（存在）を意味します

（4）重要性と簡潔性

「統合版アニュアルレポート」「CSR データブック」などの多様な開示媒体を用意し，特に，株主・投資家にとって重要性の高い情報のみ「アニュアルレポート」に掲載することで，重要性と簡潔性の実現を試みた。また，G4 を参照し，「マテリアリティ特定プロセス」（図表 1-4-10）を開示するとともに，特定された重要な課題を整理し，ISO26000 中核 7 主題ごとに，見開き 2 ページのページ割りで簡潔に開示した。

図表 1-4-10　マテリアリティ特定プロセス

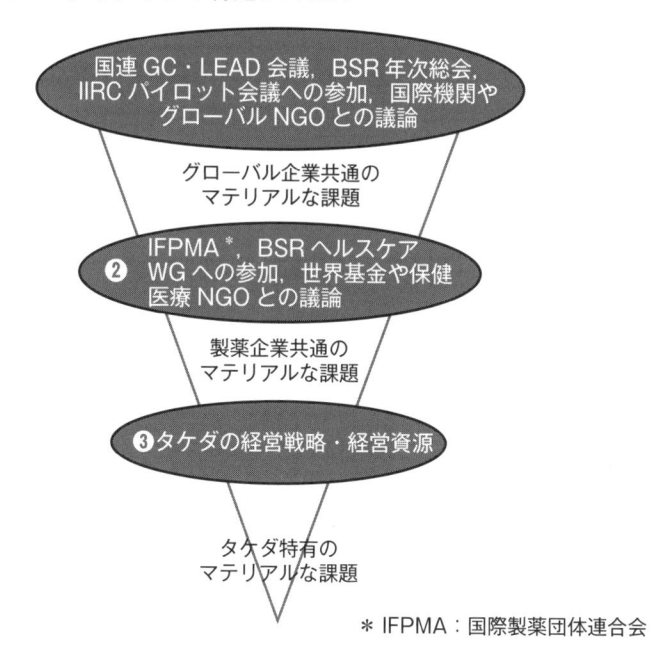

❶ 国連 GC・LEAD 会議，BSR 年次総会，IIRC パイロット会議への参加，国際機関やグローバル NGO との議論

グローバル企業共通のマテリアルな課題

❷ IFPMA*，BSR ヘルスケア WG への参加，世界基金や保健医療 NGO との議論

製薬企業共通のマテリアルな課題

❸ タケダの経営戦略・経営資源

タケダ特有のマテリアルな課題

＊ IFPMA：国際製薬団体連合会

(5) 信頼性と完全性

　信頼性の観点から，経営トップの発言内容（マネジメント・メッセージ）を動画で確認できるようホームページに掲載した。また，2013年度より，従業員関連情報や海外での企業市民活動にかかわる情報など

図表 1-4-11　企業市民活動の評価情報に対する第三者保証

「タケダ-Plan 保健医療アクセス・プログラム」の進捗状況（2009年7月～2012年6月）

実施国／概要	インプット	アウトプット	アウトカム	インパクト
インドネシア 屋外での排泄禁止促進 MDGsへの対応 目標4，目標7	760万円	・住民ファシリテーターの育成トレーニング（対象：36村，156人） ・導入ワークショップの実施（15村，約750人）	・15村のうち，11村が実施1年以内に屋外排泄ゼロ宣言 ・保健所の下痢患者数が約90％減少 ・自費でのトイレ建設（2,087世帯）	・県知事をはじめとする県政府，郡政府，保健省，保健所，村長をはじめとする村政府，村のCLTS*チーム，政府主導の衛生改善プログラムチームとの連携ができた。 ＊CLTS：コミュニティ主導型衛生管理
中国 子どもたちの栄養改善 MDGsへの対応 目標1，目標2	760万円	・生徒，教師用の栄養に関する小冊子の支給（12,300冊） ・食材供給（対象4校，生徒のべ約5,900人） ・子ども委員会主導による作文コンテストを通じた意識啓発活動（3校，3,400人）	・お菓子を購入する際，「以前よりも栄養について考えながら選ぶようになった」という子どもが全体の約65％に達した。	・3年目の第4四半期より，中央政府が学校への食材供給を開始した。
フィリピン 子どもたちへの医療支援 MDGsへの対応 目標2，目標8	760万円	・診療，治療，入院，手術（78人） ・医療補助器具の支給（28人）	・学内で病気の子どものための寄付活動が自発的に始まった。 ・一部の医師による診療および医療補助器具に対する料金割引が行われた。	・町と村レベルの医療支援に関する予算決議案が提出された。 ・村議会が，村から病院への子どもの搬送費や，親や親戚の病院への交通費の一部支援を決定した。
タイ 若年層のHIV/AISD感染拡大予防 MDGsへの対応 目標6	660万円	・正規授業，または課外授業のカリキュラムで包括的性教育を受けた生徒，教師，保護者の人数合計（16校，のべ8,420人） ・包括的性教育を学内に普及させるための生徒代表グループの立ち上げ（1校，80人）	・生徒，教師，学校長，教育省，地域住民により，タブー視されていた性に関する話題への抵抗感が下がり，若年層の妊娠や中絶，HIV/エイズを含む性感染症の危険や正しい性に関する授業をカリキュラムの一部として実施できるようになった。 ・学内で，生徒の相談室が自発的に設置されるようになった。	・病院関係者やHIV感染者グループとのネットワークが強化され，ステークホルダーとの関係強化に基づく持続的な実施体制が構築できた。 ・地域への意識啓発活動を通じて，生徒をはじめとする学校関係者以外への知識普及が進んだ。

の非財務情報に対する第三者保証を付与した。特に，後者については，タケダが寄付を通じて支援したNGO活動について，その活動が裨益者にどの程度のプラスの行動変化を与え，その一連の動きが地域や行政にどの程度の影響をもたらしたかについて，インプット，アウトプット，アウトカム，インパクトの観点から分析・評価するチャレンジを行った（図表1-4-11）。さらに，完全性の観点から，ISO26000中核7主題の枠組みを活用し，重要課題の漏れの回避を試みた。

(6) 一貫性と比較可能性

G4を参照して，定量的なデータを通じた開示を行うとともに，日本の国家プロジェクトとして開発された環境影響評価指標であるLIME（Life-cycle Impact assessment Method based on Endpoint modeling，二酸化炭素，廃棄物，化学物質など，さまざまな環境への影響を総合的・定量的に評価する指標）なども積極的に活用し，首尾一貫性および比較可能性の確保に努めた。

5. 今後の課題

プロデュース型CSR活動を推進する一環で，2012年から13年にかけて，リオ＋20をはじめ，BSR，CSRヨーロッパ，CSRアジア，国連GC主催の各種CSR国際会議，そして，CSVについて話し合う「グローバル・シェアード・バリュー・リーダーシップサミット」などに参加する機会を得た（図表1-4-12）。参加を通じて確認できたことは，グローバルな社会課題の解決に向けて，技術やノウハウをもっている企業セクターが，企業同士で，また，政府や市民セクターとパートナーシップを組んで一定の規模感をもったCSR活動を進めることに大きな期待が寄せられていることであった。

第1部　わが国における統合報告書の現状

図表 1-4-12　2012〜13 年にかけて参加した主な CSR 国際会議

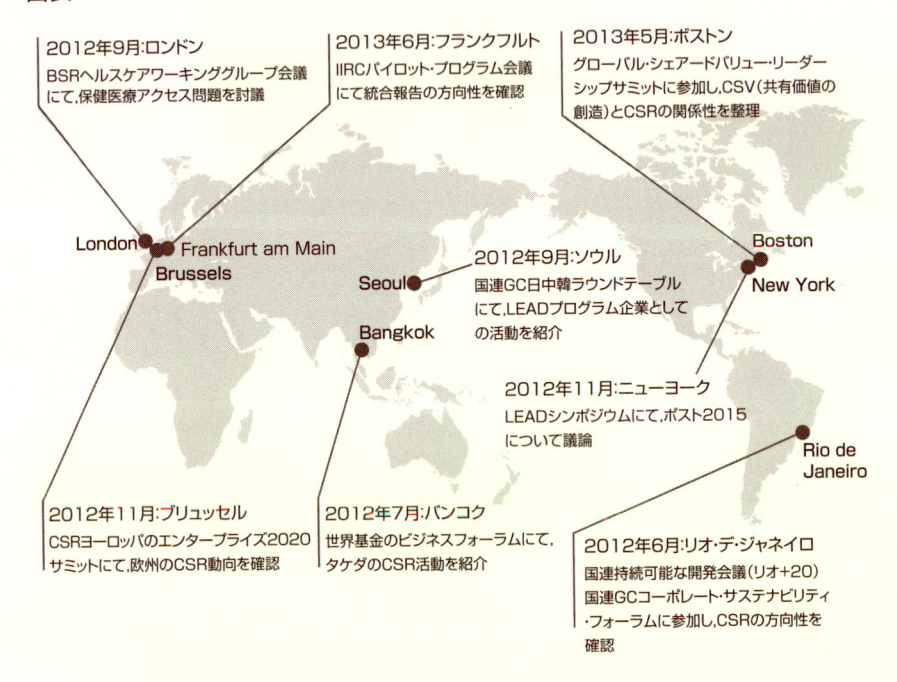

2012年9月:ロンドン
BSRヘルスケアワーキンググループ会議にて、保健医療アクセス問題を討議

2013年6月:フランクフルト
IIRCパイロット・プログラム会議にて統合報告の方向性を確認

2013年5月:ボストン
グローバル・シェアードバリュー・リーダーシップサミットに参加し、CSV（共有価値の創造）とCSRの関係性を整理

2012年9月:ソウル
国連GC日中韓ラウンドテーブルにて、LEADプログラム企業としての活動を紹介

2012年11月:ニューヨーク
LEADシンポジウムにて、ポスト2015について議論

2012年11月:ブリュッセル
CSRヨーロッパのエンタープライズ2020サミットにて、欧州のCSR動向を確認

2012年7月:バンコク
世界基金のビジネスフォーラムにて、タケダのCSR活動を紹介

2012年6月:リオ・デ・ジャネイロ
国連持続可能な開発会議（リオ+20）国連GCコーポレート・サステナビリティ・フォーラムに参加し、CSRの方向性を確認

　以上の認識のもと，タケダの今後の課題は，グローバル社会から要請の高い「保健医療アクセス問題」をはじめとする製薬企業特有の社会課題に対して，具体的な戦略を「製品・サービス」「事業プロセス」「企業市民活動」を組み合わせたビジネスモデルの形でわかりやすく開示することであると認識している。

　タケダは，現在，新興国を含む事業のグローバル化に対応したガバナンス体制の整備を進めている。この点についても，2014年度統合版アニュアルレポートでは，株主・投資家を中心とした幅広いステークホルダーに対して，誠実に開示したいと考えている。

第4章　武田薬品工業株式会社

[Annual Report 2013] 82-83頁 [タケダの歴史]

第1部　わが国における統合報告書の現状

【Annual Report 2013】 3頁 「医薬事業による企業価値創造」

6
重点領域数
代謝性・循環器系疾患　免疫・呼吸器系疾患
癌　　　　　　　　　消化器・腎臓系・その他疾患
中枢神経系疾患　　　ワクチン

21
研究開発拠点数

20%以上
2013-17年度 営業利益 年平均成長率目標

15,573億円
2012年度 売上高

医療用医薬品事業 売上高　14,017億円
ヘルスケア事業 売上高　　　669億円
その他事業 売上高　　　　　931億円

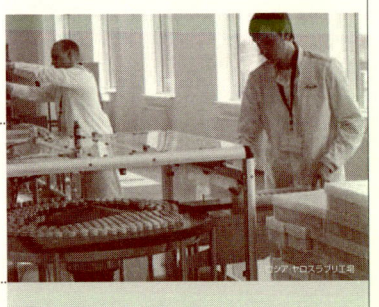

Creating Corporate Value　医薬事業による企業価値創造

ロシア ヤロスラブリ工場

製品ポートフォリオの最適化戦略

それぞれの国と地域によって、必要とされている医薬品は異なっており、多様な市場ニーズが存在しています。タケダは、革新的な医薬品を事業の中心に位置付けながら、新興国と先進国の市場特性に合わせて、競争力の高い製品ポートフォリオを構築し、70ヵ国以上に事業基盤を有するグローバル製薬企業としての強みを最大化していきます。

参照 → P.19 研究開発
　　　P.34 生産供給体制
　　　P.36 マーケティング マネジメント・メッセージ
　　　P.39 製品ポートフォリオ戦略

タケダの地域別売上高（2012年度）　■ タケダの進出国

欧州地域　3,148億円（20.2%）
日本地域　7,345億円（47.2%）
米州地域　4,235億円（27.2%）
アジア地域　601億円（3.9%）
その他地域　244億円（1.6%）

Takeda Annual Report 2013　3

86

第4章　武田薬品工業株式会社

【Annual Report 2013】 5頁 「CSRによる企業価値保全」

Sustaining Corporate Value　CSRによる企業価値保全

1781年
創業年

30,481人
従業員数（2013年3月末現在）

15.5億円
保健医療アクセス支援コミット額（2009～2019年）

18％削減
CO_2排出量 2015年度削減目標（2005年度比）

医療の診療を受けるHIV陽性の母親。
© The Global Fund/John Rae

保健医療アクセスへの取り組み

グローバルヘルスの大きなテーマである「保健医療アクセスの改善」に取り組むため、タケダは、2012年10月に「グローバルヘルスプロジェクト」を発足しました。これまでも、タケダは寄付プログラムを通じた「感染症疾患（CDs）」対策を中心とした取り組みを進めてきましたが、本プロジェクトを通じて、ワクチン事業の展開や「非感染症疾患（NCDs）」への対応をはじめとした、より幅広い取り組みを検討していきます。

参照 P.19 研究開発 マネジメント・メッセージ
　　　P.26 ワクチン事業
　　　P.53 Access to Healthcare
　　　P.70 保健医療アクセスへの取り組み

690万人
5歳未満で亡くなっている
世界の子どもたちの数（2011年）
出典：UNICEF

Takeda Annual Report 2013　5

第5章

フロイント産業株式会社

1. 統合報告書作成の目的

(1) 当社の概要

　当社は，現会長の伏島靖豊が高校の同級生（友人）と1964（昭和39）年に創業し，本年（2014年4月22日）に創業50周年を迎える。「フロイント（FREUND）」はドイツ語で友人を意味し，社名の由来となっている。創業当時から製薬会社向けにペン（コーティング装置）とインク（コーティング液）のビジネスモデルで事業を拡大し，1997年に店頭登録（現東証JASDAQ）した。これまでの50年間に，医薬品（固形剤）製造ラインの中核となる造粒・コーティング装置と副原料の医薬品添加剤（賦形剤），食品品質保持剤，栄養補助食品の開発・製造受託を展開する化成品群の2つの事業で発展してきた研究・開発型の企業である。この事業分野において，機械装置・化成品群の事業をミックスで扱っている企業は世界でも例がなく，ユニークな事業展開といえるだろう。

　当社の最大の強みは，製薬の固形剤（錠剤・顆粒剤）を造る製剤技術（ソフト）である。50年にわたる医薬品製造装置，医薬品添加剤の製品群（ハード）の研究・開発をとおして独自のノウハウを培ってきたことが，当社の現時点におけるコアコンピタンスである。製薬会社の製剤プロセスで用いられる医薬品製造装置，医薬品添加剤をとおして，世界中の人々が健康に暮らせるための貢献をしている。

企業規模としては，本章執筆時2014年1月末の時価総額が140億円であり，上場企業としては小規模な企業であるかもしれない。また，上場して17年になるが，IR活動を本格的に始めて3年ほどに過ぎない。これまでのIR活動の目にみえる成果は，上場以来40億円前後であった時価総額が4倍近くまでに拡大した。当社は業績拡大への取り組みには堅実であったが，IR活動に関しては，年2回（中間・期末）の決算説明会以外に取り組んでこなかった。

IR活動開始前，PBRは0.5倍前後で推移していたが現在では1.7倍程度までに高まり，アナリストカバレッジも5社となった。

具体的に当社がIR活動に取り組む契機となったのは，2010年当時のことである。金融機関の一般の事業会社株式の政策保有に関する考え方が変化していく中で，当社株式は金融機関の保有割合が高く，バーゼルⅢなどの金融機関に課される自己資本規制が，株式の持合いなどの政策投資に与える影響や将来の保有状況の動向に関して，当社としても関心をもっていた。そのような背景から低株価のまま予期しないまま流動性が増加することは企業のリスクと捉え対処する必要があり，2011年度から管理本部内に企画・IR室を発足させIR活動を本格的に開始した。しかしながら当時の当社内におけるIR活動のノウハウは実質ゼロからスタートしたのである。

(2) IR活動の開始期

当社が初めてIR活動に取り組み始め，筆者が初代IR担当者となったが，IRという単語の意味を知ってはいた程度で，具体的に何をするのかは，まったく未知のものであった。とにかくIR活動に関する「情報の収集を開始すること」と，「気軽に質問ができる，また忌憚ない意見を述べてくれるテューターのような役割を担ってくれる人」を見つけることから始め，まず日本IR協議会の門を叩きメンバーとなった。同協議会では，IRサークル・中小型部会などの会合があり，それらには毎回出席していたが，IR活動は各社各様のところも多く，企業規模や株主構成によっても異なることがわかった。

その当時，会合参加の中，自然に耳にする「1 on 1ミーティング，海外ロー

ドショー」などの用語も知らず，今後のIR活動をどのように軌道に乗せていくか思案したものである。テューターとしては，当社の幹事証券会社系列のIR支援会社の担当の方がもつ長いアナリストのご経験から，決算説明会・個人投資家説明会および資料・1 on 1ミーティングに臨む際のシナリオまで，さまざまな手ほどきを受けた。最初のIR基礎資料作成時のQ&Aをとおして，自社の製品とその特長，ビジネスモデル等々自社の事業全般を知るよい機会となった。

IR施策を考えるための情報の収集に関しては，日本IR協議会のほかにさまざまな会合やセミナーに参加し，多くの参考となる知見を得ることができた。それらから気づかされたこととしては，企業には，企業規模・ステージに応じて，その企業独自のIR活動があり，かつIR活動には過去を学びながら未来を志向する創造性が不可欠ということである。

(3) IRストーリーの構築

IR活動を始めた当時，当社はB to B型の事業を営む企業であり，自社の事業を初めて接する人たちに説明しにくいという考え方もあった。創業以来，「ペンとインク」に例える自社の特徴的なビジネスモデルをもっているものの，当社が機械セクターに属することもあり，外観からは機械メーカーと映る当社の事業内容，企業価値をどのように株主・投資家の人たちへの理解へつなげることができるか，具体的なIR施策まで発展していくことがなかった。

当社事業における「ペン」は主に医薬品メーカー向けを中心とする造粒・コーティング装置であり，「インク」は医薬品添加剤をはじめとする化成品群を表す。この両者で展開するビジネスモデルは，その機能と効果として製剤技術へと発展してきた。この一番のキーファクターが外部からは見えにくいこともあり，投資家から当社価値は評価されることなく株式市場の中で埋もれているような状況が長らく続いていた。

しかしながら，IRストーリーを検討していく過程において，それまでの「説明しにくい」という感覚はいわば先入観であって，実はほかに例がないユニー

クなビジネスモデルであることに気づいた。

事業環境も，国内では政府の医療費抑制に伴うジェネリック薬普及策，海外では新興国の成長に伴う医薬品市場の拡大などの追い風があり，当社の事業・成長ストーリーは，非常に説明しやすいと考えるようになった。これは財務・非財務の両面から当社の全般を俯瞰してみるような考え方に立った統合思考（Integrated Thinking）の効果の現れのようにも思える。

（4）株主通信→アニュアルレポート→統合報告へ展開の観点

機関投資家，アナリストとの1on1ミーティングは，IR活動を始めて2年目以降から急増し，2013年2月期は年間132回を数えるに至った。大半のミーティングが初めての機会であったこともあり，当社の事業内容，事業環境，ビジネスモデルなどの非財務情報の説明が中心であった。ミーティングを重ねることで，投資家，アナリストたちが当社のどこに関心があり，知りたい非財務情報が主に何なのかについて理解できるようになった。これもIR活動をまったくゼロからスタートし，1on1ミーティングに臨む際の準備や発想などもゼロを起点に始められたことがプラスに働いたように思う。結果として，機関投資家・アナリストは，経営者のビジョン，事業環境，ビジネスモデル，リスクなどに関する非財務情報にきわめて高い関心をもっていることがわかり，それに対応する財務情報と非財務情報を示せるIR資料が不可欠であるという考えに集約できた。

当社のIRツールは整備の途上であり，次の段階として非財務情報を伝えるIRツールとして，極力早い時点で，アニュアルレポート，次にCSR報告書を作成していくという構想をもった。しかし，当社の株主数，株主の構成などを踏まえるとアニュアルレポート，CSR報告書を作成する目的，費用対効果からこの時点で作る価値が本当にあるか疑問として残っていた。

そのような観点から，機関投資家，アナリストに限らず，財務・非財務情報を適当な情報量として，すべてのステークホルダーへ伝えるOne reportのようなツールを作りたいと考えているときにIIRC東京フォーラムを知ったのである。

2012年11月1日に行われた IIRC 東京フォーラムに参加した際に，世の中には，アニュアルレポート，CSR 報告書などの情報を統合して企業価値を報告する考えがあることを初めて知った。筆者は直感的に，アニュアルレポート，CSR 報告書などを作成した後に合冊する方向ではなく，ストレートに統合報告作成へ向かうことが合理的と考え，その日のうちに，IR ツールの将来構想は，アニュアルレポート，CSR 報告書作成を経ず統合報告書の作成という構想に変わった。当社の創業者は，事業環境の変化に応じたビジネスチャンスを「時の風」と呼んでいるが，統合報告により IR 資料を一挙に体系化できる可能性に，まさに時の風を感じたのである。

(5) 社内コンセンサスの形成

　統合報告書作成に関しては，上長のフォローもあり経営陣をはじめ比較的速やかに社内コンセンサスを得ることができた。WICI（The World Intellectual Capital）シンポジウム 2012 参加時に筆者としては，作成を決意した。翌朝，「世の中にはアニュアルレポート，CSR 報告書などを統合する考え方があり，両方をこれから作成するよりも，最初から統合報告の作成を考えたい」旨を社長，上長の管理本部長に報告をした。両者ともに IR 施策上で有効なツールであるならば，その方向で考えるのはよいのではないか，と報告は聞いてもらったが，何をベースに作るかなどの具体的な内容までは決まらなかった。当社として初年度版統合報告を作成するための期間の短さ，どのような作成プロセスを経るかなどが未決の中で作成に臨むにあたっては，筆者の上長である管理本部長が推してくれたこと，また，防波堤となってくれたことで，一気に進むことができたといえる。これは IIRC のパイロットプログラム参加に関しても同様であった。

(6) 当社 IR 資料の変遷

　IR 活動開始から2年目の2013年2月期（第49期）に当社として初めて統合報告書を作成したが，統合報告書作成の目的を述べるにあたり，約3年間における IR 関係資料の変遷を説明したい。

第1部　わが国における統合報告書の現状

　IR活動当初の資料は，①会社案内，②株主通信，③決算短信などで，④決算説明資料（紙・PDF）で，決算説明会資料も財務情報を説明する簡易な資料であった。

図表 1-5-1　IR資料の変遷

決算説明会資料	2Q&期末 →	2Q&期末 →	2Q&期末 →	2Q&期末 →	2Q&期末	
FACTBOOK				期末 →	期末	
FACTSHEET				3Q →	1Q〜3Q	
年次報告書	株主通信 →	株主通信 →	株主通信 →	簡易AR →	統合報告	
個人投資家説明会資料				開催時 →	開催時	
WEBサイト PDF版	2009 同上	2010 同上	2011 同上	2012 同上	2013 同上	
WEBサイト 説明会動画	−	−	−	2Q&期末 →	2Q&期末	

出所：筆者作成。

　IR活動を始めて最初のイベントとして迎えたのが，2011年2月期第2四半期決算説明会であったため，幹事証券系のIR支援会社の力を借り，初のIRツールとして決算説明会の資料を作成した。

　それまでの決算説明会資料は，決算概要，貸借対照表，損益計算書の要約，簡単なセグメント別の増減分析などのきわめて簡易的なものであった。

　新規に作成した決算資料は，初めて来られる機関投資家，アナリストへ当社理解を促すための定性的な情報をなるべく多く記載した。決算資料の構成は①社名の由来から始まり，②当社事業の説明，③ビジネスモデル，④当社の強みと弱み，⑤中期計画の進捗の状況などの事業全般の定性的な説明，⑥決算の概況，⑦セグメント別の損益，⑧受注の状況などの決算の定量的な説明の2部構成の形式とし，また付属資料として過年度の損益の推移などを載せた50ページ近いものへと変わった。このプロトタイプの決算説明会資料

は，その後の機関投資家・アナリスト向け決算説明会資料，個人投資家向け会社説明会資料のプラットフォームとして，現在も使っている。

翌年，2012年2月期からはFact SheetとFact Bookを機関投資家との1 on 1ミーティング資料として，IRツールに加えた。

後述するが，株主通信（年次報告書）は，2012年2月期版からIR部署での作成となったことに伴い，株主通信をベースに将来アニュアルレポートに発展させる意図をもって，当社の事業戦略，事業環境，ビジネスモデルの説明などの非財務情報を従来のものと比べて充実させるような変更を加えていた。

2. 統合報告書の製作プロセス

（1）作成チームの編成

当社のIR担当部署は，管理本部 企画・IR室であるが，IR業務にかかわる社内のIR体制としては，社長，管理本部長と企画・IR室長である筆者の実質3名体制である。来場者規模の大きな個人投資家説明会および特にリクエストのある1 on 1ミーティングは社長を中心とし，中規模な個人投資家説明会および機関投資家・アナリストとのミーティングは，管理本部長，筆者とで対応する形をとっている。その他のIR業務全般は企画・IR室で管掌しているため，IR戦略の立案や投資家・アナリストの対応の記録，IR施策に活かすセミナーなどへの参加や資料調査・分析に時間の多くを配分しており，決算説明会資料ほか，Fact Book，Fact SheetなどのIRツールの作成などは，外部サービスに依存している。

統合報告に関しても，作成の担当部署は企画・IR室のみで，特別に統合報告作成チームのような組織は編成していない。そこで，開示用のXBRLデータの入力システムから株主総会関連の書類印刷までの一連のサービスを利用している協力会社と筆者とで作成を開始した。

前年の株主通信をアニュアルレポートへの展開と踏まえてはいたが，構成は株主通信の詳細版のレベルであり，通常の株主通信を作成する手順で必要な社内資料の収集から始めた。スタート時点では，株主通信をどのように統

第1部　わが国における統合報告書の現状

合報告へと発展させるかの具体的なアイディアがない状態であった。

初年度版統合報告書は，作成構想以外に具体的な設計図はなく，28ページの中に経営者のビジョン（将来情報），中期計画，ビジネスモデルの説明，事業上のリスク，ガバナンスなど財務・非財務情報をとりあえずに近い形で切り貼りのように入れてみて，ページ内の構成が固まるところまでは，年次報告書の作成イメージで取り組んだ。

ある程度，内容の構成が固まった後の作成行程では，IR活動をとおして知り合った統合報告に知見をもつ外部の方々からアドバイスを受ける形で進めた。作成途中の統合報告をみていただき感想や意見を聞きながら作成を進めた。このような外部のアドバイザリー的な方々の知見を尊重し活かしたところが当社の作成プロセスで特筆すべき点である。

ある程度のページの構成が決まり，説明パラグラフを入れ終えた後の原稿をIR関係の会合などの終了時に，統合報告に知見をもつ方々に直接，ドラフトの感想をお聞きした。「製薬会社の製造ラインのどこに当社製品が使われているのを図示した方がよいのでは」とのアドバイスや，CSR情報はKPI（Key Performance Indicators）では数字のインパクトが出せないので，どのように記載するかを迷っていたところなどでは，「従業員に対する当社の諸制度の1つとして，育児休業制度の利用者を入れてはどうか」など，さまざまなご意見をその都度原稿へ反映させる方法をとった。

その時々に感想，アドバイスをいただいた方々には心より感謝申し上げたい。各氏のアドバイスは，初年度版統合報告を作成するうえで重要なポイントであり，当社だけでは統合報告としての完成までこぎつけることはなかっただろう。

(2) 当社統合報告の作成に向けて

当社は統合報告を作成するにあたり，すべてのステークホルダーへ同等の情報を提供することを思考したとき，ステークホルダーすべてを網羅できるのか，情報のボリューム，内容などは，どの程度が適当かに関して，答えを見いだせてはいなかった。IIRCの国際統合報告フレームワークのコンサ

ルテーション草案などを読み，基本原則の A. 戦略的焦点と将来志向，B. 情報の結合性，C. ステークホルダー対応性，D. 重要性と簡潔性，E. 信頼性と完全性，F. 一貫性と比較可能性から，作成時点での解釈ではあるが，基礎概念の A. イントロダション，B. 資本，C. ビジネスモデル，D. 価値創造を踏まえて当社を俯瞰してステークホルダーの理解を促せるようなイントロダクション，ビジネスモデル，価値創造を表現したいと考えた。また，統合報告の記載が適量および簡潔となることにも重点をおき，当社の最も多いステークホルダーの個人株主と従業員を主たる報告先とした。

その観点から，当社の統合報告の基本的な構成は株主通信から発展させる方法をとった。

当初は，当社の IR 資料体系の構築構想として，株主通信はあくまでも一般的に作成される株主通信として位置づけ，有価証券報告書，決算短信などの法定開示資料，株主通信，アニュアルレポート，CSR 報告書などに展開していくイメージをもっていたこともあり，作成する統合報告書は，まったく新しい IR ツールとして作成することも考えてはみたが，作成までの準備期間と製作コストの制約もあり定型郵便物として支障なく送れる一般的な株主通信の形で作成することとした。

(3) 社内の情報収集

非財務情報は，当社は２つの事業セグメントで構成されていることから，経営，監査役の監査，各セグメントの経営，研究開発，主要子会社の状況，財務情報などの主要な項目を２月決算が固まるころに，企画・IR 室から直接各部門責任者（セグメント責任者の取締役，国内外の子会社社長，技術・研究所長）へ３月末に依頼し，４月初めには回答を得ていた。当社の場合，小規模組織でもあるため，聞く側と聞かれる側の顔と名前は双方一致していることもあり，事業部門，子会社に関する必要とする情報の収集，Q&A に関してのコミュニケーションは，スムーズに進めることができ，統合報告書作成上の社内情報の収集には支障がなかった。経営トップ（社長）の事業戦略，将来への方向性などは，①戦略，②中期計画の進捗の状況，③海外など

第1部　わが国における統合報告書の現状

の項目をインタビューの形式をとり，後から文字に起こした。統合報告書へ反映させようと考えた情報のうち，最も困ったのは，人的資本である当社グループの人事諸施策に関する情報であった。そもそも，連結で370名程度の企業で，ダイバーシティも定量的にハイライトするには事例が少なく，また，企業価値を向上させる人事施策も一般的な人材育成向けの外部研修等の制度などが中心であることから，企業価値の向上へと結びつけるには，難しい面があった。

(4) 編成に至るまでの苦労話，問題点

　初年度版，統合報告を作成すると決めた時期は，2012年暮れであり，2月決算の当社が2013年5月末の株主総会直後に発送時期が確定している株主通信を統合報告として発送するための期間は5ヵ月しかなかったが，アニュアルレポート，CSR報告書の作成経験則がない当社が実際に短期間で完成できるか否かに関して，筆者としても，2月中旬まで迷いがあった。

　最終的に2013年2月期株主通信を統合報告として作成しようと決意する契機となったのは，IIRC事務局の方の「統合報告は大きい会社だからできるものではない・・・」の一言であった。

　それならばと作成に向かうことを本格的に取り組むことを決め，作成構想を練ると同時に制作までのプロセスの検討を開始した。この時点では，株主通信として株主への送付までの期日は2ヵ月にせまるところとなり，これは前年に，アニュアルレポートを志向した株主通信「Freund Report 2013」の作成を開始した時期よりもさらに1ヵ月遅いスタートであった。

(5) 開示フォーマットの変遷・統合報告書に至るまでのプロセス

　先にも述べたように，当社は統合報告作成まで，IR関連ツールとして，アニュアルレポート，CSR報告書などを作成していなかったため，初めから統合報告を作成する方針で進んだが，当社は具体的にIR活動を始めて3年目であるため，その間のIR資料全体の変遷と変更，新たに統合報告を作ることとした理由を説明したい。

① 2012年2月期：株主通信（Freund Report 2012）
　当社は2012年2月期から株主通信の作成部署が管理部から企画・IR室へ管掌が変わった。この理由としては，IR活動を始めて1年が過ぎ，個人投資家および機関投資家の意見を数多く受けるようになり，ステークホルダーとしての株主・投資家により当社を理解してもらうために，事業環境，ビジネスモデルから生まれる価値などの非財務情報を従来よりも拡充して伝達するIRツールとしたいと考えたためである。従来は，株主通信は資料としての性格上，個人株主への簡易レポートとして配当金通知書と一緒に送る資料に近いところがあった。当社は，株主通信をベースに簡易なアニュアルレポートの作成を志向した株主通信へと，発想を変えて作成することとした。
　アニュアルレポートの簡易版として非財務情報にフォーカスし，広く読み手は問わない性質をもたせ，送付先の1つを株主と位置づけた。
　内容としては，機械セクターに所属しているが，当社の機械と化成品「ペンとインク」を扱うことから生まれる製剤技術を育むビジネスモデルなどの理解を促せるように図表を用いて説明した。非財務情報，特に経営者の事業の将来志向，事業戦略を記載し，簡易アニュアルレポートの試作版とした。結果として，株主通信の詳細版のような内容に留まったようにも思えるが，次年度の統合報告への志向性につながったものと考えている。
　2012年2月期株主通信の構成は以下のとおりである。

①表紙：Business Report 2012「第48期年次報告書」
② pp.2-4：経営者メッセージをとして，中期計画の進捗，ビジネスストラテジー，グローバル展開の状況
③ pp.5-6：連結決算ハイライト（図表を用いて）
④ pp.7-8：事業部門（セグメント）の概要，ビジネスモデルの説明
⑤ pp.9-10：在外子会社の概況と研究開発の概況説明
⑥ pp.11-12：連結財務諸表（財務情報）2事業年度
⑦ pp.13-14：会社概況，株式の状況およびIR活動の説明
⑧裏表紙：株主メモ，株主アンケートサイトへの導線情報

② 2013年2月期：統合報告

当社は2013年2月期から統合報告を作成している。これは先述しているが，当社はIRツールとして，アニュアルレポート，CSR報告書などをもっていないこともあり，財務情報，ビジネスモデル，事業戦略，知的資本，人的資本，事業上のリスク，ガバナンスなどの非財務情報を記載した。

事業戦略に関しては，メッセージの中で，説明する形をとり，その他の項目に関しては，そのテーマごとに，説明する形をとった。

図表1-5-2　開示フォーマットの変遷

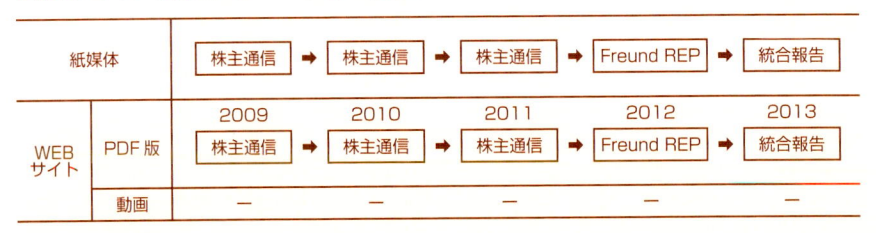

		2009	2010	2011	2012	2013
紙媒体		株主通信 →	株主通信 →	株主通信 →	Freund REP →	統合報告
WEBサイト	PDF版	株主通信 →	株主通信 →	株主通信 →	Freund REP →	統合報告
	動画	—	—	—	—	—

出所：筆者作成。

3. 総合統合書の内容

郵送物として，当社の統合報告書は，最大送付先である株主に定型郵便で送付することを前提に四角く，2つ折りにできる一般的な株主通信の体裁をとった。2つに折ることができる最大ページ数，それに伴う限られた紙面数に掲載する情報量など，当社の統合報告書は，さまざまな制約を乗り越えなければならない面が多々あった。しかし，この方法で作成に入らなければ，Annual Report，CSR報告書などは，"やがていつかは作成するだろう"という域を出ていくことはなかったと思う。当社の初年度統合報告の基本構成は下記のとおりである。

① 表紙：年次報告，アニュアルレポートではなく，統合報告と謳った。
② p.1：ステークホルダーへの経営者メッセージ
③ p.2：コーポレートプロフィールと15事業年度の事業戦略テーマ（中期計画）と業績の推移（グラフを用いて）。
③ pp.3-4：事業概況とビジネスモデルの説明。このページで当社のESGの観点から，社会との関わりも記述した。
④ pp.5-6：財務・非財務情報ハイライト
⑤ pp.7-10 上段：経営トップメッセージをとおして，事業戦略，中期計画，経営資源（資本）の活用に関する説明を記載している。
⑥ p.10 下段：人的資本となる当社人事施策に関して，キャリアパスに関する記述。
⑦ p.11：事業部門の概況，当社の事業セグメント（機械・化成品）の事業概況説明。
⑧ p.12：研究開発の概況，当社の事業セグメント（機械・化成品）の研究開発の説明。
⑨ pp.13-14：国内外主要グループ会社（子会社）の事業概況の説明。
⑩ pp.15-17 前段：財務セクション：経営成績および財務状態についての経営者の評価と分析。
⑪ pp.17 後段-18：事業上のリスクの説明。
⑫ pp.19-22：財務諸表
⑬ pp.23-24：コーポレートガバナンス（図表を用いて），経営体制のボードメンバーの紹介。
⑭ p.25：会社概要
⑮ p.26：株式情報とIR活動の説明
⑯ 裏表紙：株式メモ，株主アンケートサイトへの導線情報

4. 統合報告書の活用

(1) 統合報告書作成後の内外の反応，利用法

　統合報告を作成した結果において，最大送付先の個人株主，機関投資家，アナリスト，従業員，在外子会社，海外の代理店に分けて，それぞれの反応を述べたい。

　① 個人株主へのアンケート結果をみるかぎり，一般的な株主通信の厚い物が送られてきただけという印象をもたれたことは否定できない。どのページに関心をもったかに関しては，トップメッセージにおける当社事業の説明，将来情報などであった。それと同時に，法定開示書類に記載しているリスク条項などについて，整理をせず，そのまま掲載したところは，見づらいなどの回答が集中した。

　② 統合報告は在外子会社（英語版）に送付したが，米国および欧州の子会社と海外の代理店などは，機械セグメントと化成品セグメントにそれぞれ属することもあり，親会社（当社）が機械・化成品の両セグメントをもち，「ペンとインク」や「ハードとソフト」のビジネスモデルをベースに事業を展開していることを初めて知り，当社グループの事業全般が理解できたなど，多くの好意的なコメントを得た。

　③ 機関投資家は，1 on 1 ミーティングに持参して，資料の1つとして手渡したが，国内機関投資家とのミーティングでは，ビジネスモデルなどの既知のことを改めて説明する機会ではないこともあり，初めて訪問するとき以外に統合報告を説明資料として用いることはあまりなかった。

　　国内機関投資家へ渡した際の反応は，当社統合報告の形が一般的な四角い形であったせいか，先入観として有益な情報が含まれているとは思わないような反応が多かった。

　　逆に，外国人投資家とのミーティングにおいては，統合報告を参照しながら，ミーティングを進めるスタイルをとり，簡潔に知りたいことが書いてある適量な報告書に，よい評価を受けた。言葉として，「Excellent」「Very good」と聞いたときは，この内容で進んで良かったと思った。

統合報告書を外国人投資家とのミーティング時の資料として使うことは，統合報告書作成の目的の1つとしていたので，ストレートな言葉で感想を得ることができたことから，目的を達成できたと考える。英語版はA4のサイズで作成していることから，視覚的にも読みやすく適当なボリュームであったと考えている。

(2) 報告書作成にあたって参照したガイドライン

初年度版統合報告書の作成に関して，作成期間の関係で，詳細な調査・研究に基づき，検討を重ねることができなかったこともあり，参照したガイドラインは，IIRCの統合報告フレームワークのコンサルテーション草案の基本原則だけに留まった。

5. 今後の課題

(1) 今後の課題・可能性

当社の企業規模で考えた場合，価値を創造する根源を示すKPIは数字では示しにくい。研究開発型企業を標ぼうする当社としては，知的資本がどのように当社の事業価値創造に結びついているかのKPIとしては，保有する特許の競争力を指数化した外部指標（企業特許指標：YK値[1]）を用いることを考えている。この指標を使うことは斬新であると同時に，客観性が担保されるという点で，数値としてのアシュアランスも確保できると考えている。2年目の統合報告では，「知的資本」のインカムとアウトカムを説明するために最も注力して工夫したい点である。この企業特許指標（YK値）とは，工藤一郎国際特許事務所が開発した，ある特許が「どのくらい競合他社にとっての脅威となっているか？」を定量的に計測する指標であり，具体的には，競合他社が特許に対して仕掛けた「無効審判」などの攻撃アクションに掛かったコストを数値化したものである。すなわち，競合他社が攻撃しているにも

---

[1] YK値：工藤一郎国際特許事務所ウェブサイト
　（http://www.kudopatent.com/a21.html）。

かかわらず生き残っている特許は，その競合他社にとって脅威となる特許であり，重要な発明を独占している特許であると考えられる。工藤一郎国際特許事務所では，特許庁が発行するデータをコンピュータ処理することにより，競合他社が特許に対する攻撃アクションに掛けたコストを数値化，国内の全特許についてYK値を算出している。当社では，このYK値を用いることにより，競合他社に対する技術独占性という観点で客観的に当社の知的資本のインカムとアウトカムを説明することを考えている。

今後において当社の統合報告は，基本的には日本語と英語版で国内外のステークホルダーへの報告に対応させていく方向で，IRツールの根幹に位置するものとしていくことを考えている。将来的には記載情報の増加などにより，紙面も増えることは想定できるため，場合によっては，株主へは簡易版を送付することや，財務情報は有価証券報告書を参照する形に変化していくかもしれない。しかし，5年先，10年先の将来にわたるIRツールの主軸となる存在としていくため，進化させながらも比較可能性を保てるような施策を考えていきたい。

(2) 現時点での反省点

本書が出版される時期には，当社としての統合報告第2年度版はすでに完成し，ステークホルダーの手元に届いているころである。

初年度版の統合報告は，作成決定時点からの時間的な制約などもあり，構成を詳細に練ることができなかった。そのため，当社の事業戦略，ビジネスモデルはある程度詳細に，記載できたと思うが，事業上のリスク，ガバナンスなどの情報は，法定開示書類からのコピー＆ペーストの域にとどまってしまった。事業上のリスクに関して，次年度に作成する統合報告では，項目を列挙するのではなく，体系的にリスクを捉え，当社として対処のプロセスを説明する形にできればと考えている。また，ガバナンスに関しては，当社は監査役会設置会社で社外取締役をおいていないが，社外取締役をおかない相当の理由を記載するようなことも考慮したいと思っている。統合報告を機関投資家との1 on 1ミーティングツールとして用いる観点からROE，資本コ

ストに関しての当社の考え方を説明するような記述も必要かと考えている。

　結びとして，初年度版の作成を決めたときには，非常に高いところを望むようにも思えたものであるが，株主通信をベースに統合報告作成にチャレンジしたことは当社IR活動の創造志向を表しているように思う。当社のような小規模な会社がIR予算の制約などの中，さまざまな工夫をしながら取り組み完成に至ったことは，当社の社是である「創造力で未来を拓く」をIR活動の中で1つの結果として残せたことを嬉しく思う。当社創立50周年の佳節にIR活動を担当する者として，本書に執筆できることを感謝したい。

第1部　わが国における統合報告書の現状

【統合報告書2013年2月期（日本語版）】表紙

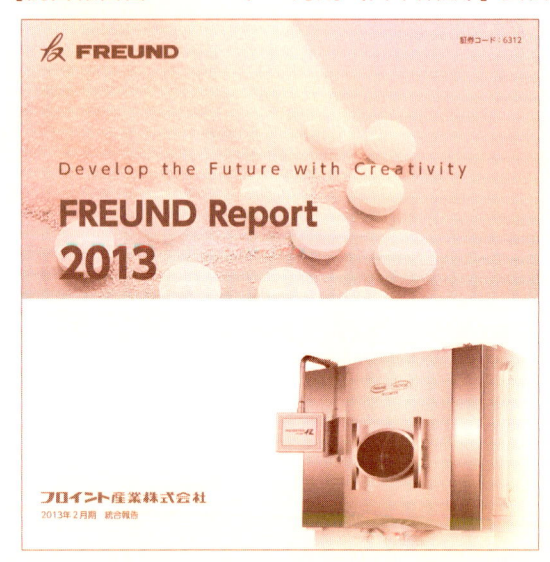

【統合報告書2013年2月期（英語版）】表紙

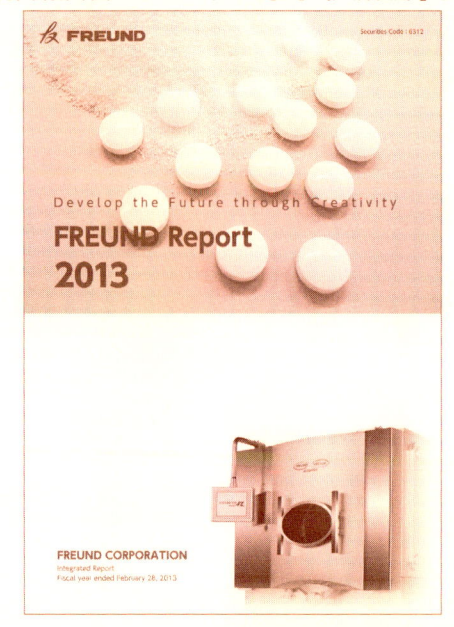

第5章　フロイント産業株式会社

【統合報告書 2013年2月期（日本語版）】3-4頁「事業概要」

事業概要

当社は、製薬業界で用いられる医薬品製造装置・医薬品添加剤をとおして、世界中の人々が健康にくらせるためとための貢献をしております。

粉砕・分級 → 混合・捏合 → 造粒 → 乾燥・整粒 → 打錠 → コーティング

錠剤の表面に機能性皮膜を形成するコーティング工程
錠剤表面に薬物の溶けや溶出をコントロールする工程で、錠剤の苦味を遮蔽するマスキングなどのコーティングを行います。この工程は、製剤の最終段階・薬の効果を発揮するためのフィルムコーティング製造を行うで、錠剤の表面に高分子素材を被覆するフィルムコーティングを糖類を被覆するシュガーコーティングなどがあります。

※上記フロー図は当社の関与の度合いを表しており、顧客別のシェアを示すものではありません。

機械品部門

グループ会社：フロイント産業株式会社、フロイント・ベクター株式会社、FREUND-VECTOR CORPORATION

機械部門では、医薬品、食品、ファインケミカルなどのさまざまな分野に向けて、造粒装置、コーティング装置などを製造・販売しております。

装置販売のシェアは国内約70％（当社推定）となっており、グローバルでは、当社の日本・アジア市場、米子会社のFREUND-VECTOR CORPORATIONの欧米、中近東・アフリカ市場での事業を展開しております。

さらに、当社グループのフロイント・ターボ株式会社を通じた造粒・コーティング技術に加え、粉砕・分級技術を融合させることで、産業機械分野への拡大にも注力しております。

ハイコーターFZ（自動錠剤コーティング装置）
スプレックス（シームレスカプセル製造装置）
フローコーターUniversal（流動層造粒コーティング装置）

当社の強みビジネスモデル

ハードとソフトの

コーティングなどの製剤技術（ソフト）で重要な役割を果たす装置群は、医薬品の製造現場の他、食品添加物、食品などのユーザー要望に対応しており、またユーザー要望にこれまでたくさん当社独自の技術を用いたユーザーに対応しており、またユーザー要望に対応し、当社独自の技術を用いたユーザー各位の安心とともに人々の身近なところで食品、医薬品保存料など、食品、医薬品保存料などのところで貢献しております。

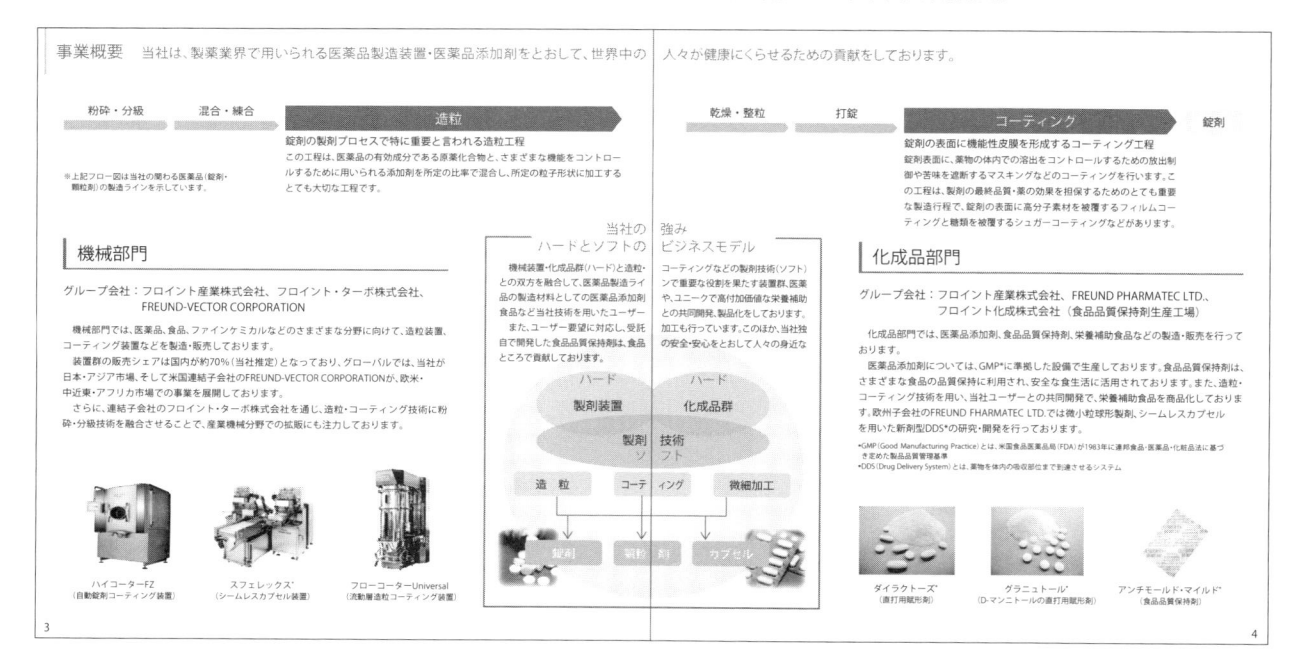

ハード　製剤装置
ソフト　コーティング

造粒　コーティング　乾燥　打錠

ハード
製剤装置
ソフト
技術
化成品

→ 微細加工
→ カプセル

化成品部門

グループ会社：フロイント産業株式会社、FREUND PHARMATEC LTD.、フロイント化成株式会社（食品質保持剤生産工場）

化成品部門では、医薬品添加剤、食品添加物、栄養補助食品などの製造・販売を行っております。

医薬品添加剤については、GMPに準拠した設備で生産しています。食品質保持剤は、さまざまな食品質保持に利用されており、安全な食生活に活用されております。また、造粒・コーティング技術先、当社とユーザーの共同開発で、栄養補助食品を商品化しております。シームレスカプセルの技術先は、当社がFREUND PHARMATEC LTD.では次世代の処理型製剤、シームレスカプセルを用いた新規DDS※の研究・開発を行っております。

※GMP（Good Manufacturing Practice）とは、米国食品医薬品局FDAが1963年に連邦官令で法制化に始まる安定的な製品品質管理規則
※DDS（Drug Delivery System）とは、薬物を体内の目的部位に必要な時間、必要量で送達するシステム

ダイラタブーズ（腸内用錠剤原料）
グラニュトース（D-マンニトール：流動錠剤原料）
アンチモールドマイルド（食品質保持剤）

第1部 わが国における統合報告書の現状

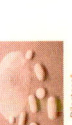

【統合報告書 2013年2月期（英語版）】3-4頁［事業概要］

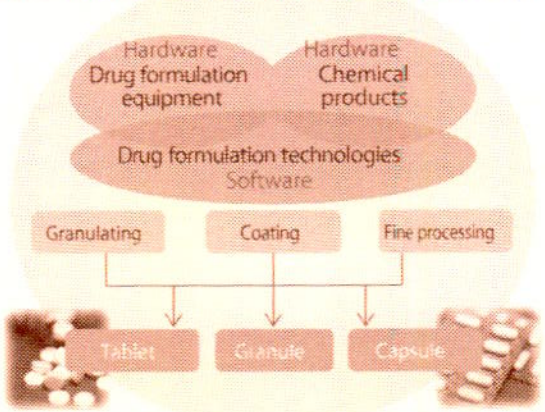

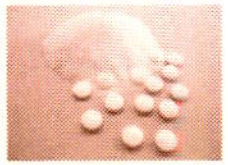

第2部

統合報告書導入にあたっての課題

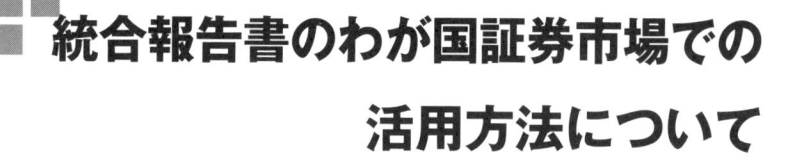

第1章
統合報告書のわが国証券市場での活用方法について

1. はじめに

　国際統合報告評議会（IIRC）は，2013年12月9日に，国際統合報告フレームワーク（以下，IIRCフレームワークという）を公表した（IIRC, 2013）。IIRCの関係者は，「統合報告での重要な課題は，投資家に利用してもらうことである。そのため，関係者ならびに規制当局は，政策的にその方向に導くことが重要である。」といわれる（市村，2013）。しかし，IIRCの参加メンバーである日本公認会計士協会や東京証券取引所から，統合報告書に係る今後の方向性が示されていない。関係者が方向性を示さないと，規制当局も動けないのではないだろうか。

　識者からは，統合報告書の証券市場での活用方法について，次のような意見が出されているが，必ずしも，同じ方向ではない。

① 投資意思決定の中に環境や社会に関する長期的な視点からの判断を組み込んでいくためには，有価証券報告書のような制度開示の中にそれらの情報を組み入れていくことが有効であると考えられる。（略）統合報告の内容を企業の自主性に任せようという方向には慎重であるべきであり，制度的に推進していくことが必要であると思われる（水谷，2013）。

② 有価証券報告書の「事業等のリスク」「財政状態，経営成績及びキャッシュ・フローの状況の分析」「コーポレート・ガバナンスの状況等」を中心に，最も重要な要素を選択・整理して財務諸表と一体的に結合させる。そこ

では，財務諸表の数値に加えて主要業績評価指標と主要リスク評価指標などを用いて財務的な影響が評価できるようにするのと同時に，ESG情報を反映させて価値創造プロセスを明らかにする（小西，2012）。
③ 任意開示資料であるアニュアルリポートは，事実上の統合報告書としての完成度が高い。新たな「統合報告書」を導入するより，アニュアルリポートを統合報告書として活用する方が望ましい。アニュアルリポートが任意開示であったからこそ，自由なフォームで自然と理想的な統合報告書となっていった経緯がある（窪田，2012）。
④ アニュアルリポートとCSRレポートを単純に合冊化しただけの報告書では，IIRCが公表するフレームワークに準拠した統合報告書とはいえないが，1冊にまとめることにより，そこに記載されるさまざまな情報が整合性のとれたものになり，さらには中長期の戦略に結び付いた報告書になっていけば，統合報告に向かう重要なステップになると考えられる（市村，2012）。
⑤ 統合報告フレームワークは，自主開示のあり方に一石を投じるものとして位置づけられるが，制度開示と自主開示を総合的に勘案して，"自社ならでは"の対話の形や方法を試行錯誤して見出していくことが有意義である（久禮ほか，2014）。

本章では，わが国上場企業の情報開示制度を概観し，会社法に基づく事業報告・計算書類，金融商品取引法に基づく有価証券報告書，証券取引所の適時開示に基づく決算短信，任意開示のアニュアルリポートのそれぞれが，IIRCフレームワークに対応することができるものなのかを検討し，最後に，統合報告書をわが国証券市場でどのように活用していくのかを考えてみたい。

2. 上場企業の情報開示の方法

(1) 会社法に基づく開示

①概要

　会社法における開示制度の目的は、株主と債権者に対して会社の非財務情報（事業報告）と財務情報（計算書類）を提供することにある。これは、株主や債権者が出資や取引を通じて会社と利害関係をもつことによる。すなわち、株主や債権者は、会社の非財務情報と財務情報とを入手することで、投資・取引による不測の損害を未然に防止する必要があるからである。

②事業報告

　事業報告とは、定時株主総会の関連書類として、1事業年度中の会社または子会社からなる企業集団の、現時点での概要や事業の状況を説明する年次の報告書である。計算書類が財務情報を説明するものであるのに対して、事業報告は非財務情報を主なものとしており、会社の事業の状況を説明するものといえる。また、事業報告を補足する書類として事業報告に係る附属明細書がある。

　公開会社（株式譲渡制限のない会社）における事業報告の記載事項は、次のとおりである。

1) 会社の状況に関する重要な事項
2) 業務の適正性を確保するための体制（内部統制システム）の内容の概要（決定または決議があるときに限る）
3) 会社の支配に関する基本方針（定めている場合のみ）
4) 株式会社（企業集団）の現況に関する事項（事業の経過および成果、主要な事業内容、資金調達・設備投資の状況など）
5) 会社役員に関する事項（取締役および監査役の氏名、地位、担当、重要な兼職の状況、報酬の額など）、社外役員を設けた場合には、さらに記載事項の追加が必要（取締役会、監査役会への出席状況など）

6）株式，新株予約権等に関する事項

なお，法令に基づいて記載する事業報告の情報は限定的であり，そのため一部の会社では，法定記載事項よりも詳細に記載するといったことも行われている。例えば，有価証券報告書で開示される1億円以上の報酬を受けている役員の氏名などは事業報告に記載する法的義務はないが，これを事業報告に記載する，あるいは社外役員に関しその独立性について詳細に説明している事例も見受けられる（宝印刷総合ディスクロージャー研究所監修，2013）。

③計算書類

計算書類は，貸借対照表，損益計算書，株主資本等変動計算書，個別注記表から構成されており，主に財務関係の状況報告としての意味がある。このほか，計算書類を補足する書類として計算書類に係る附属明細書がある。

また，事業年度末において，大会社であって，かつ金融商品取引法により有価証券報告書を提出しなければならない会社にあっては，連結計算書類の提供が求められている。

(2) 金融商品取引法に基づく開示

①概要

投資家が有価証券投資について合理的な判断をするためには，そのための十分な情報（有価証券と発行会社の経営状況に関する情報等）を有していることが必要である。有価証券の発行会社の大株主や主要取引銀行のように，その相対関係により発行会社から重要な情報を入手できる者にとっては，法律による情報開示の要請は特に必要ない。例えば，適格機関投資家私募は，この考え方に基づき開示義務が免除されている。

しかし，一般投資家は，有価証券投資に必要な情報を，発行会社等から直接入手することができない。そのため，金融商品取引法は，一般投資家が有価証券投資について合理的な判断をすることができるように，有価証券の発行会社に対し，有価証券投資に必要な重要情報の開示を要求しているものである。

②有価証券報告書

　金融商品取引法に基づく代表的な開示書類は有価証券報告書である。その有価証券報告書（開示府令第3号様式）の記載事項は次のものからなっている。

　第1　企業の概況（1　主要な経営指標等の推移，2　沿革，3　事業の内容，4　関係会社の状況，5　従業員の状況）

　第2　事業の状況（1　業績等の概要，2　生産，受注及び販売の状況，3　対処すべき課題，4　事業等のリスク，5　経営上の重要な契約等，6　研究開発活動，7　財政状態，経営成績及びキャッシュ・フローの状況の分析）

　第3　設備の状況（1　設備投資等の概要，2　主要な設備の状況，3　設備の新設，除却等の計画）

　第4　提出会社の状況（1　株式等の状況，2　自己株式の取得等の状況，3　配当政策，4　株価の推移，5　役員の状況，6　コーポレート・ガバナンスの状況等）

　第5　経理の状況（1　連結財務諸表等，2　財務諸表等）

③財務情報と非財務情報

　有価証券報告書の記載事項を，財務情報と非財務情報に区分するとすれば，上記②の「第5　経理の状況」が財務情報に該当し，それ以外の「第1　企業の状況」から「第4　提出会社の状況」までが非財務情報ということになる。非財務情報のうち「第2　事業の状況」の「4　事業等のリスク」や「7　財政状態，経営成績及びキャッシュ・フローの状況の分析」等は将来予測情報といわれている。これらの将来予測情報は，当初，東京証券取引所の決算短信において導入され，記載内容がある程度確立した段階において，有価証券報告書に導入されたものである。

(3) 証券取引所規程に基づく適時開示

①概要

　適時開示とは，証券取引所が，その証券市場に上場している会社に対して，

投資家の投資判断への影響が大きいと考えられる情報の開示を求めるものである。有価証券報告書，四半期報告書や臨時報告書などのように，金融商品取引法などの法律によって義務づけられた情報開示ではなく，あくまでも証券取引所の規則による点が特徴である。この適時開示は，投資家に対して最初に行われる重要情報の開示であることから，上場有価証券の価格形成に大きな影響を及ぼす。

適時開示で求められる情報は，決算情報，決定事実，発生事実の3種類に分けることができる。金融商品取引法の有価証券報告書や四半期報告書に相当するものが，決算情報の「決算短信」および「四半期決算短信」である。

②決算短信

東京証券取引所が上場会社に求めている決算短信は，サマリー情報と添付資料からなる。サマリー情報は，東京証券取引所所定の様式により開示する必要がある。そのサマリー情報には，当期の業績（経営成績，財政状態，キャッシュ・フローの状況），配当の状況，業績予想などが記載される。

添付資料のうち，「東証が必須の内容として開示を要請する事項」は，東京証券取引所がすべての上場会社に対して開示を求めている次のものである。

1) 添付書類の目次
2) 経営成績，財政状態に関する分析
   経営成績に関する分析：当期の経営成績，今後の見通し，中期経営計画等の進捗状況，目標とする経営指標の達成の状況
   財政状態に関する分析：資産，負債，純資産およびキャッシュ・フローの状況に関する分析，キャッシュ・フロー関連指標の推移等
3) 継続企業の前提に関する重要事象等
4) 経営方針
   会社の経営の基本方針，目標とする経営指標，中長期的な会社の経営

戦略，会社の対処すべき課題，その他会社の経営上重要な事項
5）連結財務諸表

これに対して，添付資料の「投資者のニーズを踏まえた開示が求められる事項」は，上場会社が投資者のニーズを踏まえて開示内容を選択することができる次のものである。

6）連結財務諸表の注記事項（一部は上記5）で必須）
7）個別財務諸表および注記事項
8）利益配分に関する基本方針および当期・次期の配当
9）事業等のリスク
10）企業集団の状況
11）役員の状況
12）連結財務諸表作成のための基本となる重要な事項
13）経営管理上重要な指標
14）生産，受注および販売の状況
15）生産設備，減価償却，研究開発費の実績値・予想値
16）主要な連結子会社の業績の概況　など

③財務情報と非財務情報

決算短信の記載事項を，財務情報と非財務情報に区分するとすれば，上記②の5）連結財務諸表，6）連結財務諸表の注記事項，7）個別財務諸表のおよび注記事項，12）連結財務諸表作成のための基本となる重要な事項が財務情報に該当し，それ以外の記載事項は非財務情報に分類することができる。また，将来予測情報には，サマリー情報の業績予想，添付資料の2）経営成績，財政状態に関する分析や9）事業等のリスク，15）生産設備，減価償却，研究開発費の実績値・予想値等が該当し，その記載事項は有価証券報告書に比べて多い。

東京証券取引所は，上場会社各社の事業活動，経営成績および財政状態に関する適切な情報開示を通じ，投資家の的確な投資判断を促すため，1999（平成11）年以来，財務諸表等によって表示される数値情報だけでは読み取

ことが困難な上場会社各社の経営実態について，上場会社自身の分析や判断に基づいた説明を文章情報（定性的情報）について，決算短信に記載することおよびその内容の充実を要請している。その結果，IIRC フレームワークとは必ずしも一致しないが，決算短信は財務情報と非財務情報が一体化された報告書であるといえる。

　また，東京証券取引所の決算短信を通じて，上場会社が自社の将来の経営成績・財政状態等について，主要な経営指標（例えば，売上高，利益，ROE など）の見込みや，将来の経営成績に影響を与える財務指標（例えば，設備投資や研究開発に係る支出など）の見込み，その他の将来の見通しに係る情報（将来予測情報）を開示することが，長年に亘る実務慣行として広く定着している。具体的な将来予測情報の開示方法については，実務上，事業年度の決算発表に際して，翌事業年度における「売上高」，「営業利益」，「経常利益」および「当期純利益」の予想値（次期の業績予想）を開示する形式がかねてより広く採用されている。しかし，将来予測情報の開示方法は，これに限定されるものではない。

　さらに，東京証券取引所が上場会社に対して求めている決算発表は，この決算短信だけではない。東京証券取引所では，決算短信以外にも，決算補足説明資料の作成や投資家への説明機会の確保など，投資家ニーズを踏まえた追加的かつ広範な対応を求めている（東京証券取引所，2013）。上場企業は，これらの資料は下記（4）の任意開示として公表しているところである。

（4）任意開示のアニュアルリポート
①概要

　投資家向け広報である IR は，企業状況の過去・現在・未来を回顧・分析・展望して，直接的・間接的に広く利害関係者に対して行う，自主的で創意工夫に満ちた情報開示活動である（宝印刷総合ディスクロージャー研究所監修，2013）。ここでの利害関係者には，株主・投資家に加え，従業員，証券アナリスト，国内外の取引先，顧客，金融機関，メディアなど，その企業と深い関わりあいをもつさまざまな者が含まれる。

IRツールとして作成されているものとして、1) 株主向け報告書・株主通信、2) 各種説明会での配布資料、3) 会社案内、4) ニュースリリース、5) 決算短信補足資料、6) アニュアルリポート、7) CSR報告書といったものがある。ここでは、代表的なツールであるアニュアルリポートをみていきたい。

②優れたアニュアルリポート

優れたアニュアルリポートには、次のようなことが記載されているとのことである（窪田、2012）。

1) 自社の近況についての型通りの説明に留まらず、自社の歴史や将来の展望を含めた長期的な企業の変遷がわかりやすく説明されている。
2) 自社の製品やサービス内容も、写真やグラフを使ってわかりやすく説明されている。
3) 自社を含む業界全体の競争環境や規制の動向が詳しく解説されている。
4) 投資家からよく受ける質問に対して回答が用意されている。
5) 自社製品の世界シェア、同業他社との競争力比較、新製品開発状況、中国市場での事業戦略、不採算事業からの撤退ルール、提携や合併についての考え方、株主への利益配分方針など、さまざまな情報が解説されている。
6) 環境報告書・CSR報告書・知財報告書など、各種報告書のダイジェストが含まれていて、非財務情報全体が俯瞰できる。

また、第16回日経アニュアルリポートアウォードにおいて最優秀賞・優秀賞を受賞した3社の選考理由は次のとおりである。これも優れたアニュアルリポートの内容を示唆したものといえる（『日本経済新聞朝刊』2014年2月12日）。

• 伊藤忠商事（社長メッセージは明解で説得力がある）

前年の「有言実行」宣言を引き継いだ社長メッセージは明解で、実現プロセスにも説得力がある。多様な商社ビジネスの変遷をストーリー性豊かに伝えており、内部統制プロセスの開示も高く評価できる。

- 国際石油開発帝石（グローバル展開を読者に強く訴求）

　完成度が高く，過去のリポートとの継続性も評価できる。トップメッセージを含め，特集で取り上げた進捗中のプロジェクトの解説はきわめて興味深く，同社のグローバル展開を読者に強く印象づける。特有の会計処理や用語解説もわかりやすく，プロの投資家にも参考になる。

- 中外製薬（注力する医薬品の解説がていねい）

　事業哲学，ビジネスモデル，冷静なSWOT分析などが整理されており，注力する医薬品の解説もていねいで，医薬業界初心者にもわかりやすい。ロシュとの提携後も独立性が保持され強みになっていることで，ブレのない経営を行っていることをうまく表現した力作。

3. 各開示制度の下における統合報告書の活用方法

（1）統合報告書の目的と利用者

　IIRCフレームワーク1C「統合報告書の目的と利用者」において，統合報告書の目的と利用者を次のように定めている。

　統合報告書の目的は，財務資本の提供者に対して，企業がどのように将来にわたる価値創造を行うかを説明することであるとしている（1.7項）。

　ただし，統合報告書は，企業の将来にわたる価値創造に関心のある従業員，顧客，取引先，ビジネスパートナー，地域社会，立法当局，規制当局，政策立案者を含む利害関係者にとっても有益であるとしている（1.8項）。

　会社法に基づく事業報告・計算書類，金融商品取引法に基づく有価証券報告書，証券取引所の適時開示に基づく決算短信および任意開示のアニュアルリポートのそれぞれの開示目的は，株主等に企業の情報を提供するものであり，また，それらの情報は広く利害関係者も利用している。したがって，これらの開示書類の目的と利用者は，IIRCフレームワーク1C「統合報告書の目的と利用者」と齟齬するものではない。

(2) 統合報告書の報告媒体

①独立した報告書または他の報告書の一部

　IIRCフレームワーク1E「報告の形式，他の情報との結合性」において，統合報告書とは，識別可能で特定可能なコミュニケーションで（1.12項），かつ，他のコミュニケーション（財務諸表，サステナビリティ報告書，アナリストコール，ウェブサイト）の情報の要約以上のものであって，将来にわたってどのように価値が創造されるかを伝えるために情報の結合性を明示するものとされている（1.13項）。また，統合報告書の報告媒体は特定されていないが，次の方法も考えられるとしている。

　1）現行規定に準拠して作成（1.14項）

　　IIRCフレームワークの要件を満たしていれば，法定報告書等も統合報告書とみなされる。

　2）独立した報告書または他の報告書の一部（1.15項）

　　既存の報告書とは別に新たに統合報告書を作成することを必ずしも求めているものではない。既存の報告書を発展させることで統合報告とすることができる。この場合，どの部分が統合報告書に該当するかを特定することができなければならない。

　3）他の報告書の詳細な情報へのリンク（1.16項）

　　リンクなどの形式で，より詳細な情報への入り口を提供することができる。

　上記IIRCフレームワークによれば，統合報告書の報告媒体は，単独の報告書でなくてもよい。有価証券報告書，決算短信，アニュアルリポートでの記載項目がIIRCフレームワークの要件を満たしていれば，統合報告型有価証券報告書，統合報告型決算短信，統合報告型アニュアルリポートとして統合報告書といえる。

　ただし，会社法の事業報告と計算書類は別個の書類であることから，どちらかに他の情報を集約することはできない。このことから，事業報告・計算書類は，統合報告書の報告媒体にはなり得ないと思われる。したがって，統

第2部　統合報告書導入にあたっての課題

合報告書の事業報告・計算書類における活用方法の検討はここまでとする。

②わかりやすい報告媒体

　統合報告書を独立した報告書にする場合と他の報告書の一部とする場合とでは，どちらが使い勝手のよい報告媒体だろうか。検討にあたって，2つのことを確認しておく。

　1つは，統合報告書に含まれる財務情報の内容である。統合報告書の財務情報には，経営活動の実績として示される量的データのうち，企業活動を金額的に集約する財務諸表そのものは含まれていない（2部第8章参照）。

　2つ目は，前述のIIRCフレームワーク1.13項および1.16項を踏まえ，独立した統合報告書をイメージすると，統合報告書が主たる報告書として簡潔かつ明瞭に開示されたうえで，オンラインまたは紙媒体等により，各利害関係者の個別ニーズに応じた，より詳細な財務諸表や非財務諸表情報，あるいはサステナビリティ報告書を提供することになる。

　このような独立した統合報告書は，重要性の高い情報を簡潔に報告するものではあるが，当該統合報告書のみでは投資家等利害関係者の欲するすべての情報を提供することができない。利害関係者は，リンクされた情報に進まなければならない。そうであるならば，別途，単独の統合報告書を作成するのではなく，アニュアルリポートなり決算短信等を統合報告型アニュアルリポートあるいは統合報告型決算短信等として作成する方が，利害関係者の利便性が高い。したがって，以降の検討においては，統合報告型各種報告書について行うものとする。

(3) 統合報告書作成にあたっての基本原則と記載内容
①基本原則

　IIRCフレームワーク3「基本原則」において，統合報告書の内容および情報の開示方法に関する情報を提供し，統合報告書の作成の基礎を提供するものとして，次の7つの基本原則を示している（3.1項）。統合報告型アニュアルリポートあるいは統合報告型決算短信等といわれるためには，情報の内

容および開示方法がこの7つの基本原則に沿ったものでなければならない。
 1) 戦略的焦点と将来志向
    統合報告書は,企業の戦略およびその戦略がどのように短・中・長期価値創造能力や資本の利用および資本への影響に関連するかについての情報を提供すること(3.3項)。
 2) 情報の結合性
    統合報告書は,企業の長期にわたる価値創造能力に影響を与える構成要素間の組合せや相互の関連性および依存性についての全体像を示すこと(3.6)。
 3) 利害関係者との関係性
    統合報告書は,企業と主要な利害関係者との関係性の特性に関する情報および企業が利害関係者の正当なニーズと関心をどのように,またどの程度,理解し,考慮し,対応しているかについての情報を提供すること(3.10項)。
 4) 重要性
    統合報告書は,企業の短・中・長期の価値創造能力に実質的に影響を与える事項に関する情報を提供すること(3.17項)。
 5) 簡潔性
    統合報告書は簡潔であること(3.36項)。
 6) 信頼性と完全性
    統合報告書は,ポジティブ面とネガティブ面の両方について,バランスよく,かつ重要な誤りがない形で,重要性のあるすべての事象を含んでいること(3.39項)。
 7) 一貫性と比較可能性
    統合報告書の情報は,将来にわたって一貫し,また,企業の長期にわたる価値創造能力にとって重要性を有する範囲内で,他の企業と比較可能な方法で開示されること(3.54項)。

第2部　統合報告書導入にあたっての課題

②統合報告書の記載内容
　IIRCフレームワーク4「内容項目」において，統合報告書は次の8つの内容項目について，各内容項目の質問に答える形式で記載しなければならないとしている（4.1項）。したがって，統合報告型アニュアルリポートあるいは統合報告型決算短信等といわれるためには，これらの内容項目について，質問に答える形式で記載しなければならない。

1) 会社概要と外部環境（4A）
　　会社は何を行うのか。また，会社はどのような環境下において事業を営むのか（4.4項）。
2) ガバナンス（4B）
　　会社のガバナンス構造は，どのように会社の短期・中期・長期の価値創造能力を支援するのか（4.8項）。
3) ビジネスモデル（4C）
　　会社のビジネスモデルは何か（4.10項）。
4) リスクと機会（4D）
　　会社の短期・中期・長期の価値創造能力に影響を及ぼす具体的なリスクと機会は何か。また，会社は，それらに対してどのように取り組んでいるのか（4.23項）。
5) 戦略と資源配分（4E）
　　会社はどこに向かおうとしているのか。また，会社はどのようにしてそれを達成しようとしているのか（4.27項）。
6) 業績（4F）
　　会社は当期に戦略目標をどの程度達成したのか。また，資本への影響に関する成果（アウトカム）は何か（4.30項）。
7) 見通し（4G）
　　会社がその戦略を遂行するにあたり，どのような課題および不確実性に遭遇する可能性が高いか，そして，結果として生じるビジネスモデルおよび将来の実績への潜在的な影響は何か（4.34項）。
8) 作成と開示にあたっての基礎（4H）

会社は，統合報告に含まれる事項をどのように決定するのか。また，どのようにその事項を定量化し，評価するのか（4.40 項）。

③ IIRC フレームワークに沿った統合報告型有価証券報告書

IIRC フレームワークに沿った統合報告型有価証券報告書の作成は可能か。大きくは，次の3点が有価証券報告書には馴染まないと指摘されている（第2部第7章参照）。

1）IIRC フレームワークはプリンシプル・ベースとなっているが，有価証券報告書の記載事項はルール・ベースとなっている。

有価証券報告書では，重要な情報を確保する目的の一環として比較可能性を重視している。IIRC フレームワーク3「基本原則」の「一貫性と比較可能性」（3.39 項）においても，比較可能性を謳ってはいるが，詳細な定め，有価証券報告書の記載上の注意（企業内容等の開示に関する内閣府令）のようなものがないと，企業間比較は難しいところである。

2）有価証券報告書に IIRC フレームワークに沿った将来予測情報の記載を求める場合には，セーフハーバールールを設ける必要がある。

将来予測情報の予測や見積りが外れた場合に，虚偽記載と認定されないような制度的手当てが必要となる。

3）IIRC フレームワークが求める財務情報（例えば，IIRC フレームワーク4「内容項目」の「実績」（4.30 項））の保証をどうするのか。

財務諸表は公認会計士等の監査対象となっているが，財務情報に公認会計士等の監査を求めるのか。監査を求める場合には，例えば上記「実績」の作成基準や監査基準が必要となる。

これらのことを踏まえると，有価証券報告書に「事業等のリスク」や「財政状態，経営成績及びキャッシュ・フローの状況の分析」等の将来予測情報が導入されたときのように，IIRC フレームワークの内容項目に沿った事項は，まずは決算短信において始めることが順当である。

④ IIRC フレームワークに沿った統合報告型決算短信

　IIRC フレームワークに沿った統合報告型決算短信の作成は可能であろうか。決算短信の作成上の考え方と IIRC フレームワークについて，その相違点を検討すると，決算短信に IIRC フレームワークに沿った記載内容を追加することができないといった，大きく乖離するところはないようである（第2部第8章参照）。原則主義アプローチの IIRC フレームワークより東京証券取引所の決算短信の方が，より実務的，具体的な指針を規定しているものが多々ある。

　例えば，東京証券取引所では，将来予測情報の適切な開示に関し，次の点について，上場会社に具体的な対応を要請している。

1) セグメント・事業分野別の見通しや業績に大きな影響を与える可能性のある重要な経営上の施策など，将来予測情報の背景についての決算短信等における具体的な説明
2) 将来予想情報から実績を大きく乖離させるおそれのあるリスク要因の説明を含め，投資家がわかりやすい将来予測情報の利用に関する注意文言の表示
3) 当初予想時点から業績に変動を与える事情が生じた場合における速やかな将来予測情報の見直しの検討・実施

　また，東京証券取引所は，上場会社に対して，将来予測情報の開示に際して，当該情報の背景やその前提条件として仮定された重要な事項に関する説明とあわせて，当該情報の自社における位置づけ（例えば，客観的予想，目標，保守的なコミットメントなどが想定できるが，これらに限定されるものではない）について，投資家に適切に理解されるよう，適時開示資料の表題もしくは記載箇所の区分または注意表示の付記などの方法により，適切に説明することを推奨している。

　したがって，決算短信の中に，IIRC フレームワークに沿った情報を組み込み，統合報告書を作成することは不可能ではないということである。ただそれには，その統合報告書が，投資家にとって本当にわかりやすいものになっており，さらに，その統合報告書によって，2011年9月に公表された統合

報告のディスカッション・ペーパー（IIRC, 2011）において統合報告を必要とする次の課題（久禮ほか，2014）が解決されるということが前提となる。

1) 企業の経営環境の変化（グローバル化，IT化，金融危機，透明性への要請，資源・人口・環境問題等）に対応した情報開示
2) 企業価値の源泉の変化（有形固定資産のみならず無形固定資産の重要性の高まり）に対応した情報開示
3) 各種年次報告書のボリュームの増加と複雑化に対応した情報開示
4) さまざまな開示・報告書間の断絶と不整合（財務報告，戦略報告，ガバナンス・報酬報告，サステナビリティ報告等）に対応した情報開示

⑤ IIRCフレームワークに沿った統合報告型アニュアルリポート

　IIRCのパイロットプログラムに参加していた武田薬品工業の統合版（統合報告型）アニュアルリポート作成までの経緯については，第1部第4章を参照されたい。このアニュアルリポートを活用した統合報告書は，統合報告型アニュアルリポートといえる。

　また，第16回日経アニュアルリポートアウォードにおける特別賞（統合版）の部において，日本郵船が「事業活動とCSRとの関連を経営の基本方針として明確に掲載し，成長戦略との一体感がある。長期的視点が全体をとおして一貫しており，課題解決策にも説得力がある。多様な読者を想定して編まれた解説や特集は非常にていねいにつくられており，完成度がきわめて高い作品」として特別賞を受賞している（『日本経済新聞朝刊』2014年2月12日）。IIRCフレームワークに完全に沿ったものかどうかはわからないが，この日本郵船のアニュアルリポートは，統合報告型アニュアルリポートに近いものといえる。

　このように任意開示資料であるアニュアルリポートは，事実上の統合報告書としての完成度が高い。投資家には，前述のとおり，新たに統合報告書を作成するよりも，アニュアルリポートを統合報告書として活用する統合報告型アニュアルリポートの方が望ましい。

4. おわりに

　わが国証券市場において統合報告書は，当面，アニュアルリポートを統合報告書として活用する統合報告型アニュアルリポートとして導入することになろう。この段階で統合報告書の有用性が確認できた場合，統合報告書による開示会社をすべての上場企業に拡大するため，また，企業間比較を行いやすくするため，統合報告型決算短信へと進むことが望ましい。

　統合報告型決算短信へと進む前に検討しなければならないことがある。わが国では，法定開示の有価証券報告書と自主規制開示の決算短信の双方で，実質的な開示制度が構築されている。よりこの開示制度を機能させるため，すなわち投資家等に使われる有価証券報告書にするために，有価証券報告書（他の法定開示書類を含めて）と決算短信（他の適時開示書類を含めて）の記載事項の重複を解消しなければならない。また，国際的にも取引所規程のようなソフト・ローの活用は課題となっている。最近の流れでは，金融商品取引法上で上場会社のみを対象とする四半期報告制度，内部統制報告制度やコーポレート・ガバナンスに係る開示のような規制が増えてきている。しかし，上場会社特有の規制は，金融庁と証券取引所との役割分担をよく吟味する必要がある（総合ディスクロージャー研究所ディスクロージャー制度研究会，2012）。

　決算短信に係る証券取引所の規程は，金融商品取引法を所管する金融庁（内閣総理大臣）の審査・承認が必要であることから，有価証券報告書と決算短信の記載事項の調整は，容易に行えそうなものであるが，あまり進んでいない。金融庁において，証券取引所を管轄する部署と有価証券報告書を管轄する部署が異なっていることがその原因の1つかもしれない。しかし，この法定開示と適時開示の役割分担については，早急な検討が求められているところである。

　この検討にあたって留意しなければならないことがある。決算短信に係る証券取引所規程は，金融商品取引法に根拠規定をもたないため，証券取引所

規程に違反行為が生じた場合，上場契約に基づく債務不履行という法律構成になり，規程の規範性に不透明な部分があるということである。また，違反行為に対する制裁措置の階層が現在では少ないため，実効性担保（運用）の観点から問題があるとの見方もある。こういった点からもハード・ローである有価証券報告書とソフト・ローである決算短信の協業の仕組みに意を用いなければならない（総合ディスクロージャー研究所ディスクロージャー制度研究会，2012）。

参考文献

- IIRC（2011）Towards Integrated Reporting－Communicating Value in the 21st Century－．（日本公認会計士協会訳「統合報告に向けて－21世紀における価値の伝達」）．
- IIRC（2013）The International <IR> Framework, December.
- 市村清（2013）「統合報告をめぐる動き」伊藤邦雄責任編集『別冊企業会計 企業会計制度の再構築』中央経済社．
- 窪田真之（2012）「投資家からみた統合報告書の利用価値」『企業会計』64（6）．
- 久禮由敬・三代英敏・正田洋平・安井肇（2014）「統合報告への取組み方」『旬刊経理情報』1371．
- 小西範幸（2012）「統合報告の特徴とわが国への適用」『企業会計』64（6）．
- 総合ディスクロージャー研究所ディスクロージャー制度研究会（2012）「金融商品取引法のディスクロージャー制度に関する課題について（中間報告）」宝印刷総合ディスクロージャー研究所編『金融商品取引法上のディスクロージャー制度に関する課題』別冊商事法務 369．
- 宝印刷総合ディスクロージャー研究所監修（2013）『ディスクロージャーの業務がわかる！』税務経理協会．
- 東京証券取引所（2013）『決算短信・四半期決算短信の作成要領等』．
- 『日本経済新聞朝刊』2014年2月12日．
- 水谷剛（2013）「責任投資と非財務情報の開示」國部克彦編著『社会環境情報ディスクロージャーの展開』中央経済社．

第2章

財務報告と統合報告

1. はじめに

「統合報告」(integrated reporting) は，国際統合報告評議会 (IIRC) が唱えていることに代表されるように，その経緯から，社会的責任投資 (SRI) のような環境等を投資制約に加える動きにつれて，サステナビリティ報告書や社会的責任 (CSR) 報告書，環境・社会・ガバナンス (ESG) 報告書，さらには知的財産報告書など「非財務報告」の立場から広められている（例えば，上妻，2012a）。

本章では，IIRC が 2013 年 12 月に公表した「国際統合報告フレームワーク」(IIRC, 2013b) に基づく「統合報告」は，「財務報告」との関係で，どのように考えられるかを検討する。

2. 統合報告の必要性と目的

(1) 統合報告と統合報告書

IIRC (2013b) において，統合報告とは，将来にわたる価値創造に関する企業[1]の定期的な統合報告書や価値創造の局面に関係するコミュニケーショ

---

1) 統合報告は，営利企業に限るものではないが，本章では，財務報告との関連で，企業に焦点を当てることとするため，「組織」ではなく「企業」とする。

ンをもたらす統合的思考に基づくプロセスとしている。
　また，IIRC（2013b）において，統合報告書（integrated report）は，企業の外部環境を背景として，企業の戦略，ガバナンス，業績および見通しが，どのように短期，中期，長期の価値創造につながるかについての簡潔なコミュニケーションとしている。

（2）統合報告の必要性

　このような統合報告の必要性は，さまざまな観点から主張されている[2]。

①開示すべき情報の拡大

　グローバル化や環境問題への意識，説明責任への期待などの高まりから，企業評価に必要な情報は，より広範であり，また，利用者との間には，重要な開示ギャップも存在する。特に，長期的に企業価値を高め続けようとすれば，幅広いステークホルダーへの情報開示の充実が必要となる[3]。

②情報の簡約化・集約化

　種々の報告書が公表されているが，それらは長文であり，また，互いに結びついていないため，財務情報と非財務情報の間をはじめ，重要な項目の相互関係は明確ではない。

③投資の短期思考から中長期思考へ

　投資者が企業業績の短期的な動向に過剰に反応する一方で，企業の中長期的なキャッシュ・フロー生成能力を過小評価することが，市場の健全な発展を阻害していると考えられるため，中長期的な視野に立った投資や企業評価を行うことができるような情報開示を進める。

2）これらについては，例えば，IIRC（2011），上妻（2012b），小西（2012），林・小崎（2013），三代（2013），與三野（2012）参照。
3）ただし，制度的な財務報告に加え，日経225を構成する企業の91%がサステナビリティ報告書をすでに公表している（KPMGあずさサステナビリティ㈱，2012）。

（3）統合報告の目的と利用者

IIRC の HP において，統合報告は，以下の目的を図るものとされている。
① より効率的で生産的な資本の配分ができるように，財務資本の提供者に対する情報の質の改善を図る。
② 異なる報告基準によって作成され，また，将来にわたる企業価値創造能力に重要な影響を与えるすべての要素を伝達する企業報告に対して，統一的で効率的なアプローチを促進する。
③ 広範な資本（財務，製造，知的，人的，社会と関係，および自然）に関する説明責任や受託責任を高め，それらとの相互依存関係について理解を深める。
④ 短期，中期，長期の価値創造に焦点を当てた統合的思考や意思決定，行動を支援する。

また，IIRC（2013b）において，統合報告書の主な目的は，財務資本の提供者に対して，企業がどのように将来にわたって価値を創造するかを説明することであり，このため，統合報告書には，財務とその他の両方に関連する情報が含まれるとしている。そしてそれは，企業の将来にわたる価値創造に関心のあるすべてのステークホルダーにとって有益であるとしている。さらに，統合報告書は，ある時点での企業の価値を数量化したり金額化したりすることではないとしている。

同様に，IASB（2010a）において一般目的の財務報告書は，企業の価値を示すようには設計されていないが，財務報告の目的は，現在および潜在的な投資者，融資者および他の債権者が，当該企業の価値を見積るのに役立つ情報を提供するとしている。このため，統合報告における目的や主な利用者は，財務報告におけるものと大きな相違はないと考えられる[4]。

4）これに対して，サステナビリティ報告は，持続可能な世界経済に向けて，企業の目標設定やパフォーマンスの測定，変化への対処を支援するプロセスであり，ステークホルダーの期待や関心に対応し，企業が重要と考える側面について，経済，環境，社会およびガバナンスにおけるパフォーマンスと，それによるプラスとマイナスの影響を伝えるものとしている。なお，ここでいう「経済」は，ステークホルダーの経済状況や経済システムに対して企業が与える影響に関するものであり，企業の財務状況に焦点を当てるものではない（GRI，2013）。

3. 統合報告の位置づけ

(1) 価値に対する見方

　本章2.(2)で触れたように，近年，統合報告が必要といわれている背景の1つとしては，企業価値に対する見方の変化があると考えられる。伝統的に，企業価値は，企業が生み出す将来キャッシュ・フローの現在価値と関連づけられているものの，統合報告を巡る見方では，価値は，企業だけまたは企業の中だけで創造されるものではないという点が強調されている。

　この点，IIRC（2013b）では，企業により創造される価値は，外部環境により影響を受け，また，ステークホルダーとの関係を通じて創造され，多様な資源に依存し，相互関係のある以下の2つの面があるとしている。

　① 企業自体のために創造される価値（それは，財務資本の提供者に対する財務的なリターンを可能にする）
　② ①に加え，広範囲にわたる「活動」「相互作用」「関係」をとおして，その他（ステークホルダーや社会全体）のために創造される価値

(2) 財務情報と非財務情報との統合

　統合報告は，IIRC（2013b）における「統合的思考」や「情報の結合性」といった惹句にみられるように，企業の将来にわたる価値創造能力に重要な影響を与える項目（例えば，資本，外部環境，ガバナンス，ビジネスモデル，戦略など）を統合報告書において簡潔に整理し開示するものと考えられる。このため，統合報告は，過去・現在情報と将来情報，財務情報と非財務情報とを組み合せて示すものと考えられる。

　日本会計研究学会の「リスク情報の開示と保証のあり方－統合報告書の公表に向けて－」（スタディグループ報告，2013）では，財務諸表情報と財務諸表外情報に区分することはできても，財務情報か非財務情報かを明確に区分できるわけではないとしたうえで，その統合において問題となるのは，これらの情報の境界線を画定することではなく，どう統合させるのかであると

第2章　財務報告と統合報告

して，以下のアプローチを示している。

①アプローチA：財務情報に非財務情報を統合
　この場合，財務諸表を中心とした統合報告書の作成・公表が考えられ，それは，「米国型の報告」[5]としている。

②アプローチB：非財務情報に財務情報を統合
　この場合，非財務情報を中心とした統合報告書の作成・公表が考えられ，「IIRC型の報告」[6]としている。

　（1）で述べたように，統合報告では，価値の創造を，企業やその中だけに限らない点を強調しているが，それは，企業自体の価値を等閑視するものではなく，むしろ，企業自体の価値に対する影響を幅広く捉えるために主張されていると考えられる[7]。そうであれば，本章2.(3)で示したように，その目的も想定している主な利用者も，財務報告のものと異ならない統合報告において，財務情報と非財務情報との統合を図るためには，アプローチAが適切と考えられる[8]。

---

[5] これは，米国財務会計基準審議会（FASB）のビジネスリポーティング研究プロジェクトによって2000年から2001年にかけて公表された報告書や，米国公認会計士協会（AICPA）を中心に2005年に創設された拡張BRC（The Enhanced Business Reporting Consortium）が公表した拡張ビジネスリポーティング（EBR）フレームワークなどによるものと思われる（この点については，長束（2013）参照）。

[6] これは，IIRC（2011）において，「統合報告書は単一の報告書であって，企業の主たる報告書となる。現在要求される報告にとって代わるものであって，新しく追加されるものではない」や「IIRCは，究極的には，統合報告書がすべての企業において主たる報告書になると予測している」といったといった記述からの分類と思われる。ただし，IIRC（2011）では，統合報告への代替的経路として，年次報告書とサステナビリティ報告書の結合や，簡潔で独立した統合報告書を年次報告書に追加する形で発行することなどもあげている。

[7] 日本証券アナリスト協会（2010）では，これまでESG要因による評価では，必ずしも経済学的な企業価値を意識してこなかったため，今後の企業の非財務指標データの評価においては，経済学的な企業価値評価との関連を十分に吟味することが必要であろうとしている。

[8] GRI（2013）では，サステナビリティ報告と統合報告の目的は異なるかもしれないが，サステナビリティ報告は，統合報告にとって本源的な要素であるとしている。しかしながら，目的や主な利用者が異なるとすれば，サステナビリティ報告の情報が統合報告に活用されることがあっても，サステナビリティ報告が拡張し，それが主体となって統合報告になることはないであろう。

ただし，財務報告書に必要とされている適時性[9]や各報告書に期待されている役割を考慮すれば，いずれかのアプローチにより1つの統合報告書だけが存在するというよりも，財務諸表を中心とする財務報告書と，それ以外の非財務報告書が，それぞれ独自に存在し続けるとともに，企業価値の評価に資する財務情報と非財務情報とが結合されて開示されることが多くなるであろう。

(3) 統合報告の範囲

IIRC（2013b）では，重要性（materiality）の決定プロセスとの関係で，統合報告の範囲（reporting boundary）を示しており，それは，財務報告主体（財務報告を目的として利用される範囲）を中心に，その価値創造能力に重要な影響を与え，財務報告主体を超えるステークホルダーとしている。このため，その範囲が統合報告主体と考えられる。

図表 2-2-1　統合報告の範囲

統合報告主体

```
┌----------------------------------------------------┐
: ┌──────────┐                                       :
: │ 財務報告主体 │   ●リスク                          :
: └──────────┘                                       :
:      │        ●機会                                :
:      ↓        ●成果                                :
: 財務報告主体の価値創造能力に重要な影響を与えるステークホルダー :
└----------------------------------------------------┘
```

---

[9] 有価証券報告書は，期末日後3ヵ月以内に提出しなければならず，また，決算短信は，決算の内容が定まったときにただちに開示することが義務づけられており，事業年度については期末後45日以内に開示を行うことが適当とされている（なお，東証（2013）では，2013年3月期決算会社の決算短信発表までの所要日数は平均38.4日，また，98％の会社が45日以内に公表しているものとしている）。

(4) 統合報告の内容

IIRC (2013b) では，統合報告書に含まれるべき情報として，質問形式によって提示される8つの内容項目（content element）を示している。

図表 2-2-2　統合報告書に含まれるべき情報

内容項目	質問
概要と外部環境	・企業は何を行うか ・企業はどのような環境において事業を営むか
ガバナンス	・企業のガバナンス構造は，どのように短期，中期，長期の価値創造能力を支援するか
ビジネスモデル	・企業のビジネスモデルは何か
機会とリスク	・企業の短期，中期，長期の価値創造能力に影響を及ぼす具体的なリスクと機会は何か ・企業はそれらに対し，どのように取り組んでいるか
戦略と資源配分	・企業はどこへ向かおうとしているか ・企業はどのようにそこに辿り着こうとしているか
業績	・企業は戦略目標を当期において，どの程度達成したか ・資本への影響に関する企業の成果は何か
見通し	・企業がその戦略を遂行するにあたり遭遇する可能性が高い課題や不確実性は何か ・企業のビジネスモデルや将来の業績への潜在的な影響は何か
作成と開示にあたっての基礎	・企業は，どのように統合報告書に含める事項を決定するか ・どのように当該事項は数量化され評価されるか

IIRC (2013b) において，これらの内容項目は，基本的に相互排他的なものではなく，また，これらの順序は，唯一のものではないとしている。したがって，この順序どおりに示したり，独立したセクションとして示したりすることを意図するものではなく，むしろ統合報告書における情報は，内容項目間の結合を明らかにする方法で開示されるとしている。

これに対し，財務報告は，基本財務諸表と注記からなる財務諸表と，その他の財務報告書から構成される。以前のIASBの概念フレームワークでは，企業の財務諸表のみを扱っていたが，IASB (2010a) では，財務諸表だ

けでなく財務報告へ対象範囲を広げている。しかし，IASB（2013）で示されているように，統合報告では，財務報告だけではなく，企業報告のすべての局面を扱っている。

図表 2-2-3　財務報告の範囲

財務報告			それ以外の報告書
財務諸表		その他の財務報告書	
基本財務諸表	注記		

　財務報告のうち，その中心である基本財務諸表について，企業会計基準委員会（2006）では，利益情報は基本的に過去の成果を表すが，企業価値評価の基礎となる将来キャッシュ・フローの予測に広く用いられていると考えられ，利益を生み出す投資のストックの情報とともに開示されるとする。このように，基本財務諸表では，複式簿記に基づき，体系性をもって企業の投資のポジション（ストック）とその成果（フロー）が開示される。

　しかし，注記をはじめとする基本財務諸表以外の情報は，基本財務諸表に示されていない情報を補足したり補完したりするとしても，どのように企業価値の評価に役立つ情報を提供するかについて，体系性は必ずしも確立されていない。すなわち，注記については，基本財務諸表の理解に不可欠なものとして区別したり限定したりすることは可能であろうが，その他の財務報告書に関する議論は限定的である[10]。

　近年，財務報告においても，複雑性や重複を削減し効果的な開示を図ることができるように，開示フレームワークの開発が議論されている。しかしな

---

10) 例えば，その他の財務報告書に関し，IASB では，基準ではない IFRS 実務記述書「経営者による説明」（IASB, 2010b）を公表している程度であり，IASB（2010b）では，その目的を，関係する財務諸表の背景を示す統合的な情報（integrated information）を財務諸表の利用者に提供すべきこととしている。また，経営者による説明は，財務諸表を補足し補完するものとしているが，企業の将来の業績，状態および進展に影響を与える可能性のある主要な傾向や要素も説明すべきであるとしているため，「経営者の目的やその目的を達成するための戦略」や「成果と見通し」など将来的情報（forward-looking information）を含めるなど，その外郭は明確ではない。

がら,その場合でも,現状,議論は注記のみを対象としている[11]。

(5) 統合報告における情報の性質

さらに,IIRC (2013b) では,統合報告書の作成や開示の基礎となる7つの指導原則 (guiding principles) をあげている (図表2-2-4参照)。

図表2-2-4 統合報告の作成や開示の指導原則

指導原則	概要
①戦略的焦点と将来志向	統合報告書は,企業の戦略や,その戦略がどのように企業の価値創造能力や資本の利用と資本への影響に関連するかについての洞察を提供するように作成する。
②情報の結合性	統合報告書は,企業の価値創造能力に影響する要素間の組合せや相互関連性,依存性についての全体像を示す。
③ステークホルダーとの関係	統合報告書は,主要なステークホルダーとの関係性の質に関して,また,企業がステークホルダーの正当なニーズや関心をどのようにどの程度,理解し考慮し,対応しているかについての洞察を提供する。
④重要性	統合報告書は,企業の価値創造能力に実質的に影響を与える事象に関する情報を開示する。
⑤簡潔性	統合報告書は,簡潔である。
⑥信頼性と完全性	統合報告書は,ポジティブ面とネガティブ面の両方について,バランスのとれた方法で重要な誤りがない形で,重要性のあるすべての事象を含む。
⑦一貫性と比較可能性	統合報告書の情報は,将来にわたって一貫した基礎で,また,企業の価値創造能力にとって重要性のある範囲において,他の企業と比較可能な方法で開示される。

---

[11] 例えば,2012年7月に欧州財務報告助言グループ (EFRAG) 等がディスカッション・ペーパー「注記に対する開示フレームワークに向けて」(EFRAG et al, 2012),また,2014年3月にFASBが公開草案「財務報告のための概念フレームワーク―第8章 財務諸表の注記」をそれぞれ公表しているが,いずれも財務諸表注記を対象としている。また,IASB (2013) では,概念フレームワークを適時に完成させるため,注記を含む財務諸表に議論の焦点を当てている。

これらの中には，財務情報の質的特性[12]といわれているものに類似するもの（例えば，図表2-2-4の⑥や⑦）もあれば，IASB（2013）にいう効果的なコミュニケーションを促進するガイダンス[13]に相当するもの（例えば，図表2-2-4の④や⑤）も含まれていると考えられる。

4. 財務報告の見方の拡大

(1) 資本と利益

　本章3.で概観したように，統合報告は，その目的や主な利用者が財務報告と大きな相違はない中で，財務報告の範囲や情報の内容を広げ，将来にわたる価値創造能力を説明し，利用者が企業自体の価値を評価することに役立つことを期待するものと考えられるため，財務報告の見方を拡大するものといえる。それでは，具体的に，どのように拡大していくものと考えられるであろうか。本節では，財務諸表の中核である資本と利益との関係が，IIRC（2013b）においても拡張された形で考慮されていることを記述する。

　財務報告では，企業価値を評価し，企業への資源の提供に関する意思決定を行うためのインプットとして，企業が受け入れた元手たる「資本」が，どのように運用され，どれだけ果実である「利益」を生み出したかの情報を提供する。

　これに対しIIRC（2013b）では，基本的な概念として，統合報告書は，将来にわたる価値創造のために，企業がどのように「外部環境」と「資本」と

---

12) IASB（2010a）では，財務報告の目的の達成に必要な判断を行うための最初の手順として，財務情報が有用であるためには，レリバントで，かつ，表現しようとしているものを忠実に表現しなければならない（基本的な質的特性）とし，それが比較可能で，検証可能で，適時で，理解可能であれば，補強される（補強的な質的特性）という財務情報の質的特性を識別し記述している。

13) IASB（2013）では，どのような情報を開示するかといった内容項目だけではなく，理解可能性や比較可能性といった補強的な質的特性を反映するように，開示のガイダンスを設定する際には，企業固有の有用な開示をする（定型句の使用や企業に固有でない開示は避ける）ことや，簡単で直接的な開示ができること，重要なことの強調や関連づけを含むコミュニケーション原則を提案している。なお，わが国の「企業会計原則」では，一般原則の1つとして明瞭性の原則があり，また，関連して，重要性の原則がある。

にかかわるかについての洞察の提供を目指しているとしている。

① 企業に影響を与える外部環境（external environment）には，経済状況や技術の変化，社会問題，環境課題などが含まれ，それは，企業活動の背景を定める。

② 資本（capital）は，ビジネスモデルへのインプットとして，すべての企業が成功を依存している価値の蓄積である。また，資本は，企業の活動やアウトプットを通じて増減し変換される価値の蓄積である。

IIRC（2013b）では，図表2-2-5の6つの資本の分類を示している（ただし，必ずしもこの分類を要求するものではなく，企業は異なる分類をすることができる。）さらに，IIRC（2013b）では，企業の事業活動とアウトプットによりもたらされる資本のプラスとマイナスの内部的および外部的帰結は，「成果」（outcome）とされている。

これらからは，IIRC（2013b）では，統合報告書によって，外部環境の下でビジネスモデルに資本を利用することにより成果を生み出し，その結果，資本の増減により価値が増減するというプロセスを説明しようとしていることが窺える（この点は，森，2014も参照）。

このように，IIRC（2013b）における統合報告は，財務報告と同様に，価値自体を示すことではなく，元手たる「資本」がどのように果実である「成果」を生み出し，新たな資本を創造しているか（創造していくか）を示すものであり，財務報告の見方を拡張したものと考えられる。

(2) 統合報告における「資本」

(1)で示したIIRC（2013b）における資本は，「企業により利用され影響される資源や関係」という表現に示されているように，複式簿記に基づく財務報告の見方からは，「調達源泉の資本」ではなく「運用形態である資産」とした方が理解しやすい[14]。

---

14) これは，IIRC（2013b）において，「資本は増減し変換されるため，資本間または資本内において，継続的にフローが生じる」「多くの活動が，きわめて複雑な増減や変換を生じさせ，資本や資本の構成要素を広く組み合わせることになる」といった説明においても表れている。原語のcapitalが，経済学において資本財や資産として用いられることが多いため，この理解はむしろ当然かもしれない。

図表 2-2-5　統合報告における資本の分類

資本	概要
財務資本	財の生産やサービス提供に利用可能である資金プールや，資金調達による獲得，営業や投資によって生み出された資金プール
製造資本	財の生産やサービスの提供にあたって企業が利用できる物体
知的資本	組織的で知識ベースの無形資産
人的資本	人々の力量や能力，経験，そして改革への意欲
社会・関係資本	コミュニティ，ステークホルダーのグループ，その他のネットワーク内やそれらの間の制度や関係，および個別的にまたは集合的な幸福を高めるために情報を共有する能力(例えば，共有された規範，共通の価値や行動，主要なステークホルダーとの関係，企業が外部のステークホルダーと構築し保護することを目指す信頼や意志，企業が築いたブランドや評判に関連する無形物など)
自然資本	環境資源や，企業の過去，現在，将来の繁栄を支える，財・サービスを提供するプロセス

　また，本章3.(3)で示したように，IIRC(2013b)において，統合報告書は，財務報告主体とその価値創造能力に重要な影響を与えるステークホルダーを含む範囲としている。ここで「ステークホルダー」は以下のグループまたは個人とされ，具体的には，財務資本の提供者，従業員，顧客，仕入先，ビジネスパートナー，地域社会，NGO，環境団体，立法当局，規制当局，政策立案者が含まれるであろうとされている。

① 企業のビジネスモデル（事業活動，アウトプットおよび成果）によって重大な影響を受けることが合理的に見込まれる者
② その活動が，企業の将来にわたる価値創造能力に重大な影響を与えることが合理的に見込まれる者

　このため，財務報告の見方からは，IIRC(2013b)にいう「財務資本の提供者」は資金の提供者であって，この提供者の請求権（財務諸表で示される負債・資本）に加え，より幅広いステークホルダーの関与によって，各資産（IIRC, 2013bでは6分類の「資本」）の形態で運用され，当期の増加分が利益（IIRC, 2013bでは「成果」）となり，その累積を価値とするものと考えられる。

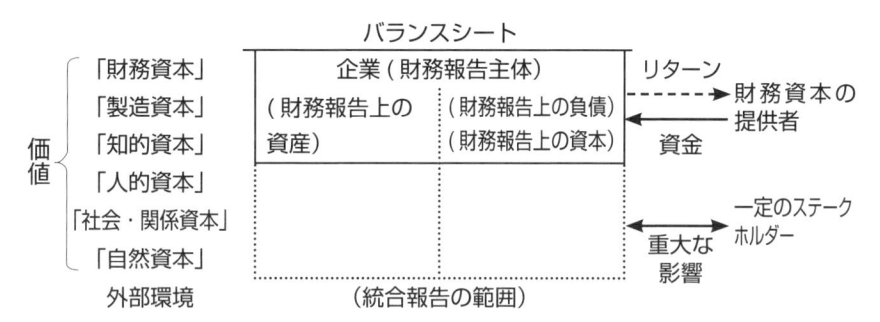

図表 2-2-6　財務報告の見方による統合報告のイメージ

```
                              バランスシート
           ┌「財務資本」    企業(財務報告主体)        リターン
           │「製造資本」   (財務報告上の (財務報告上の負債) ┄┄▶ 財務資本の
       価 │「知的資本」    資産)     (財務報告上の資本)  ←── 提供者
       値 │「人的資本」                         資金
           │「社会・関係資本」                       ←─┐一定のステーク
           └「自然資本」                    重大な   ホルダー
              外部環境        (統合報告の範囲)   影響
```

(3) 財務報告の見方の拡大と課題

このように，財務報告主体とその価値創造能力に重要な影響を与えるステークホルダーの関与を，広く調達源泉と運用形態と考えれば，財務報告の考え方を拡張できる。しかし，広範囲にわたる価値（本章3.(1) 参照）とともに，報告範囲（本章3.(3) 参照）をどのように見定めるのかは容易ではない[15]。また，報告範囲を広げるものとすると，統合報告は，価値を定量化するわけではないものの，利用者も含め，全体の価値や成果を企業自体の価値やその価値にいかに分解するか（財務資本の提供者以外のステークホルダー分を控除した純額をいかに把握するか）を工夫していく必要があろう。

---

15) 日本公認会計士協会（2010）では，CSR情報の比較可能性の阻害要因の1つとして開示範囲の問題，すなわち，情報が生成された組織の範囲（組織のバウンダリ）に加え，スコープ（温室効果ガスの排出に関する範囲）やバリューチェーンといった活動の結果として生じる範囲（活動のバウンダリ）の問題をあげている。また，KPMGあずさサステナビリティ㈱（2012）によれば，現状，日経225を構成する企業のサステナビリティ報告書では，環境パフォーマンス指標について単体ベースによる開示が18%，連結ベースによる開示が43%に過ぎず，社会パフォーマンス指標についてはさらに限定的である。財務報告のみならず非財務報告においても，実際には財務報告主体が中心であり，価値や報告範囲を広げるといっても，重要性を活用しながらそれらを考慮するといった程度のことを想定しているのかもしれない。

第2部　統合報告書導入にあたっての課題

5. おわりに

　IIRCとIASBは，IIRCによる統合報告フレームワークの開発における協力を深めるため，2013年2月に覚書（MoU）を締結している[16]。その後の両者の活動は，必ずしも明示的な形で行われているわけではないものの，IASBが2015年までに概念フレームワークの見直しの完了を目指している中で，IASB（2013）では，IIRCの統合報告フレームワークの開発における作業も考慮したとしている。このIASB（2013）では，有用な情報を提供するためには，基準への準拠を唯一の目的とする仕組みではなく，コミュニケーションを促進するように，概念フレームワークの一部とする開示のガイダンスの中に，コミュニケーション原則を含めることを提案している（本章注13を参照）。

　ただし，統合報告と財務報告は，報告範囲も開示する内容も異なり，前者の報告範囲には大きな相違がある。他方，後者の報告内容については，共通する側面があり得る。

　すなわち，財務報告における財務諸表外情報の検討は，現状，注記に限定されており，注記での開示の簡素化の方向により，それ以外の情報の内容は，その他の財務報告書において拡大する可能性がある。また，統合報告では，日本公認会計士協会（2013）が示すように，経営環境やビジネスモデルを背景に，戦略に基づき価値創造のプロセスを示し，ガバナンスや業績などによって担保するといった実務での共通性が，今後さらに洗練されていくことが考えられる。これらの方向性は，財務報告におけるその他の財務報告書の充実とも統合報告への置き換えともみることができるであろう。

　統合報告は，企業報告という点で財務報告と共通するのみならず，その目的や主な利用者が大きく異ならないかぎり，財務報告の見方を拡大するものである。このため，情報の性質や開示上の留意のみならず，情報の内容に関

---

[16] なお，IIRCとGRIも，2013年2月に同様の覚書を締結している。

しても，法規制や監査・保証の問題などによって別々に議論されていくとしても，相互に影響しあっていくことになると考えられる。

参考文献

EFRAG et al (2012) EFRAG (European Financial Reporting Advisory Group), FRC (the Financial Reporting Council of the United Kingdom), and ANC (the Autorité Des Normes Comptables of France), Discussion Paper: Towards a Disclosure Framework for the Notes, July.
FASB (2014) Proposed Statement of Financial Accounting Concepts : Conceptual Framework for Financial Reporting—Chapter8 : Notes to Financial Statements, March.
GRI (2013) G4: Sustainability Reporting Guidelines, May.
IASB (2010a) The Conceptual Framework for Financial Reporting, September.
IASB (2010b) IFRS Practice Statement: Management Commentary - A framework for presentation -, December.
IASB (2013) Discussion Paper: A Review of the Conceptual Framework for Financial Reporting, July.
IIRC (2011) Towards Integrated Reporting－Communicating Value in the 21st Century － , December.
IIRC (2013a) Consultation Draft of the International <IR> Framework, April .
IIRC (2013b) The International <IR> Framework, December 2013.
KPMGあずさサステナビリティ㈱ (2012)『日本におけるサステナビリティ報告2012』KPMGあずさサステナビリティ㈱。
伊藤和憲 (2014)「管理会計の視点からみた統合報告」『企業会計』66 (5)。
企業会計基準委員会 (2006) 討議資料『財務会計の概念フレームワーク』。
上妻義直 (2012a)「統合報告への移行プロセスにおける制度的課題」『産業経理』72 (2)。
上妻義直 (2012b)「統合報告はどこへ向かうのか」『會計』182 (4)。
小西範幸 (2012)「統合報告の特徴とわが国への適用」『企業会計』64 (6)。
スタディグループ報告 (2013)「リスク情報の開示と保証のあり方－統合報告書の公表に向けて－」日本会計研究学会 スタディグループ最終報告。
東証 (2013)「平成25年3月期決算短信発表状況等の集計結果について」。
長束航 (2013)「財務報告の改善」広瀬義州・藤井秀樹編『体系現代会計学第6巻 財務報告のフロンティア』中央経済社。
日本公認会計士協会 (2010) 日本公認会計士協会 経営研究調査会研究報告第42号「CSR情報の比較可能性に関する考察－阻害要因とその解消に向けて－（中間報告)」。
日本公認会計士協会 (2013) 日本公認会計士協会 経営研究調査会研究報告第49号「統合報告の国際事例研究」。

第2部　統合報告書導入にあたっての課題

日本証券アナリスト協会（2010）日本証券アナリスト協会 企業価値分析におけるESG要因研究会「企業価値分析におけるESG要因」。
林寿和・小崎亜依子（2013）「日本の株式市場におけるショート・ターミズム（短期主義）の実証分析」『証券アナリストジャーナル』51（12）。
広瀬義州編著（2011）『財務報告の変革』中央経済社。
古庄修（2012）『統合財務報告制度の形成』中央経済社。
古庄修（2013a）「統合報告の行方と開示フレームワークの再構成」『産業経理』73（2）。
古庄修（2013b）「MD&A・ガバナンス情報開示の課題と展望」伊藤邦雄責任編集『別冊企業会計　企業会計制度の再構築』中央経済社。
三代まり子（2013）「国際的な開示フレームワークの動向〜国際統合報告評議会（IIRC）による統合報告について〜」『RIDディスクロージャーニュース』21。
森　洋一（2014）「国際統合報告評議会（IIRC）国際統合報告フレームワークの位置づけと基礎概念」『会計・監査ジャーナル』26（4）。
與三野禎倫（2012）「財務と非財務の統合による経営と開示のダイナミズム－企業経営の視点」『企業会計』64（6）。

# 第3章

財務報告と統合財務報告制度

1. 統合報告とワンレポート

　企業報告（corporate reporting）の新たな潮流として，統合報告（integrated reporting）をめぐる国際的な取り組みに今，産業界の注目が集まり始めている[1]。統合報告は，グローバルな事業活動を展開する企業に統合思考（integrated thinking）[2]に基づくマネジメント―統合経営―とガバナンスの在り方を改めて問いかけている。持続可能な価値創造のプロセスに係るコミュニケーションを通じた企業の競争優位性の確保を関連づける点で，従前のビジネス・モデルや戦略の見直しを迫る等，経営者の意識と企業行動に変革をもたらし得ることを強調する。

　だが，統合報告に対してこれまで一般的な誤解や財務報告制度との連係の在り方にも影響を与える理解のズレが存在してきたことも事実であろう。その1つは，統合報告がいわゆる紙媒体の1冊の報告書を連想させるワンレポート（one report）と同義であるという誤解である。

　この点について，国際統合報告評議会（IIRC）は，討議文書の段階では，「統合報告書は単一の報告書であって，現行制度に新たに追加されるのではなく，

---

[1] 統合報告を理論的に検討した最近の論考として，小西（2012）および古賀（2012）を参照。
[2] 統合思考はサイロ思考と対比され，「短期，中期，長期において価値を創造し維持する組織の能力に重要な影響を与える，様々な要素間の結合性や相互依存の関係性を考慮するアプローチが前提となっている」とされる。企業価値の創造に係るコミュニケーション・プロセスが統合報告，統合報告の成果物が統合報告書であり，三者は概念上も区別されている（三代，2013，14頁）。

第2部　統合報告書導入にあたっての課題

それにとって代わることにより組織の主要な報告書（primary report）となる」（IIRC，2012）と説明しており，これが「混乱」[3]を導くとの指摘もあった。統合報告が前述の意味でのワンレポートに収れんすると IIRC が考えていたかどうかは自明ではなく，他方で実務においてはさまざまな統合報告が出現し始めていることも事実であろう。

『ワンレポート』の著者である Eccles and Krzus は，「ワンレポートという用語は，企業の重要な財務および非財務情報を統合して一体的な報告に統合すべきであるという考え方を簡潔に表現している」（Eccles and Krzus, 2010）のであり，単純に紙媒体の1冊の報告書にまとめることを意味しないと述べている。

このことは，「企業価値の創造に係る簡潔な財務資本提供者向け報告」（市村，2013）たる統合報告の全体の開示体系については，現在のオンライン環境を前提とすれば，重要性の高い情報を簡潔に要約した当該統合報告書と，より詳細な内容の非財務報告書との連係等に基づく，さまざまな組み合わせの統合報告の体系がありうることを含意する。したがって，文字通りの1冊の報告書を意味するワンレポートも，そこでは統合報告の中の1つの形態でしかなく，究極の到達点であるとはいえない。

本章は，統合報告＝ワンレポート＝「1冊にまとまった紙媒体の報告書」と理解するのではなく，統合思考に基づく財務情報と非財務情報の統合のプロセスの中で多様な統合報告の形態が出現している（日本公認会計士協会，2013）ことを踏まえて，統合報告をあくまでも財務報告の外延的拡大と捉える立場から[4]，次の2つの論点を検討する。

---

3) 以下では，統合報告書を主要な報告書とする方向性はあまり現実的ではなく，それよりも現行の報告媒体を残しながら，それらの情報を一元的に簡約化して，「重要な企業報告に関するエグゼクティブ・サマリー」を作成する方が，統合報告の情報特性には近いと指摘されている（上妻，2012b，120頁）。
　なお，2013年12月に公表された「国際統合報告フレームワーク」（IIRC，2013b）においては，統合報告書が単独の報告書である場合だけではないことが強調されている。
4) 統合報告は，財務資本提供者向け財務報告からの展開であるとみなされる（Busco, et.al（2013, pp.41-57.）。また，秋葉（2014）は，統合報告は財務報告を拡大するものと捉えて「価値」や「資本」について説明している。

第1に，財務情報と非財務情報[5]の用語の意味内容に係る定義が必ずしも明確でないにもかかわらず，その統合を図るとする統合報告の行方に関して，本章は財務報告制度の現在に統合報告への展開を求める際の基本的な課題がすでに顕在化していることを基本認識とする。本章は，こうした事実に注目して，統合報告の完成によって完結するのではなく，財務報告制度の中核にある財務諸表，統合報告および非財務報告（環境報告書，CSR報告書および持続可能性報告書を想定する）の相互補完関係を基礎としてその総体として形成される「統合財務報告制度」を構想するものである。その形成過程において，特に統合報告の制度化に至る代替的経路の鍵となる「経営者による説明」（Management Commentary：MC）の開示に焦点を据えて，財務諸表と経営者による説明（MC）との連係関係を財務報告制度の現在を踏まえて類型化し，改めて統合の意味を考える。

　第2に，現在の財務報告は複雑であるとの指摘に加えて，情報の散乱（clutter）や重複の解消等の問題提起は，統合報告の発展に対する関係者の大きな期待と同時に，現在の財務報告制度に向けられた具体的な課題としても共有されている。財務報告の利用者に対するレリバンスの低下とともに，作成者たる企業側の開示負担に係る問題も認識されており[6]，その中で財務報告の範囲と境界をめぐる問題が，統合報告の議論と同時に開示フレームワークの再構成を志向して提起されている。ここでは英国財務報告評議会（FRC）の討議文書（FRC, 2012）を素材として，特に財務報告の構成要素（components）と配置規準（placement criteria）をめぐる論点を考察する。

---

[5] 財務情報に係る理論研究のサーベイと実証については，円谷（2012），中條（2013）を参照。
[6] 財務報告の複雑性とレリバンスの低下を指摘し，簡素化を求める国際的な議論の高まりについては，例えばFRC（2009）を参照。

2. 統合報告に至る代替的経路

　統合報告の形成過程は，極端な次世代報告モデルへの急進的な転換であるよりも，実際には漸進的な変化の過程であると考えられる。

　筆者は，企業報告の全体の枠組みにおいて，経営者による説明（MC）のように財務諸表を補足し，補完するナラティブな情報[7]，そしてガバナンス・報酬情報，環境・社会関連情報および財務情報の各報告サイロが，統合し得るまで相互の連係関係が明確になったものが，「統合財務報告制度」[8]の総体を形成すると考えている。

図表 2-3-1　統合報告の制度化の一形態

財務諸表 ⇔ 財務情報／非財務情報 ⇔ 非財務報告
（統合報告）

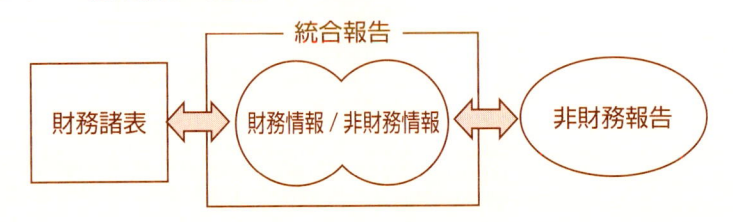

　図表 2-3-1 は，財務報告から統合報告へと展開する際に，財務報告と非財務報告の統合の在り方は，その統合のプロセスにおいて財務諸表が文字通り統合して存在しなくなるという意味での発展的な解消を意味するのではないことを明示している。あくまでも財務諸表と，持続可能性報告書等の非財務報告書は独自に存在し続ける。また，相互の補完関係が明確になった財務情報（財務報告書を基礎とする情報）と，環境・社会・ガバナンスに係る情報（ESG情報という）のような非財務情報（非財務報告書を基礎とする情報）を単に

---

7) ナラティブ報告という場合，定量的情報と定性的情報，あるいは財務諸表において表示されないオフバランス情報，およびその他の非財務情報をナラティブな情報として包含した文章形式の報告であると定義する。
8) 「統合財務報告制度」は，財務諸表－注記－財務諸表附属情報（ナラティブな情報と総称する）が一体となって財務報告の目的を果たす際に，財務情報のみならず，当該目的に照らして統合されるESG情報を含めて体系化された，財務諸表を中核とする報告制度を意味する（古庄, 2012, 3頁）。

要約するのではなく，企業の持続可能な価値創造に係る簡潔なコミュニケーションのために統合した報告書が，統合報告の上部構造として1つのフォーマットを新たに形成することを示している。

また，この場合，統合報告の制度化，すなわち公的チャネルを通じた強制開示化または任意開示化の局面においては，統合報告に係る枠組みを設定すれば完結するわけではなく，財務諸表，統合報告および非財務報告の相互の連係関係も問題になると考えられる。すなわち，統合報告をめぐる議論は，各法域（jurisdiction）における財務報告の範囲やその構成要素を規定する開示制度の在り方によって経路依存的に影響を受けることになる。この点について IIRC も当初から無関心ではなく，討議文書の中で以下のような統合報告に至る代替的な経路を例示している（IIRC, 2011, p.20）。

① 組織にとって合理的な最初のステップとして，経営者による説明（MC）あるいは年次報告書と持続可能性報告書を結合させて，ある領域の業績が他の領域の価値にどのように連係するかを理解できるようにする。
② 法令により要求される年次報告書等に加えて，簡潔かつ独立した統合報告書を作成させる。依然として年次報告書が作成される点で，統合報告には至っていないが，持続可能性報告書を作成していない組織にとってはその契機となり得る。
③ 持続可能性報告書，または組織の規制環境が許容する範囲で経営者による説明（MC）を統合報告の基本原則および構成要素に準拠するように調整して統合報告化する。

このような代替的な経路が示唆していることは，統合報告の制度化は必ずしも自明ではなく，むしろ各法域においてナラティブ報告制度に組み込まれた経営者による説明（MC）の位置づけを含めて財務報告の制度的枠組みを無視できないということであろう[9]。

---

9) 上妻（2012a，17頁）では，①から③の代替的な経路に共通していることは，持続可能性報告書が統合の結果として不要となり，いずれの場合にも年次報告書が存在し続けることが1つの論点として指摘されている。

> 第2部　統合報告書導入にあたっての課題

　IIRC は，討議文書において，現在の財務報告モデル — 伝統的報告モデル — と統合報告モデルを比較し，以下のような問題点ないし限界を指摘して，統合報告の意義を強調している。すなわち伝統的報告モデルは，財務的な資本の受託責任に基づき，その焦点は過去志向かつ財務的側面を中心に短期的な時間軸であること，さらに開示の範囲が限定されることから相対的に信頼性に欠け，規則による制約が強いこと，複雑で簡潔性に乏しいこと等が，統合報告の長所と対照的に位置づけられている（IIRC, 2011）。その論調は伝統的報告モデルに対して一貫して批判的である。

　しかし，このような2分法は新旧報告モデルの特徴を端的に説明するには一定の意義があり，明快であるにしても，財務報告制度の実際はどちらか両極にあるわけではない点に照らせば，事実認識の方法に問題もある。討議文書は，統合報告モデルへの展開によってこのような2分法を克服し得ることを強調した。だが，伝統的報告モデルの不足や限界が一方的に決めつけられて財務報告制度において受け止める必要がある諸課題の十分な検討が放棄されるならば，統合報告における「統合」の局面において財務報告との連係は不明確になるだけでなく，ひいては統合報告の方向性は公的・任意開示の段階にとどまるのではないだろうか。

　統合報告の普及と発展に向けて国際的なネットワークによって支えられている今般の統合報告のフレームワーク形成に係る迅速な意思決定と報告実務の広がりは，同時に，財務報告制度の現在の在り方にも課題を提起している。その1つの焦点が，財務報告の構成要素 — 財務諸表・注記・経営者による説明（MC）等 — の連係関係に一貫性を欠き，分断された開示情報の寄せ集めになっているという批判にある。財務報告の境界の在り方および構成要素の配置の決め方について新たな提案もあり，このことは財務報告と統合報告の展開が対立的では決してなく，また統合報告をめぐる議論と報告実務の国際的な動向が，財務報告制度の自律的な展開を促していることを見過ごしてはならないであろう。

3. 開示フレームワークの再構成

(1) 財務報告の構成要素

現在，標準となり得るような財務報告の構成要素に係る明確な定義は必ずしも存在しない。そのため注記と経営者による説明（MC）のようなナラティブな情報を用いた開示要求において，一貫性の欠如や重複を招来しているといわれる。

財務諸表の構成要素の定義および認識の基準だけでは，財務報告全体の枠組みを想定した場合に存在する広くナラティブな情報を画定することはできない。つまり，ナラティブな情報と注記を区別するための配置規準（placement criteria）の設定とその運用が問題となる。

この点に付言すれば，注記の範囲が決まれば，それ以外の開示情報が自動的に財務報告の枠組みにおけるナラティブな情報として収容されるわけではない。当該注記に収容できなかった非財務情報のすべてが，経営者による説明（MC）において開示されることになるとは考えにくいためである。実際に，ナラティブな情報と注記との境界が曖昧になる中で，それではどのような考え方を基礎として，財務報告の構成要素を識別し，適切に配置すべきか。

FRCの討議文書（FRC, 2012）は，注記開示のみに焦点をあてるのではなく，ホリスティックなアプローチを採用し，財務報告に係る開示フレームワーク全体の中で，ナラティブな情報と注記の連係関係を再構成している点で，他の議論のアプローチとは異なる特徴がある。

FRCは，財務報告が一方でより複雑になり，他方でレリバンスが低下しているという統合報告と共有し得る課題があるとの指摘を受けて，財務報告に係る一貫性のある開示フレームワークを再構成するための論点として，以下の4つを示した（FRC, 2012, p.10）。

① 利用者はどのような情報を必要とするか
② どこに開示は配置されるべきか

③　どのような場合に開示は提供されるべきか[10]
④　どのような方法で開示は伝達されるべきか

　討議文書は，これまで展開されてきた財務報告に係る概念フレームワークの形成において財務報告の用語自体の定義がないことを指摘し，このことを概念フレームワークの欠陥の1つと認識している（FRC, 2012, p.6）。

　討議文書は「企業報告」，「財務報告」および「財務諸表」を概念上区別した上で，開示フレームワークを設定する際には利用者のニーズを理解し，財務報告目的に合致することが必要であると指摘する。つまり，資源配分と受託責任の評価の両者が併存する財務報告の目的は，財務報告の境界を規定する際にこれを支援することになり，したがって当該目的に合致しない情報は財務報告書から除外されることになるため，簡潔かつレリバントな財務報告に帰結することにつながる（FRC, 2012, p.6）[11]。

　また，討議文書は，財務報告の境界が公式には設定されていないことを指摘した上で，その構成要素を識別し，各要素の開示目的および開示内容を議論している。財務報告の構成要素には，財務諸表（注記を含む）に加えて，IASBが実務意見書（practical statement）[12]（IASB, 2010）の公表を通じて明示した経営者による説明（MC）が含められる。さらに，IASBの当該実務意見書では決して明示的ではなかった，コーポレート・ガバナンスに係る情報が追加されている点は特に注意すべきであろう。

---

10) ここでの論点は均衡性（proportionality）および重要性（materiality）の概念の適用を通じて，開示負担を削減することに関連づけられる。
11) 討議文書は，二酸化炭素排出に係る開示を例示して，財務報告の目的に合致しないため，財務報告の外側に配置されるべきとする（FRC, 2012, p.7）。
12) 実務意見書において，経営者による説明（MC）は，「IFRSに準拠して作成された財務諸表に関連するナラティブな情報であり，MCには財務諸表に表示された金額，報告実体の財政状態，財務業績ならびにキャッシュ・フローに関する歴史的な説明（commentary）を財務諸表利用者に提供する。また，MCは財務諸表に表示されない報告実体の見通しに関する説明およびその他の情報を提供する。MCはまた，経営者の目標と当該目標を達成するための戦略を関連づけて理解するための根拠を与える」と定義される（IASB, 2010, p.17）。実務意見書における表示（presentation）の枠組みの詳細については，古庄（2012）第2章を参照。

(2) 配置規準の設定

　開示フレームワークを設定するためのロードマップの設定において，体系的な開示を行う上で配置規準の必要性が提起されている。討議文書は監査人の判断，法的制約，または会計基準設定主体による権限等の障壁等を克服するためにも，配置規準の意義を認め，財務報告の構成要素間の連係が明確になることにより，財務報告書における重複や整合性の欠如の解消につながると示唆する（FRC，2012，p.20）。討議文書は，経営者による説明（MC）に係るIASBの討議文書（IASB，2006）における議論を踏襲して，注記と経営者による説明（MC）を区別する以下の配置規準を示している。

① 企業の情況やその事業環境の文脈において財務諸表を説明する情報を利用者に提供するのであれば，これを経営者による説明（MC）において開示する。

② 主要財務諸表とその構成要素の理解に必要不可欠であれば，それが財務諸表上認識されているか否かにかかわらず，注記において開示する。

　討議文書は，注記について，①主要財務諸表上の金額が企業の経済状態を反映しているかを理解し，②報告利益とキャッシュ・フローの持続可能性に係る評価を支援する，と説明する。会計基準設定主体が求める開示はそのほとんどが注記になるといえるが，討議文書は，財務諸表に表示された項目や金額に係る分解情報と説明資料を注記で示し，財務諸表上の未認識項目は境界を定めることが難しいため，経営者による説明（MC）に配置することを提案している（IASB，2012，pp.23-24）。

　また，討議文書は，第三の構成要素として，以下のようにガバナンスに係る情報の配置規準を示している点に特徴がある。このことは，設定主体にとっては開示に係る選択肢の拡大をもたらすであろう。

③ 企業の戦略目標の設定，経営(者)の監督および受託責任に係る株主に対する報告に関して，取締役会の責任に係る情報を提供するのであれば，これをガバナンスにおいて開示する。

　討議文書は，リスクと不確実性に係る情報を例示して，経営者による説明（MC）にはリスク・エクスポージャーに係る経営者の判断とリスク管理の

第2部　統合報告書導入にあたっての課題

方法を，ガバナンスに係る情報には取締役会がリスクをとる際の当該リスクの性質と範囲，内部統制システムの有効性に係る保証を，注記には満期分析，リスク・エクスポージャーに基づく残高の分解をそれぞれ配置するとしている。

　だが，このような構成要素の配置規準をめぐって当該討議文書に対するコメント・レターにおいては，未認識項目としての非修正後発事象や，非GAAP測度[13]，関連当事者に係る開示等について討議文書の提案を支持しない見解があることを指摘する必要がある。例えば，非修正後発事象は経営者による説明（MC）でなく注記に，非GAAP測度は注記でなく経営者による説明（MC）に，関連当事者に係る開示はガバナンスに係る情報ではなく，むしろ注記が適切であること等，討議文書と異なる提案もある。

　また，コメント・レターにおいて，配置規準の厳格な運用は財務報告を複雑にするため，むしろ，配置に係る柔軟な判断を許容してこれを回避すべきとする意見も多数あり，配置規準の適用の難しさを物語っているといえるであろう[14]。

　FRCは，IASBに対して財務報告に係る開示フレームワークの設定，財務報告の境界の明確化，配置規準の展開および重要性の定義等の今後の検討を勧告しており，統合報告と連係した開示フレームワークの再構成に係る議論の展開が注目される。

4. 財務報告と統合報告の境界問題

　本章は，財務報告から統合報告へと展開する国際的動向を捉えて，統合思考に基づく多様な統合報告の形態が出現しており，かかる動向において財務

13）非GAAP測度の開示規制について米国および欧州では対照的である。古庄（2012）第6章および第7章を参照。
14）コメント・レターにおいて，財務報告の構成要素については71％が支持を表明している。また，配置規準については，64％が支持を表明し，14％が反対を表明した（FRC, 2013, pp.11-13）。

報告の枠組み自体の再構成の必要性が提起されていることを論点とした。

かかる議論を踏まえて，財務報告に係る開示フレームワークに組み込まれた経営者による説明（MC）の位置づけを類型化し，財務報告と非財務報告の統合の方法を示すならば，本章における検討の主題は，図表2-3-2から図表2-3-3への展開のモーメントとして捉えることができるであろう。

すなわち，図表2-3-2は，IASBが実務意見書の公表を通じて明示した財務報告の枠組みを示している。財務報告の中核には財務諸表があることはいうまでもないが，当該注記に加えてこれを補足し，補完する開示の場として，経営者による説明（MC）が位置づけられている。しかし，ここでは財務報告書から独立した持続可能性報告書等の非財務報告，すなわちESG情報の開示は，引き続き財務報告の枠外に位置づけられており，財務報告との連係は依然として明確ではないことを示している。

今般の統合報告への展開を財務報告の枠組みからの外延的拡張として捉えるならば，財務諸表本体，注記および経営者による説明（MC）を概ね財務報告の構成要素とするとの理解を現在の到達点として，図表2-3-3に示されるように経営者による説明（MC）に非財務報告において開示されている財務的・非財務的重要業績指標（KPI），非GAAP測度やESG情報等の非財務情報が，どのような理由に基づいて，どの範囲まで組み込まれるのかを判断する必要がある。

図表2-3-2　MCを組み入れた財務報告観－曖昧な非財務報告との補完関係－

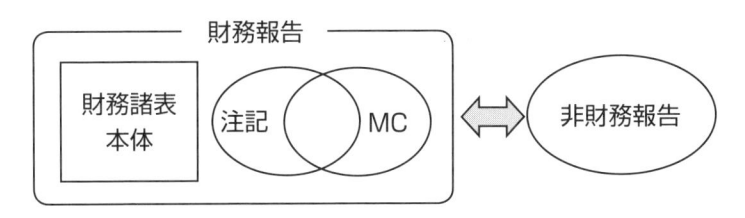

第2部 統合報告書導入にあたっての課題

図表 2-3-3 MC の拡張による非財務報告（一部）の財務報告化

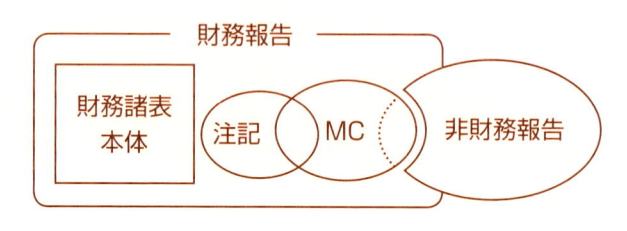

　前述の FRC の討議文書は，図表 2-3-3 の財務報告の範囲に，その構成要素として明示的にガバナンスに係る情報を位置づけ，財務報告の内側に組み込んでいる。当該討議文書に対するコメント・レターを俯瞰するかぎり，このような構成要素の理解に大きな批判はなく，EU 会社法指令を基礎とした財務報告観として，むしろそうした理解は共有されているといえるかもしれない。このことは財務報告から統合報告へのアプローチを受け入れやすい環境がすでに形成されているともいえる。だが，統合報告への展開においてはこのような非財務報告の「介入」をめぐって，なお財務報告の境界問題が生じることになるであろう。例えば，不確実性に係る開示の問題に例示されるように，MC の注記化，またはガバナンスに係る情報との境界をめぐる MC の統合報告化が，同時に問題となることも予想される。

　現時点では IASB が配置規準を含めて原則主義的な開示フレームワークを設定する最も適切な主体であるとしても，経営者による説明（MC）が注記化するのではなく，統合報告化し，ガバナンスに係る情報のみならず，広く ESG 情報が財務報告の枠組みに組み込まれることになれば，もはや IASB が当該開示基準ないし開示指針の設定についてその主導的役割を担うに相応しい国際組織であるかどうかは明確ではなくなるだろう。

　財務報告の境界をめぐる問題，つまり財務報告の構成要素の区分問題は，利用者の情報ニーズを基礎とした財務報告の目的，認識基準と配置規準，そして監査可能性に係る問題が交錯する領域にあることを示唆している。

　統合報告への展開に際して財務報告の境界問題は依然として重要な論点であり，財務報告と統合報告が共有する課題を克服するために IASB と IIRC

とが連係する意義を見いだし得るだけでなく，全体としての開示フレームワークの再構成に係る検討の必要性が認められる。

5. おわりに－統合報告型有価証券報告書を目指すのか－

　統合報告が主たる利用者として想定するのは，あくまでも財務資本の提供者である。統合報告が提唱される背景には，金融・資本市場が短期志向であることを1つの理由とする世界的な金融危機，ならびに地球環境問題の顕在化等があげられ，投資者が中長期のリターンおよびリスクと機会要因を重視する長期投資志向へ転換することが重要な課題となる。

　統合報告が財務情報のみならず，ESG情報のような非財務情報との統合を目指すことをもって直ちに広範な利害関係者を対象とするという理解は，現時点では適切ではない。その点に限っていえば，投資者保護を目的として，公的・強制開示のための報告媒体である有価証券報告書を統合報告型にいわば改造するという発想が生まれるのも決して誤りではないであろう。

　しかしながら，統合財務報告制度の形成過程にあると捉える本章の視座から，卑見によれば，文字通りのワンレポートを想定した統合報告型有価証券報告書への転換を図るよりも[15]，重要性の高い情報を要約した（任意の）簡潔な報告書の作成をプラットフォームとして，有価証券報告書その他の報告媒体との連係を踏まえて全体としての開示フレームワークの形成が漸進的に進められることが，わが国における財務報告制度と共存する統合報告の方向性として望ましいのではないだろうか。

　例えば，コンプライアンス志向が強く，罰則規定もある現在の有価証券報告書は，統合報告が基調とする原則主義に基づき，企業の価値創造に係るコミュニケーションに資する将来志向情報を網羅した，柔軟かつ任意の開示と適合し得るのか。しかも，有価証券報告書におけるESG情報の統合報告化は，

---

15) 有価証券報告書の統合報告化に係る具体的な提案については，水口（2013）を参照。

現在その一部が報告義務化されているにすぎず，財務報告との統合を議論する以前の段階にとどまっていることを指摘し得る。

他方で，現在なぜ有価証券報告書とは別に，統合報告型のアニュアル・レポートを作成する実務が台頭してきているのか，その実態と理由を検討する必要がある。その際，従前の持続可能性報告書等が統合報告型アニュアル・レポートに吸収されることにより，利害関係者向け情報のレリバンスが失われることも考慮する必要がある。

仮に統合報告型の有価証券報告書改造論を展開する段階に達したとしても，ナラティブ報告たる日本版MD&Aの在り方が議論の基本的な出発点となることが推察される（古庄，2013b）。統合財務報告制度の形成過程においては，その目的と想定する利用者を異にする報告媒体間の連係の在り方が統合報告の漸進的な展開にとって重要な検討課題となることを指摘する必要がある。

参考文献

Busco,C., Frigo, M.L., Riccaboni.A. and P.Quattrone (2013) *Integrated Reporting : Concepts and Cases that Redefine Corporate Accountability*, Springer.
Eccles,R.G. and M.P.Krzus (2010) *One Report : Integrated Reporting for a Sustainable Strategy*, John Wiley & Sons.（花堂靖仁監訳『ワンレポート―統合報告が開く持続可能な社会と企業―』東洋経済新報社，2012年。）
FRC (2009) Louder than Words : Principles and Actions for Making Corporate Reports less Complex and more Relevant, October.
FRC (2012) Thinking about Disclosures in a Broader Context : A Roadmap for a Disclosure Framework, October.
FRC (2013) Feedback Statement : Thinking about Disclosures in a Broader Context : *A Roadmap for a Disclosure Framework*, June.
IASB (2005) Discussion Paper : Management Commentary, A Paper Prepared for the IASB by Staff of Its Partner Standard-Setters and Others, October.
IASB (2010) IFRS Practical Statement, Management Commentary, October.
IIRC (2011) Discussion Paper : Towards Integrated Reporting : Communicating Value in the 21st Century, September.
IIRC (2013a) Consultation Draft of the International 〈IR〉 Framework, April.

IIRC (2013b) The International〈IR〉Framework, December.
秋葉賢一（2014）「統合報告のフレームワーク（2）— 財務報告を拡大するものか —」『週刊経営財務』3148，34-37 頁。
市村清（2013）『統合報告導入ハンドブック』第一法規。
上妻義直（2012a）「統合報告への移行プロセスにおける制度的課題」『産業経理』72（2），16-24 頁。
上妻義直（2012b）「統合報告はどこに向かうのか」『會計』182（4），107-123 頁。
古賀智敏（2012）「統合レポーティング時代における会計研究の認識基点」『企業会計』64（10），17-23 頁。
小西範幸（2012）「コミュニケーションツールとしての統合報告書の役割」『會計』182（3），60-75 頁。
円谷昭一（2012）「非財務情報の報告」広瀬義州・藤井秀樹責任編集『財務報告のフロンティア』中央経済社，107-133 頁。
中條祐介（2013）「非財務情報開示の意義と現状」『証券アナリストジャーナル』51（8），6-15 頁。
日本公認会計士協会（2013）『統合報告の国際事例研究』経営研究調査会研究報告第 49 号。
古庄修（2012）『統合財務報告制度の形成』中央経済社。
古庄修（2013a）「統合報告の行方と開示フレームワークの再構成」『産業経理』73（2），95-104 頁。
古庄修（2013b）「MD&A・ガバナンス情報開示の課題と展望」伊藤邦雄責任編集『別冊企業会計　企業会計制度の再構築』151-156 頁。
三代まり子（2012）「国際統合報告審議会（IIRC）による取り組み」『企業会計』64（6），37-45 頁。
水口剛（2013）『責任ある投資—資金の流れで未来を変える—』岩波書店。

第4章

環境報告書・CSR報告書から統合報告書へ

1. はじめに

　現代に活動している企業にとって、環境問題や社会との関係を重視することはもはや当然のこととして受け取られている。これは企業にとって、ESG（環境・社会・企業統治）もしくはCSR（Corporate Social Responsibility：企業の社会的責任）に積極的な姿勢をみせるだけでは、市場や消費者から期待するほどの評価が得られないことを意味している。むしろ年々増加する開示コストが利益を圧迫するおそれすら生じている。この問題の解決策の1つとして、近年注目を集めているのが統合報告書である。

　統合報告の概念やフレームワークを作成しているのは、2010年に設立されたIIRC（International Integrated Reporting Council：国際統合報告委員会）である。設立にかかわった主要な組織として、チャールズ皇太子の提唱により2004年に発足したA4S（Accounting for Sustainability）およびGRI（Global Reporting Initiative）などがあげられる。設立の背景には、短期の利益を重視し過ぎた結果としてのリーマンショックへの反省も込められている。また、IIRCはIFAC（国際会計士連盟）、IASB（国際会計基準審議会）、主に温室効果ガスおよび気候変動に関連する情報開示の促進やフレームワークの作成を進めているCDP（Carbon Disclosure Project）およびCDSB（Climate Disclosure Standards Board）などと次々に提携し、グローバルな動きを加

速させている[1]。

　統合報告の目的を端的に述べれば，財務情報と非財務情報を統合した情報を開示するということになるが，単に従来の報告書を1つにするのではなく，経営理念や短期のみならず中長期の経営戦略の観点から，経済活動とESGを関連づけて考える統合思考が求められる。本章では，統合報告書に対する理解を深めるためにも，1990年代頃より急速に普及してきたESGに関連する情報開示の流れを概観することによって，これらの報告書の問題点および統合報告書に何が期待されているのかを明らかにしたい。なお，本章で筆者がCSR報告書と述べる場合，サステナビリティ報告書および類似する報告書等を含んでいるものとする。

2. ESG情報に関連するガイドライン

　わが国では，環境省を中心に環境会計や環境報告書に関連するガイドラインが1990年代後半から相次いで公表されてきた。それに加えて，後述するGRIガイドラインの導入にも積極的であったこともあり，2000年代にはすでに環境報告書もしくはCSR報告書を作成する企業の割合が諸外国と比較して高い状態にあった（KPMG, 2005, p.10)[2]。ここでは，わが国におけるESG情報の開示に大きな役割を果たしてきた環境省によるガイドラインおよび国際的な観点からGRI，国連グローバル・コンパクト（United Nations Global Compact：UNGC）の状況を概観する。

---

1) IIRCのWebサイト，Press Releasesより（http://www.theiirc.org/category/press/iirc-key-press-releases/）。
2) 世界16ヵ国の上位100社における2002年および2005年のCSR報告書の作成状況が示されている。イギリスとわが国が他国を大きくリードしているが，2002年のイギリスが49％であるのに対して，わが国は72％に達していた。

（1）環境会計ガイドライン

　環境省が環境会計に関するガイドラインを最初に公表したのは，2000年3月であり，当時はまだ環境庁であった[3]。このガイドライン『環境会計システムの確立に向けて（2000年報告）』を公表した後にも，『環境会計ガイドライン2002年版』および『環境会計ガイドライン2005年版』が公表されている。

　2000年版では環境会計の意義とされている内容が，2002年版以降は環境会計の定義となっている。その定義とは，「企業等が，持続可能な発展を目指して，社会との良好な関係を保ちつつ，環境保全への取組を効率的かつ効果的に推進していくことを目的として，事業活動における環境保全のためのコストとその活動により得られた効果を認識し，可能な限り定量的（貨幣単位又は物量単位）に測定し伝達する仕組み」である。

　一連のガイドラインは，環境会計の機能として当初から内部機能と外部機能を示している。2005年版では，内部機能を企業等の環境情報システムの一環として，環境保全コストの管理や，環境保全対策のコスト対効果の分析を可能にし，適切な経営判断を通じて効率的かつ効果的な環境保全への取り組みを促す機能，外部機能を企業等の環境保全への取り組みを定量的に測定した結果を開示することによって，消費者や取引先，投資家，地域住民，行政等の外部利害関係者の意思決定に影響を与える機能，としている。また，2005年版では，環境会計の一般的要件として，①目的適合性，②信頼性，③明瞭性，④比較可能性，⑤検証可能性の5つ，環境会計の構成要素として，①環境保全コスト（貨幣単位），②環境保全効果（物量単位），③環境保全対策に伴う経済効果（貨幣単位）の3つが示されている。

　ガイドラインは2005年版を最後に更新されていないが，環境会計の役割がなくなったわけではない。環境会計は環境報告書ガイドラインにも組み込まれており，環境会計情報の開示が引き続き求められている。しかしながら，環境会計を導入する企業の数は伸び悩んでいるのが現状である（図表

---

3) 2001年1月，省庁再編により環境庁は改組され，環境省が設置された。

2-4-1)。2000年版および2002年版が公表された時期には順調に比率が向上していたが，2005年度以降は停滞している。2011年度は40％に到達したが，実数が2003年度レベルにまで減少しており単純に評価することはできない。ただし，2011年度における売上高5,000億円以上の上場企業に限定すれば，106社のうち83社（78.3％）が環境会計を導入している。

図表 2-4-1　上場企業における環境会計の導入状況

	2001年度	2003年度	2005年度	2007年度	2009年度	2011年度
件数	298社	393社	455社	428社	427社	390社
比率	23.1％	31.8％	37.5％	37.2％	37.4％	41.1％

出所：環境省『環境にやさしい企業行動調査』より作成。

　環境会計は特徴のある新しい試みであっただけに，環境省（2004）において自らが認識しているように，多くの課題が残されている。全体の費用のうち何が環境保全コストに該当し，どの項目に分類されるのか，ESGへの取り組みが経営戦略上も重要性を増してくる中で環境保全コストとして分類する意義，推定的な経済効果の算定の難しさ，対象範囲の拡大や新たな手法の導入による比較可能性の欠如などである。これらは2005年版のガイドラインにおいても十分に解決されたとは言い難い。

(2) 環境報告書ガイドライン

　環境省が公表した最初の環境報告書ガイドラインは，環境省に改組される前，環境庁時代の1996年7月，『環境報告書作成ガイドライン～よくわかる環境報告書の作り方』である。その後，環境報告書を作成する企業の増加や『事業者の環境パフォーマンス指標（2000年度版）』および『環境会計システムの確立に向けて（2000年報告）』などを公表したこともあり，2001年2月に大幅な改訂版として『環境報告書ガイドライン（2000年度版）』を公表した。
　さらに，2003年度版，2007年版および2012年版と改訂されている。2007年版からは，「環境報告書ガイドライン」ではなく「環境報告ガイドライン」

へと名称が変更された。2007年版には「持続可能な社会をめざして」という副題もつけられている。これは，環境報告書のみならず，ESG情報を幅広く含んだ「環境・社会報告書」，「サステナビリティ報告書」および「CSR報告書」など多様な名称の報告書が作成されるようになったことへの対応の一環である。

ガイドラインの名称が変更されたことからも明らかなように，その数年前から，環境報告書はESG情報を意識して作成されることが多くなり，報告書の内容および名称にも変化がみられるようになっていた。上場企業全体におけるデータでは2010年度でも作成状況は，環境報告書（38.2％），CSR報告書（38.3％）とほぼ同じ値であったが，売上高5,000億円以上の企業に限定すると，2007年度の時点ですでにCSR報告書として作成しているケースが大多数であった（図表2-4-2）。

図表2-4-2　売上高5,000億円以上の上場企業が作成する環境報告書等の状況

	2007年度	2008年度	2009年度	2010年度
環境報告書	43社 29.9%	48社 31.0%	37社 25.7%	38社 28.4%
CSR報告書	88社 61.1%	98社 63.2%	98社 68.1%	89社 66.4%
件数	144	155	144	134

出所：環境省『環境にやさしい企業行動調査』より作成。

CSR報告書等を含めた環境報告書の普及は，環境会計に比較して順調である（図表2-4-3）。2001年度には両者に大きな差はなかったが，2007年度以降は差が大きく開いている。2011年度における売上高5,000億円以上の上場企業に限定すれば，約93％が環境報告書を作成している。

第2部　統合報告書導入にあたっての課題

図表 2-4-3　上場企業における環境報告書の導入状況

	2001 年度	2003 年度	2005 年度	2007 年度	2009 年度	2011 年度
件数	386 社	478 社	570 社	562 社	624 社	565 社
比率	29.9%	38.7%	47.0%	71.1%	74.4%	78.0%

・この数には異なる名称で作成された報告書も含まれている。
出所：環境省『環境にやさしい企業行動調査』より作成。

　最新の 2012 年版では改訂のポイントとなった背景や視点として，投資家や金融機関から経済・環境・社会のすべての側面を関連づけた体系的な情報開示への要請が増しつつあること，ISO26000，GRI および CDP など国際的な動向と整合した形で報告が実施される必要があること，地域社会への情報開示とコミュニケーションの促進，などがあげられている。

　環境報告の考え方の 1 つとして環境配慮経営の方向性という項目が設けられており，重要事項として①経営責任者のリーダーシップ，②環境と経営の戦略的統合，③ステークホルダーへの対応，④バリューチェーン・マネジメントとトレードオフ回避，⑤持続可能な資源・エネルギー利用，の 5 つが示されている。環境報告の基本指針ではベースとなる 6 つの一般原則として，①目的適合性，②表現の忠実性，③比較可能性，④理解容易性，⑤検証可能性，⑥適時性を要求している。

　今回の改訂により，名称は環境報告ガイドラインであっても，実質的には ESG 情報に経済・経営的要素も含めた報告を求めるものとなっている。これには GRI や CDP などの国際的な動きも大きく影響しており，方向性は統合報告の考え方にも近いと思われる。今後，国際的なガイドラインを意識してさらに接近するのか，独自のガイドラインとして改訂を重ねていくのかが注目される。

(3) GRI ガイドライン

　GRI は，米国の CERES（Coalition for Environmentally Responsible Economies：環境に責任をもつ経済のための連合）および UNEP が 1997 年

に設立した機関である。経済，環境および社会に関連するトリプルボトムラインの情報開示を進展させるための国際的なガイドラインの作成を目標として，2000年に最初のガイドラインを公表した。その後，2002年にCERESから独立し，現在は本部をオランダにおいている。2002年にG2, 2006年にG3, 2011年にG3.1, そして2013年に最新版であるG4ガイドラインを公表している。GRIはIIRCの設立にかかわっているだけではなく，G4ガイドラインは『国連グローバル・コンパクトの10原則』(2000年)，『OECD多国籍企業行動指針』(2011年)および国連『ビジネスと人権に関する指導原則』(2011年)などとも整合している。また，GRIはわが国の環境省が作成しているガイドラインにも影響を与えており，ESGを含めた情報開示における中心的な存在である（GRI, 2013, pp.87-89（日本財団訳，2013, 80-83頁））。

　G4ガイドラインは，従来までと異なってPart1（報告原則および標準開示項目）とPart2（実践マニュアル）に分かれており，より詳細な説明がなされている。そのためページ数が大幅に増加してG3.1の195ページに対してG4のPart1は94, Part2は266, 合計で360ページにもなっている。G4ガイドラインは，サステナビリティ報告書を作成するすべての組織が適用すべきとする報告原則として「報告内容に関する原則」と「報告品質に関する原則」の2つを示している。

　報告内容に関する原則は，報告書の内容を決める複数の原則を組み合わせて使用することを意図している。それらの原則とは，①利害関係者の包含，②持続可能性の状況，③マテリアリティ（重要性），④網羅性である。報告品質に関する原則は，記載される情報の品質を確保するための要素を説明したものであり，透明性を確保するための基本条件とされる。それらの原則とは，①バランス，②比較可能性，③正確性，④適時性，⑤明瞭性，⑥信頼性である。

(4) 国連グローバル・コンパクト（UNGC）

　UNGCは，1999年の世界経済フォーラム（ダボス会議）において当時のアナン国連事務総長が提唱し2000年7月に発足した。現在も参加者が増加

しており，2013年末にはわが国を含めた世界中から約12,000の企業・団体が署名している[4]。UNGCに署名した組織は，①人権の保護，②不当な労働の排除，③環境への対応，④腐敗の防止，という4つの分野から構成される10原則に賛同する企業トップ自らのコミットメントのもとに，その実現に向けて努力を継続することが要求される。UNGCはESG情報に関する報告書のガイドラインではないが，参加企業が多く，他のガイドラインにも影響を与えている。

UNGCは，単に10原則を述べるだけではなく，例えば環境に関連する項目では，主要な環境課題として，生物多様性，気候変動や非再生資源の枯渇などを示している。予防原則的アプローチを求める第7原則においては，具体的な措置として，業務と製品に関し健康と環境の配慮へのコミットメントを裏づけるような行動規範もしくは実施基準を策定すること，全社的な予防原則的アプローチの一貫した適用について社内にガイドラインを策定すること，などを要求している。環境に関するより大きな責任を率先して引き受けるべき，とする第8原則では，サステナビリティに関する経済的，環境的，社会的な目標・指標を定めること，責任を川上から川下にまで拡大し環境パフォーマンスを向上させること，透明性および利害関係者との公平な対話を確保すること，などの取り組みを求めている。

3. 非財務情報開示の現状と課題

ESG情報の開示を促進するために国内外で多くのガイドラインが作成・公表されており，実際にそれらを利用した情報開示が行われている。これらのガイドラインは，ESG情報の開示の質および量を向上させるために重要な役割を果たしている。わが国の環境省やGRIが最初のガイドラインを公表してから，すでに約15年が経ち，ガイドラインは幾度も改訂

---

[4] UNGC (http://www.unglobalcompact.org/participants/search) およびGCジャパン・ネットワーク (http://ungcjn.org/index.html) のWebサイトより。

され，企業は多くの経験を積んでいる。しかしながら情報の利用者からは，依然として不満や改善を求める声が絶えない。

環境省（2011）による調査結果では，対象とした国内 250 社（すべて環境報告書等を発行している）のうち，第三者機関による保証を受けていたのは，わずか 35 社（14.0%），第三者のコメントを掲載していたのは 137 社（54.8%）であった。保証よりも有識者のコメントが多くみられるのは，わが国の特徴である。監査法人の保証を受けたとしても財務報告書のような厳格な監査とは異なるため，それが信頼性を向上させるために絶対に必要とまではいえない。しかしながら，第三者のコメントもない報告書が多数存在しており，これは信頼性のみならず客観的な側面からも問題である。

以下の図表 2-4-4 から図表 2-4-7 は，同調査のデータをもとに編集・加工したものである。図表 2-4-4 から，環境パフォーマンス指標の開示が高い率で行われていることがわかるが，時系列や算定基準の記載まで求めると，その数値は大幅に減少してしまう。図表 2-4-5 で示している目標値は，温室効果ガスを除いて低い値であるうえに，その値が総量によるのか原単位によるのかを求めると，数値はさらに低下する。図表 2-4-6 および図表 2-4-7 は，情報を収集する範囲を示している。バウンダリ①はマテリアルフローのページでの開示状況からの数値，バウンダリ②はそれ以外のページからの数値である。国内の連結範囲としているケースがやや多いが，海外まで含めている企業と単体のみの企業が併存している。

図表 2-4-4　環境パフォーマンス指標の開示状況

	開示あり		時系列		算定基準	
総エネルギー投入量	212	84.8%	113	45.2%	28	11.2%
水資源投入量	192	76.8%	92	36.8%	11	4.4%
温室効果ガス排出量	232	92.8%	192	76.8%	114	45.6%
廃棄物等総排出量	207	82.8%	149	59.6%	24	9.6%
廃棄物最終処分量	145	58.0%	101	40.4%	12	4.8%

出所：環境省（2011）より作成。

第2部　統合報告書導入にあたっての課題

図表 2-4-5　環境パフォーマンス指標の開示状況（目標値）

	目標値		総量		原単位		組み合わせ	
総エネルギー投入量	64	25.6%	25	10.0%	34	13.6%	5	2.0%
水資源投入量	41	16.4%	20	8.0%	21	8.4%	1	0.4%
温室効果ガス排出量	173	69.2%	73	29.2%	51	20.4%	49	19.6%
廃棄物等総排出量	75	30.0%	45	18.0%	24	9.6%	6	2.4%
廃棄物最終処分量	70	28.0%	56	22.4%	14	5.6%	0	0.0%

出所：環境省（2011）より作成。

図表 2-4-6　環境パフォーマンス指標の開示状況（バウンダリ①）

	海外を含む		国内の連結		単体		不明	
総エネルギー投入量	40	16.0%	73	29.2%	52	20.8%	5	2.0%
水資源投入量	34	13.6%	73	29.2%	51	20.4%	4	1.6%
温室効果ガス排出量	41	16.4%	72	28.8%	49	19.6%	3	1.2%
廃棄物等総排出量	32	12.8%	62	24.8%	46	18.4%	4	1.6%
廃棄物最終処分量	24	9.6%	48	19.2%	27	10.8%	1	0.4%

出所：環境省（2011）より作成。

図表 2-4-7　環境パフォーマンス指標の開示状況（バウンダリ②）

	海外を含む		国内の連結		単体		不明	
総エネルギー投入量	20	8.0%	58	23.2%	48	19.2%	7	2.8%
水資源投入量	32	12.8%	43	17.2%	29	11.6%	5	2.0%
温室効果ガス排出量	61	24.4%	83	33.2%	59	23.6%	8	3.2%
廃棄物等総排出量	38	15.2%	77	30.8%	58	23.2%	9	3.6%
廃棄物最終処分量	20	8.0%	56	22.4%	34	13.6%	4	1.6%

出所：環境省（2011）より作成。

　総エネルギー投入量や温室効果ガス排出量は，重要性の高い項目であるため，多くの企業が開示している。しかしながら，その数値の算定基準，時系列や他社と比較することを求めた場合，いくつもの壁がある。情報の明瞭性，信頼性および比較可能性などの原則は利用者が意思決定を行うために不可欠であり，ガイドラインにおいても要求されている。

しかしながら，これらの原則を満たしつつ，ESG情報を開示することは簡単ではない。原因として，情報の範囲が曖昧であったり，経験もしくは作成能力に応じて広がる可能性があること，各企業の特徴をより表現するために一定の独自性が容認されること，改善を重ねていく過程で開示項目やデータの算定手法が変化すること，などがあげられる。

これらは，非財務情報の開示に常に発生する課題である。財務情報と同程度の水準を求めるべきではないが，明瞭性に欠ければせっかくの情報を理解できないおそれがあるし，信頼性もしくは比較可能性に欠ける情報は単なる広報活動になりかねない。報告書の作成者には，これらの原則を特に考慮することが望まれる。

4. 統合報告書への期待と課題

非財務情報の開示は環境報告書からCSR報告書・サステナビリティ報告書へと内容を充実・進化させてきたが，依然として多くの問題が指摘されている。①対象とする利害関係者が広すぎて焦点がはっきりしないこと，②開示項目や内容の増加に伴って作成者側と利用者側の双方に負担が大きくなっていること，③信頼性の担保および比較可能性が不足していること，④経営戦略および経済的な活動との関連性が十分でないこと，などである。

また，近年，財務情報の価値関連性が低下している側面から統合報告書に期待する動きもみられる。加賀谷（2013）では，その原因として，公正価値会計のプレゼンスの拡大，証券市場の短期志向の進展，企業の報告責任の拡大などに伴い，これまでの一律的な強制開示のみでは，十分に持続的な企業価値創造を促すことが困難になりつつある，と述べている（加賀谷，2013，65頁）。統合報告書は，これらの問題の解決策となるのだろうか。

（1）統合報告書への期待

IIRCによって2013年12月に公表された国際統合フレームワークでは，

第2部　統合報告書導入にあたっての課題

統合報告書を次のように定義している（IIRC, 2013, p.7）[5]。「統合報告書とは，組織の戦略，ガバナンス，実績および見通しが，その外部環境においてどのように短・中・長期的な価値創造につながるかを示す簡潔なコミュニケーションである。」そして統合報告の目的と利用者を「主たる目的は，組織がどのように価値を創造するかを財務資本の提供者に説明すること。これは価値創造能力に関心を持つすべての利害関係者に有益であり，財務情報と非財務情報の両方が含まれる。」としている。

　財務情報および経済活動と関連づけられたESG情報が，統合報告書の7つの基本原則，特に重要性および簡潔性の判断によって整理され開示されるのであれば，情報の作成者側・利用者側の双方にとって非常に有意義である。企業にとっては，経営理念の再確認，ガバナンス体制や中長期の経営戦略の強化にもつながる。外部の利害関係者にとっても，当該企業に対して投資家として判断を行う際のみならず，取引先・消費者としてサービスや商品の購入時の判断にも有益な情報となる。先に述べたCSR報告書等の4つの問題のうち③を除いて解決策が示されたことになる[6]。

　ただし，この試みは失敗すると，財務的な情報をより必要とする利害関係者は有価証券報告書をはじめとしたほかの財務情報を求める，より詳細なESGデータを必要とする利害関係者はCSR報告書を求める，という結果になりかねない。企業は財務報告書，CSR報告書および統合報告書の3つを要求されるおそれがある。これでは，統合報告書を作成する分だけ従来よりも負担が増加してしまう。また，どんなに完成度の高い統合報告書を開示したとしても，すべての利害関係者が満足することはない。したがって，一定割合以上の利害関係者が満足するならば，その統合報告書は成功したと認められるべきであろう。

　統合報告書の内容以上にESG関連のデータを必要とする利害関係者には，

---

5) なお日本語訳については，日本公認会計士協会（2013）および新日本監査法人（2013）を参考にしている。
6) 国際統合報告フレームワークでは，基本原則に「一貫性と比較可能性」を掲げているが，それは従来のCSR報告書等でも同様であり，基本原則に含めることが直ちに改善や解決を意味しないと考える。

174

WEB上での開示や財務情報と同様に個別に対応することが考えられる。その結果，統合報告書によってESG情報の収集・作成にかかるコストが減るという効果は，あまり期待できない。ただ，これは統合報告書のメリットを否定するものではない。

(2) 中長期的な志向への誘導は可能か

　短期的な利益を求める企業や投資家の増大がリーマンショックを引き起こした背景の1つと考えられており，統合報告書には中長期的な志向への誘導も期待されている。この問題の解決には，企業のみならず個人投資家および機関投資家の行動にも変化を促すことが必要となるが，これは簡単なことではない。企業や投資家が利益の拡大を求めることは当然であるし，短期の利益を求めることも資金運用の効率性の観点からは，むしろ必要とされる。

　金融機関における短期的な利益が，個人の報酬に反映されることへの問題も多く指摘されている。確かに個人的な報酬を得るために顧客から預かった資金やデリバティブによって生み出した巨額の資金を短期かつリスクの高い市場で運用することには問題があるだろう。しかし，顧客がハイリスク・ハイリターンを望み，資金運用が法の範囲内で行われているのであれば，その行動に転換を求めることは難しい。巨額の利益を計上した組織のトップや担当者がその成果の一部として受け取る報酬額を制限したり，後に損失を計上した際に過去の報酬の返還を求めることも簡単ではない。

　法によって民間組織における報酬の上限を定めることはできないし，組織内のルールによって報酬を抑えつつ優秀な人材を集めることも困難である。ライバル企業すべての同調を得られなければ人材がそちらに流れてしまう。

　報酬の問題は，会計制度とも関連している。従来の取得原価主義による会計には，欠点の1つとして，評価損益がオフバランス化され財政状態の実態を隠してしまうことが指摘されていた。公正価値会計の導入はこの問題の解消には効果を発揮するが，未実現の評価損益を過大に計上してしまうという別の問題を引き起こしている。

　保有する資産に対して金融資産の占める割合が大きいほど，企業の業績は

第2部　統合報告書導入にあたっての課題

市場の動向に左右されることになる。一時的な会計数値の成功によって莫大な報酬が得られるのであれば，経営者および担当者を短期志向に引き付ける大きな誘因となる。また，報酬の財源に未実現利益が含まれていた場合，それは後に企業に深刻なダメージを与えるおそれがある。当該企業のみならず，取引先やグローバルな金融機関までが危機に陥り，実際に破綻したり一部の企業を救うために公的資金が投入されることがあれば問題はさらに大きくなる。

　統合報告書によって，巨額の金融商品を扱う投資家や金融機関を短期的な志向から解放し，中長期的なビジョンによって実際の投資行動に変化を促すという試みは，残念ながら統合報告書がそのための重要なツールであるとしても，その働きのみでは難しいと言わざるを得ない。資本主義の原則を過度に萎縮させることのない範囲で，資金の流れをコントロールする仕組みや報酬に関する枠組みを構築することが望まれる。

5. おわりに

　日本IR協議会（2013）の調査では，次のような結果が示されている（日本IR協議会，2013，2-3頁）[7]。非財務情報の開示でどのような内容が重要であるかという質問に対し，最も多かったのが「企業理念，経営ビジョン」（78.8％），以下「中長期の経営戦略・経営計画」（77.3％），「事業内容と強み，弱み」（68.9％）の順であった。一方でESGに関連する情報は40％前後とやや低い数値である。重要と考える理由は，「幅広いステークホルダーに自社を理解してもらうことがイメージ向上につながる」（81.9％），「投資家，アナリストに様々な非財務情報を理解してもらうことが企業価値向上につながる」（73.2％）が多かった。これらの結果は，統合報告の考え方が突然に登場したのではなく，すでに培われていたことを示すものである。しかしなが

7）この調査は第20回「IR活動の実態調査」，全上場会社（3,551社）を対象に2013年1月31日から3月8日まで実施し，902社から回答を得たものである。

ら，統合報告書を作成している企業はまだ少なく，また，課題およびデメリットとして「財務情報と非財務情報の単純な合体に終わっている」，「幅広いステークホルダーのニーズを満たしているかわからない」，「費用対効果が見えにくい」，「利用者がどの程度いるかわからない」などの意見が述べられていた。

統合報告書の試みはまだ始まったばかりである。従来の環境報告書およびCSR 報告書に財務情報が追加されただけと考える利用者が存在することや，しばらくは実際にそのような統合報告書が作成されることも否定はできない。また，統合報告書は非財務情報に共通する比較可能性，信頼性や範囲などの問題について，直ちに解決策となるものでもない。

しかしながら，統合報告書が大きな可能性を秘めていることも確かである。経営トップのリーダーシップのもと全社的に統合報告の理念に真摯に向き合い，具体的な中長期の経営戦略，ガバナンス体制の強化および利害関係者とのさらなるコミュニケーションを図ることができるなら，企業の体制は強化され従業員の意識も向上するであろう。これは継続的かつ長期的な利益や外部からの評価を高めることにつながり正の循環をもたらす。統合報告書に有価証券報告書のような厳格な監査を期待することはできないが，それだけに作成者のモラルが問われる。リスクを隠すのではなく把握して対応策を明らかにすることが，ガバナンスの強化と信頼性の評価につながる。

一方で，経営トップが形式面のみを整えようとして，関連部署だけに作成を任せてしまう企業にとっては，統合報告書の作成は単なる事務負担の増加に過ぎない。それらの企業は，統合報告書を作成しているにもかかわらず，ガバナンスが機能せず不祥事を招いたり，重大な事故の発生およびその後の対応について懸念を払拭することができない。

統合報告書が今後，真に重要なツールとなるか否かは，どれだけ多くの企業と情報利用者がそれぞれの立場で真摯に向き合うかにかかっている。加えて，欧米に比較して規模の小さな SRI（Socially Responsible Investment：社会的責任投資）の成長が望まれる。欧米では民間のみならず公的基金や年金基金も積極的に SRI を進める動きがあり，世界の SRI 資産残高の大半

を占めている。2011年末のデータでは総資産残高13.6兆ドルのうち，欧州が8.8兆ドル（64.5％），米国が3.7兆ドル（27.6％）であるのに対して，日本は100億ドル（0.07％）となっている（Global Sustainable Investment Alliance, 2013, pp.9-10）。SRIの規模の拡大は，企業にとって資金調達や株価にも影響し，統合報告書を作成する誘因ともなる。

参考文献

IIRC（2013）The International<IR>Framework, December.
KPMG（2005）International Survey of Corporate Responsibility Reporting.
Global Sustainable Investment Alliance（2013）Global Sustainable Investment Review 2012.
GRI（2013）G4 Sustainability Reporting Guidelines.（日本財団訳（2013）「G4サステナビリティ・レポーティング・ガイドライン日本語版（暫定版）」。）
加賀谷哲之（2013）「持続的な企業価値創造と統合報告」『会計・監査ジャーナル』25（7）
環境省（2004）『環境会計の現状と課題』。
環境省（2005）『環境会計ガイドライン（2005年版）』。
環境省（2011）「平成22年度 企業の環境情報開示の実態に関する調査業務報告書」。
環境省（2012）「環境報告ガイドライン（2012年版）」。
環境省（2013ほか）「環境にやさしい企業行動調査」。
環境省，環境コミュニケーション大賞（http://www.env.go.jp/policy/j-hiroba/report.html）。
新日本監査法人（2013）「国際統合報告フレームワークについて」。
日本IR協議会（2013）「NEWS RELEASE」4月号。
日本公認会計士協会（2013）「国際統合報告〈IR〉フレームワークコンサルテーション草案」。

第5章

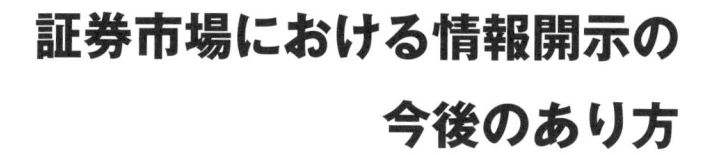

証券市場における情報開示の今後のあり方

1. 統合報告は企業価値を映す鏡となり得るか

(1) 開示から報告へ
①開示 (disclosure) と報告 (report)

統合報告 (integrated report) と開示 (disclosure) の用語には元来大きな違いがある。

disclosure の本来の意味は隠されていたものをみえるようにするという趣旨であって、悪い意味では"発覚"、いい意味では"発表"であろう。"開けゴマと唱える"ことにより、事業業績や重要事実についての説明責任を果たし、もって社会経済の発展に資すると考えられている。

他方、report は報告する、知らせるという言葉として一般的にかつ頻繁に使われている。報道にも使われるが、この場合でも閉じられた情報という含意は少なく、コミュニケーションツールを端的に表した言葉といえよう。

integrate はまとめるから統合する、完全な、融和したなど広く使われる。動詞としては人種差別がなくなる、平等、各部門が揃うといったよいインプリケーションを総じて感じさせる。

このように考えていくと、監査された財務諸表を核とする disclosure 中心の財務情報と report 中心の非財務情報を同じ土俵(統合報告：integrated report) で概念整理することがいかに大きな作業であるか、意義のあるツールを作ろうとしていることがわかってくる。

②ハードな開示（disclosure）から，ソフトローとしての規則へ

　開示（disclosure）は"開けゴマ"だが当初から規制制度としてみなされていたわけではない。市場のルールとして定着し，次にそれが守られることが社会的正義と考えられるようになったゆえに制度として整備された。然るに統合報告を統合"開示"と呼びかえればどうかというと，その語感は重い。ただちに市場の開示ルールや会社法，金融商品取引法の平仄を考えることが必要になってくるようにとられる。つまり，作成義務をどう負うのか，詳細にルール化されるのか，誰がレビューするのか，などについてである。

　森羅万象を背景にして企業行動がとられているのに，コストに見合った比較可能性，簡便性のあるスキームなど作れるのかといった素朴な疑問も出る。

　そこで，ハードな開示規制ではなく，ソフトロー的考え方の下で，自主的に開示するまたは説明を工夫する構想（comply or explain，この点は The International Integrated Reporting Council（IIRC）のフレームワークで"法的責任"および"競争上の危険"で整理を試みている）がなされてくる。これは企業自身がその企業価値向上の努力を伝えようとする手段，コミュニケーションツールとしての一類型としてであって，細則主義的にルール，制度化されてあまり規制感が重いものでは困るだろう。

　企業の自由度が制約されず，かつ比較可能性があり有用なものでなければならないとの制約に加え，開示規制の緩和（例えば narrative（記述的）な部分）に繋がるものであってほしいとの要請にも応える必要がある。

③非財務情報と財務情報

　非財務情報と財務情報との境界について，現在さまざまな議論が行われているが，財務情報の外縁に関して単に会計監査人の守備範囲を拡大すれば済むような簡単な問題ではない。会計専門職の領域が，経営戦略，ビジネスモデルなどの評価に関してどこまで拡大されるべきものか。ビジネスリスクアプローチに基づく監査実務の精度向上との関係などが絡んでぎりぎりの境界線が問われるべき問題だ。非財務情報に会計監査人がどこまで関与すべきか，会計学上，監査論上根本から整理する必要が出てくる。

この点ソフトロー的考え方であれ，ルール化の方向に向かうのだろうが，いかなる公正性の担保措置，保証が確保されるかが現在の統合報告（integrated report）検討上では曖昧なままである。

　このことから，国際的な検討は，かつての国際会計基準の検討初期段階のような"de facto standard"造りを目指してスタートした段階と捉えるのが当面正しく，今後の展開を見極めたいというのが現時点での企業での開示，報告関係者の本音であろうか。

(2) 開示制度の重さと新しい報告（書）作成への期待
①開示規制の重さ

　とにかく，企業は世界中の投資家に株主価値，総合的企業価値，社会への適合性を理解してもらって"商人道を歩き経営者の本懐を遂げたい"と考えている。

　しかし現実は大きく違う。四半期ベースでの業績を足元の短期的環境変化を切り口に巧拙を判断される。またアナリスト，運用担当者の射程とする期間がどんどん短期化し，競合他社とのわずかな業績の違いを理由に投資（推奨）対象から外される現実には我慢ができない。それが的を射ているならばやむを得ないが経営者の目線ともユーザー目線とも乖離していることが少なくないからである。

　外国人投資家の投資期間は短いものが多い半面，国際比較で論理だった投資判断をするため，同じ投資家説明会の場での議論で企業側に納得感を与える。

　せっかちなベンチャーファンドでも３年は時間をくれるではないか。玉の入れ替え材料を求めるためのアナリスト，運用担当者の企業分析でなく，長い目で経営を監視し叱咤する目線はもてないか，この点はせめて生命保険や年金資金には理解してもらえているだろうか。

　まずは，現行の四半期報告制度を廃止すべきである。臨時報告書の提出要件にも企業側の裁量権を増やして然るべきである。過剰な開示規制，証券市場が設ける過剰な"自主"ルールが，企業にコンプライアンス疲れの一部で

ある開示疲れをもたらし，企業のIPOへの距離を遠くしている。日本の証券市場の負の側面といえるだろう。

企業経営に専念できるように開示の仕組みを発想し直す。既存の開示規制のスクラップアンドビルド（ビルドはソフトロー的なものへ）が強く望まれる。

冒頭に述べたように開示にはできるだけ規制色を出すべきでない。あくまでも自らが閉じられた企業情報を主体的に説明することによって，企業経営への信頼と商品価値を高めるためにある。よって市場自主ルールの範囲で善良な参加者で運営されるのが原点であり，これに立ち返ることを強調したい。

② 新しい報告（書）への期待

企業は現在の開示（disclosure）を必要要件として求められていることは理解しているが，かつこれだけでは企業価値を評価してもらう目的に適合（relevant）している状態でないことも十分認識している。つまり，制度開示などだけでは情報として不足している。制度化された前者で激動する企業環境を説明するには機動性に欠け，わかりやすさに不十分な点があるとの高い認識から，各企業ともさまざまなInvestor Relations（IR）関連資料を作成している。

株主通信，WebでのIRサイト，アニュアルレポート（これが一番企業活動を総合的に理解してもらえる媒体と考えている企業が多い。このため，任意で日本語版を作ることも多い）ディスクロージャー誌，CSR報告書，環境報告書，サステナビリティ報告書など枚挙に暇がないほどのコミュニケーションツールの中から，ルール化されたものを中心として各社が任意に組み立てているのが実情である。

企業からみて当然だが，現在の制度開示と適時開示による規制，ルール化された開示でも重たいのに，さらに報告体系を追加で押しつけられては困るという感覚を強くもっている。

このような現状を踏まえたうえで，新しい統合報告（書）が簡素で，便利なInvestors Relationsツールのガイドラインとして呈示されることが望まれている。

（3）市場の下で統合報告は有用か

①アプローチの方向性は正しいものの

　金融資本メカニズム中心の市場の運営に，"産業資本"の総合的説明力を問う統合報告アプローチは，理想的で方向性は正しい。しかしその用途を広く掲げているため越えるべきハードルは高くなる。

　国際的にみて"de facto standard"の形を成すにはいくつかの問題点が解消されなければならない。その一部を掲げる。

②市場の現実認識ができていない

　まず，認識すべきは，短期的な手法で勝率の高い投資をすることこそが，低成長化した現在の資本主義経済の中で投資家として生き残る道であるという冷徹な現実である。これに通貨供給過剰が加わり"金融資本至上主義"とも表現できる今日，短期思考に慣れた投資家を長期思考に変えるのは到底，至難の業である。低成長経済の下ではボラティリティ，ビジネスの新規性，M&Aでのシナジー性など従来の投資の考え方から変わっていかなければリターンは得られないと多くの市場参加者が考えている。

　長期思考の投資家であれば，企業の内部留保が厚く資本的に安定しており，かつROEが高いパフォーマンスを維持し，その成長モデルに期待できれば十分に満足してもらえるはずであるが，現実の国際市場ではそうなっていない。絶えざる株主還元策，かつレバレッジを効かせた高ROEを圧倒的に求めてくる投資家で満ち溢れている。

　これは民主主義国家の経済財政運営に似ていて，公債借入に依存して現時点での高成長とその果実を早急に求める姿を連想させる。企業の持続性（sustainability），国家であれば財政の持続性であるが，これを犠牲にしてもそれぞれの時点での株主（国民）利益還元に力点をおかねば成りたたないよう市場（国）は見建てられているのである。

　このような現実を踏まえるとESG情報（環境，社会的責任，ガバナンス）に基づく投資行動を多くの投資家に求めること自体に無理がある。地球温暖化枠組み交渉にあって資源消費大国にほとんど有効な規制を掛けられない国

第2部　統合報告書導入にあたっての課題

際社会の現状が物語っているようである。

　また，環境報告書など区々に発展してきたものには歴史がある。その目的や担い手がさまざまであり単に統合すれば価値がでるという簡単なものではない。

　この点はIIRCでは，統合報告のフレームワークの要素を満たしているかによって判断されることと整理されているが，統合報告が他の先行する諸報告制度の今後の展開と相克つまり不整合を起こした場合はどう考えるのか。統合という以上は，他制度で重要とされている部分をどう扱うのか，そう簡単に整理できるものだろうか。

　また，経営者が経営方針，中期目標を示すことによりスチュワードシップを示し得ると考えるきらいがあるが，これだけでは当たり前のことでしかないのではないだろうか。つまり現場でばらばらなものをできるだけ全体的にまとめ理解しやすいものにしようという事止まりでは拙く，"統合報告を企業戦略報告と言い換えることができる"には，非財務情報の企業価値への影響度の計測指数，比較手法が確立しなければ，統合報告の体をなさない。市場に与える説得力は低いままだと考えるべきではないだろうか。

③抽象的基礎概念は実用的でない

　統合報告フレームワークの"オクトパスモデル"で，資本は財務，製造，知的，人的，社会関係，自然資本から成るとされ，これがビジネスモデルにインプットされるとの図式がある。経済学の標準的成長会計上の，人口，資本，全要素生産性の3要素を組み立て直して，6つの資本に分けている。これを拡大再生産することが企業成長モデルであるとする。

　ところでかかるフレームワークが機能していることを実証的に検証しようとしているのだろうか，少なくとも企業経営者の実感に即したものとして6つの資本とその分別を経営戦略構想に使おうと思ってもらえるものとならなければ，この資本概念，区分は絵に描いた餅といえる。とはいえ無形資産が実態的にみて，企業資産，純資産，自己資本の過半を超え，その割合が拡大してきたことを強調する意義はあるとは思う。

6つの資本の拡大再生産が企業価値向上につながるというロジックを使う以上は，資本概念構築においては，理論構築それ以上に，作成者と利用者にとって報告を有用ならしめるための根幹であることが強く認識される必要がある。この点は今の概念整理レベルではまだ十分説得的でないのではとの疑問を強くもつ。

　この点は現在，統合報告の実用的な中身を議論している段階ではなく，"ツール"，"器"を議論しているのであって，基礎概念の有用な定義や非財務情報の目的適合的な提示はこれから検討すると理解しておけばよいのだろうかと疑問に思う。

(4) 統合報告が企業価値算定にどうつながるか

①国際財務報告基準

　国際会計基準発展の流れをみると，IAS（国際会計基準）から国際財務報告基準（International Financial Reporting Standards：IFRS）へと呼称を変えてきた。会計基準がすでに自らを将来キャッシュ・フローの見積り性を織り込む会計基準に変貌させ，財務諸表の注記を超えて経営者による説明（Management Commentary：MC）まで求める将来型になってきている。

　このさらに先を目指したのが，IIRCの国際的検討であって統合「財務」報告アプローチと呼ばれる。これはあくまでも投資家を中心とし財務報告を拡大展開するものである以上，常に会計監査人の関与を意識して検討は進められるだろう。国際会計基準発展の流れを意識し，国際財務報告基準（IFRS）との連携をとりやすいアプローチだからである。

②統合「財務」報告アプローチ

　然るに現実にさまざまな報告書が企業，投資家の要請から求められてくる。これらを上記①の流れで，財務情報（財務諸表を中核とする）の外縁に位置づけ企業価値算定の材料の一部にしようということは，会計学的にこなれた議論になっているのだろうか。

　この点は，①企業を短期商品とみなし，短期的投機視点の強まっている証

第2部　統合報告書導入にあたっての課題

券市場から解放し，真に有益な付加価値を創造する企業を選別するという"証券市場をリスクテイクの原点に戻そう"とするのだという理想論での検討が行われている。②財務情報の方面からの統合を目指して進み，統合報告の主たる目的を市場における長期にわたる企業価値創造を説明することにあるとして，市場以外のステークホルダーにも配慮し全体の整合性をとろうとしているのだと理解している。

③企業経営者にとって

　企業経営者にとっては，統合報告は企業戦略報告であってほしいと望むだろう。つまり過去の財務情報という精緻な情報とともに，将来のリスク分析やそれに対する戦略的資源配分そのために自らが掲げるオリジナルのビジネスモデル（絶えず変革されている）を投資家やステークホルダーに説得的に説明するツールとして使えるものであってほしい。なお，統合報告が企業価値算定（ここでは株主価値）につながることが絶対的要件だ。経営者が正面にみすえる対象が株主，投資家，市場であるからである。

　narrative（記述的）な部分で説得的説明ができ，かつそれが，①簡潔性，②信頼のおけるもの，③比較可能性のある，"これらの要素変数を含んだ複合関数"的なものであってほしい。そうすれば，経営戦略構築にも，IRの現場でも実践的に使えるからである。

　企業経営者は，制度化，ルール化された開示（disclosure）とされる財務情報との境界が明確であることはもちろん求めるが，narrative な部分と財務情報の関係性や，narrative な部分が会計学の範疇に入るかなどに興味はないだろう。

2. 作成企業からみて意義ある報告とは何か

（1）経営者の思考回路は"統合思考"そのもの

　IIRC での議論以上に，現実の経営者の思考回路は複雑であると感じる。

経営者はもてる経営資源（資本というよりリソースというのが実感に近い），ビジネスモデルの変革，科学的，実装的な経営論を超え刻々と変わる内生，外生変数を睨みながら社内外の環境を織り込み，自社のとるべきリスクアピタイトとリスクマネジメント手法を駆使して，四半期，通期，中期それぞれのタイムスパーンで企業収益拡大を目指し，企業価値向上を考える。まさに統合思考そのものであり，外部への説明も難しく，その分析を外部から行うことは容易ではない。否，不可能であろう。よって，統合報告で呈示されるツールには大きな裁量が許されて然るべきである。

（2）財務情報に特化し過ぎる取締役

①財務中心の報告会

経営者の思考が上記のとおりであるとしても，会社の意思決定機関は取締役会である。ガバナンスの現実として懸念されることだが，日本の取締役会での議論の3分の2以上が足元の業績とその分析，KPI指標の動向などであって財務情報に特化していると巷間いわれていることをあげたい。悪くいえば実績報告会的で，規定等法的な面と制度開示などに完璧性を期すための手続きに割く時間は多く，肝心の経営戦略の実践や見直しなど本丸での経営上の思考回路を，執行・非執行取締役がぶつけ合う時間が少なくなるきらいがあるというのである。

つまり取締役の人数を減らし取締役会中心のガバナンスの実を上げようとした近年の動きの趣旨が生かされていないおそれがある。また社外取締役（いる場合でもこの議論を活性化しているケースに乏しいのではないか）がうまく機能していないケースが多いとも聞く。

例えば（筆者には経験がないが）15人を超える規模での取締役会になると，上意下達の情報共有会とならざるを得ないだろうし，本来の決定，監督，監視の機能を併せ持つ取締役会機能が期待しづらいとも考えられる。

②取締役会の活性化のためには

長年にわたって日本では，委員会設置会社や監査役会の役割などを巡って

議論が続いてきた。監査委員会設置会社制度ができれば、取締役会の実態に変化が出ることとなろうが、それでも議論が収束するとは思えない。

筆者は、ガバナンス論で今強調すべき点は、各取締役が経営トップの判断に従うだけではなく、取締役会は各取締役の所管を超えて"全社的観点から統合思考回路を討議する場"であるとの意識を強化することにあると考える。

日本のガバナンスの実態は海外投資家の目からは大変わかりにくい。グローバル形の委員会設置会社にしようとすまいと取締役会での議論を統合的経営戦略の検討の場にできてさえいれば、制度的に各種の立て付けの違いがある中でも、企業価値評価を高めた個々の企業ごとにそのガバナンスを評価してもらえるはずだと考えたがいかがであろうか。

(3) 多忙な現場とIR時の経営者の悩み

①経営者にとって

毎年決算期末から2ヵ月以上は決算・報告書作業に現場がフル回転する。企業では、会社法関係書類、有価証券報告書、アニュアルレポート、株主通信など作成に忙しい季節である。

株主総会前後には、内外のIR（投資家への説明）に走らなければならない。このうち公的開示資料はどんどん複雑、詳細になる。事務負担が増すので開示の規制緩和を唱えたいところだが、日本ではたびたび、開示上の問題事案が発覚し、表立ってディスクロージャーの強化に反対できない雰囲気にある。

その中で投資家に活用してもらえる情報提供を進め企業価値評価を上げたい。便利にアクセスでき、簡潔に理解できるように手法を磨く。経営陣のビジネスモデル感と現状認識、戦略的アクションを情報の利用者に共有してもらえるようIR担当部は知恵を絞っている。

しかし残念なことにIRの場では質問の射程がきわめて短期であり、かつ過去の財務情報と次期の業績予想に絞られる。経営者は説明時に時間軸の違いや説明したい内容が聞く側の関心事とずれていると感じてしまう。どう考えているのか聞いてもらって、許される範囲内で経営思考回路を説明したいのに、うまくコミュニケーションができないケースが多い。経営は通常5年

先まで読んで組み立てているのでこれはあまりにも辛い。

②広義のIRに向けて

これまでは株主価値向上を第一義としての説明で済んでいたが，他のステークホルダー（利害関係者）の目線の重さが増えてきている。近年は従業員，顧客，地域社会など多様な提供先のニーズに応える必要がある。

この流れを受けて過去の通知表である財務報告に加え，日本ではMD&A（経営成績の分析，法定開示）。さらにはESG情報（環境，社会的責任，ガバナンス）の記述を強く求められるようになった。弱肉強食の市場競争の中でも，社会適合性と社会貢献性をアピールすることで，経営理念として掲げる社会と共存できる会社の実像が結ぶ。株主の納得度も向上するだろう。

資本市場の構成がファンド，機関投資家や投資信託によって語られてきたが，厚みのある個人投資家を株主としてもつ企業が増加し，証券市場で長期安定的な投資を期待できるようになることが市場成長の重要なポイントである。株主通信，WebでのIRサイト，アニュアルレポートなどに力を入れることは広義のIRとして有意義であると個人株主として感じている。

3. 投資家からみて意義のある報告とは何か

(1) わかりやすいと有用的であるとの関係

①有用性とは

例えば，統合報告"書"として，現在のアニュアルレポートにESG情報を含めて過不足なく説明するよう改良すれば，投資家（アナリストでも個人でも）にとって読み込み，手にとる価値があるものができる。

しかし，統合報告でいう，簡素性と比較可能性のあるわかりやすさは満たすかもしれないが，生身の企業の経営そのものを将来価値やさらにその先のビジネスへの取り組み，企業戦略を読み込んで，包含したものとして評価分析しようとする以上，本章1（3）で述べたように，現在の統合報告フレー

ムワークではまだまだ材料不足で，有用であるかは疑問である。

②アナリストとして
　投資担当者やアナリストとしては，ビジネスモデルやリスク，戦略などを中心に，知りたいことが書かれている，述べられていることを求めるだろうから，フレームワークでイメージしている統合報告の現在のレベルでは満足しないのではないか。
　また比較可能性の高さよりも，簡素性，投資担当者，アナリストとして有用な使いやすい形で提示されていることが必須となる。担当する産業分野などの領域が限定されていても細かく読みこなす時間はなく，許容し得る範囲でしか開示，報告は使われていないのが現実である。
　そう考えるとnarrativeな説明は優先順位を落とすしアナリストは読み飛ばすだろう。日々の情報提供の実情を考えてみると，長くても月間，日か週間レベルの時間軸でしかメディアから情報は流れていない。ネット上ではもっと短い。アナリストが四半期以上の長さで，分析することなど現実的でない情報洪水の時代に，彼らのためにどのように膨大な情報の中から，有意な情報を抽出して，分析材料として過不足なく届けるかにかかっている。

（2）個人投資家としての経験から
①投資信託を通じての企業評価について
　筆者は18年間の個人投資家としてのキャリアをもつ。旧大蔵省時代に証券担当になったので，勉強のために投資信託を始めたのがきっかけだった。"投信はいつ売るか"であるか痛いほどわかった。下降局面にはきちんと手仕舞う（ロスカット）か，リバランスする手間をかける必要がある。損をしそうなときにいかに傷を浅く止めるかがリスク管理の第1である。投資信託は若干の例外を除いて中長期保有に向かないと個人的に思っている。
　金融商品取引業者からいろいろな説明が行われるが，零細投資家にそういったきめ細かいアドバイスを販売担当者にさせる人材資源がない。金融商品取引業者はフィービジネスをしているのであって，アドバイザーではない。

"買った後は投資家の自己責任"が市場の冷徹なルールである。

これまで投資信託の時代到来が喧伝される時期が戦後何度かあったが，その度に"貯蓄から投資"に個人投資家は夢を掛け裏切られてきた。上昇局面で販売してその後どう対処したらいいかのアドバイスがないのだから，リスクテイク，リスクアピタイトなどに疎い素人は下降局面に諦念を感じたり，泣いて損切りする繰り返しだった。

2014年のNISA創設によって個人投資家の希望は大きく膨らんでいるが，今回もまた投資信託が期待を裏切らないだろうかと懸念している。

②個別株投資の意義と材料不足の現状

本来ポートフォリオは自身で組み立てるべきものだ。投資家個人の金融知識が上達していけば自分で保有する知的財産を使わない手はない。分厚い層の個人投資家＝セミプロ投資家が形成されればそれ自体が国富に値する。また，企業としても自社株の長期保有者になってほしいと願ってきた。個人投資家に，企業を身近に感じてもらえれば長期的成長に持続的に付き合ってもらえる可能性が高い。財務情報だけでなく，ESG情報（環境，社会的責任，企業統治）なども含め，多面的に企業マインドを理解してもらえるように改善してきたはずである。

しかし近年とみに，機関投資家やファンドの動きは投資が短期思考になり，ESG面は買い材料に十分使われておらず効果がないというのが実感だろう。

4. おわりに

(1) 市場原理と国際，国内社会の相克にかかわる諸現象

①金融商品としての企業

市場での企業価値の単純な金融商品化は社会が許さないはずだが，金融資本市場の展開とともに実態は変わった。

企業経営者は眠る時間も与えられず競争に没頭させられている。"金融商

品としての企業価値"の市場と化しており"社会における企業価値"をみてくれない風潮である。投資家に株主価値，総合的企業価値，社会への適合性を理解してもらって経営者の本懐を遂げ，商人道を歩きたいと考えている経営者にとって耐え難いものである。今"社会における企業評価が，金融商品としての企業価値を包摂する"いう当たり前のことに戻ることが強く求められている。

②市場における真の企業価値

これは今日の市場経済において公的規制を強化することでは毛頭ない。情報提供と参加者の厚みを増す，と同時に市場機能を損なうことなく市場の慣行・ルールを正さなければならない。

企業会計・開示・説明や市場システムを社会に適合するように見直す，慣行・ルール・規制の現代化・改革は新しい企業経済文明を切り開くことであり，これが先進諸国を中心とする低成長化，需要不足からの早期脱出と産業と市場の改革を推進する鍵と考えることができる。

そのためにも国際社会的に長期投資を推奨する必要性は高い。長期の企業価値予想にはESG分析が必須とされ，企業価値，市場価格がサステナビリティは，コーポレート・ガバナンスはどうか，過剰な社会環境への負荷はないか，を分析できたうえで形成されるものであってほしい。

経営者が儲けを追求し，投資家に奉仕し続けなければならない，現実の金融優位の資本主義下にあって，取引先，地域，従業員などのステークホルダーにESG情報など清涼剤を与える程度のものでしかない現実を踏まえるゆえに強調したい。

アナリストが四半期以上の長さで，分析することなどは現実的でないと述べたが，海外大型M&Aをしかけるときなどは，長期的視点を企業経営者がどう考えるかが問われてくる。これとてアナリストたるもの分析上，企業側の経営行動・戦略をうのみにすることはできないものの，ありきたりのコメントで済ますなど腰が引けているのが実態である。

③市場と社会のゆがみと是正

金融資本主義下では，金融市場と社会との歪みが出たときにこれを是正するのは，それぞれの国家・地域・労働組合などであって，このきしみが露見するといわゆるコンプライアンス違反として社会的にも市場でも下方評価されることとなる。

環境については，国際的に CO_2 など温暖化効果ガス削減目標が立てられない状況下にある中で，各国の企業の環境会計係数が示され環境への負荷，貢献を述べることを標準化，ベストプラクティス化する。中国等の資源消費大国を巻き込むため，サステナビリティ向上のためにも，統合報告（integrated report）というソフトな手法で長期投資家を増加させながらこの問題に取り込んでいくことができると考えたい。

ICT（情報，通信，技術）が加速度的に進歩しつつあり，グローバル化が新たな負荷を国際経済社会にかけている現状で，真の企業価値の向上に資する金融市場機能を整備することこそが喫緊の課題であり，21世紀を通じて追求されるべきものである。

参考文献

IIRC（2013a）Consultation Draft of the International〈IR〉Framework, April.
IIRC（2013b）The International〈IR〉Framework, December.
上妻義直（2012a）「統合報告への移行プロセスにおける制度的課題」『産業経理』72（2），16-24頁。
上妻義直（2012b）「統合報告はどこに向かうのか」『會計』182（4），107-123頁。
小西範幸（2012）「統合報告の特徴とわが国への適用」『企業会計』64（6）。
古庄修（2012）『統合財務報告制度の形成』，中央経済社。
古庄修（2013a）「統合報告の行方と開示フレームワークの再構成」『産業経理』73（2），95-104頁。
古庄修（2013b）「MD&A・ガバナンス情報開示の課題と展望」伊藤邦雄責任編集『別冊企業会計　企業会計制度の再構築』151-156頁。
山崎秀彦（2010）『財務諸表外情報の開示と保証』同文舘出版。

第6章

統合報告書は「統合思考」の醸成から

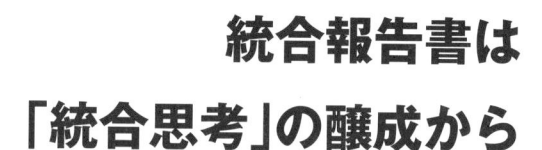

1. はじめに

　IIRCが財務情報と非財務情報を経営レベルで関連づけて開示する「統合報告フレームワーク」を公表したことから、非財務情報を重視する企業経営の模索が始まった。企業価値の判断においても非財務情報の重要性が高まる。これまでも短期志向ではない長期投資家から、「適切な投資の意思決定のためには、財務情報だけでは不十分である」との指摘があったが、企業価値の創造に対する財務情報の説明力や有用性の相対的な低下が背景にある。

　それでは、非財務情報の重視とは具体的にどのようなことを意味するのか。本章では、まず非財務情報が重視されるようになった背景を整理し、企業価値と非財務情報の意味を確認する。そのうえで、世界の潮流となりつつある統合報告書の動きに日本企業が対応するべく、経営戦略レベルでの発想の転換に不可欠な「統合思考」の導入について、4つのポイントを提案する。

2. 環境・社会の持続可能性と企業価値

(1) 企業価値にかかわるグローバルな環境的・社会的課題

　近年、経済のグローバル化と世界人口の増大を背景に、地球規模で環境的・社会的課題が深刻化している。環境面では、地球温暖化（気候変動）や生物

多様性の喪失（生態系の劣化）に代表されるように，人類生存に不可欠なエネルギーの選択問題や生物・鉱物資源の有限性が明らかになってきた。社会面では，途上国や新興国の人権・労働問題あるいは貧困などが社会の不安定要因となっている。先進国にも固有の社会経済状況に応じた少子高齢化，ダイバーシティ問題，格差問題などの慢性的・構造的な課題がある。

　これらは，地球環境・社会の持続可能性の問題であると同時に，グローバルなバリューチェーン（自社事業の上流・下流に繋がる価値連鎖）を通じて企業の持続可能性や企業価値にもかかわる重大な問題となってきた。なぜならば，健全なビジネスは健全な環境・社会でしか発展し得ないからである。

(2) 高まる企業の責任と期待

　このようなグローバル化する環境的・社会的課題に対して，もはや政府だけでは解決することができないことも明らかになってきた。その一方で，事業規模が先進国一国の国家予算を凌駕するようなグローバル企業が出現するほど，現代の企業活動は巨大化し，環境や社会にさまざまな影響（インパクト）を及ぼしている。それゆえ，環境的・社会的課題の解決に向けて企業には大きな責任がある。その反面，企業への期待も大きくなっている。

　すなわち，地球的規模の環境・社会両面の制約に加え，責任と期待の高まりという形で，企業の経営環境が大きく変化しているのである。このような激変の中では，投資家はもとより広範なステークホルダーの理解や協力がなくては，企業は持続可能な経営を続けることが困難となってきた。しかるに，従来型の成功体験やビジネスモデルのままで，将来にわたって企業価値の維持ができるのであろうか。むしろ，企業価値を毀損する可能性さえある。

　特に操業地や調達先の社会的課題に配慮しない事業展開は，大きな経営リスクを抱え込む。社会的課題の解決に向けた国際的なNGOなどによるキャンペーンや消費者の不買運動にいたるケースもあり，それを契機に環境・社会配慮型経営に転換した有名企業も少なくない（図表2-6-1）。

図表 2-6-1　環境・社会配慮型経営へ転換した企業事例

ナイキ	児童労働の発覚後，発注先の環境・労働・人権の改善（1997年）
三菱製紙	オーストラリア・タスマニアの原生林の購入停止（2005年）
マクドナルド	熱帯雨林伐採で栽培した大豆で飼育された鶏肉の使用禁止（2007年）
アップル	調達先での有害化学物質の使用を2008年までに廃止（2007年）
ネスレ	インドネシアの熱帯雨林伐採で栽培されたパーム油の使用中止（2010年）
花王	熱帯雨林を破壊しない認証パーム油の購入開始（2010年）
ディズニー	熱帯雨林伐採による製品・絵本の不使用と熱帯雨林保護（2012年）
ユニクロ	サプライチェーン全体で2020年までに危険化学物質の全廃（2013年）

出所：既公開資料より筆者作成。

(3) 狭義と広義の企業価値，両者をつなぐ非財務情報

　IIRCの強調する企業価値には狭義と広義がある。「狭義の企業価値」とは計数的な経済価値に主眼をおく伝統的な考え方であり，企業が将来生み出すキャッシュ・フローの割引現在価値の総和（DCF法）などの形で計算することが多い。これまでその最大化を目指して，企業は努力を続けてきた。

　しかし，企業の持続可能な発展のためには，この狭義の企業価値の考え方だけで十分だろうかという疑問が，長期投資家をはじめ多様なステークホルダーから出されている。つまり，環境・社会の持続可能性の実現を視野に入れた，より根源的な企業価値を追求しなければならないという考え方が次第に広がってきたのである。これを「広義の企業価値」と呼ぶことにする。

　広義の企業価値の向上には，非財務情報が重要な役割を果たす。別の表現をすれば，狭義の企業価値と広義の企業価値を関連づけるのが非財務情報であり，財務的要素と非財務的要素の経営レベルでの整合的な統合が，今後の企業価値の向上につながるのである。

3. 重要性を増す非財務情報

(1) 企業情報の多様化と非財務情報の重視

　現在，日本で株式を公開する企業は，「法定開示」である有価証券報告書や内部統制報告書，そして民間規制ながら証券取引所により決算短信を中心に「適時開示」が義務づけられている。さらに自主的な「任意開示」としてアニュアル・レポート，中期経営計画，知的財産報告書，あるいは環境・CSR報告書などさまざまな情報開示を行っている。つまり，多様な企業情報が多様な形で開示されているのである（悪くいえば，企業情報の乱立ともいえる）。

　その中で非財務情報とは具体的に何を指すのか。企業情報は財務情報と非

図表2-6-2　日本の公開企業における情報開示の現状

		実績情報		予測情報
財務情報	和文アニュアルレポート	「有価証券報告書等」【法定開示】 ●連結財務諸表 ●親会社単体財務諸表	「決算短信」【適時開示】 ●決算情報	●業務予想
非財務情報		●経営者 ●従業員の状況 ●事業環境 ●事業等のリスク ●財務状態又は経営成績の分析	●環境・CSR報告書【任意開示】 ●知的財産報告書【任意開示】	●業績予想の根拠 ●経営理念と経営ビジョン【任意開示】 ●中期の経営目標とリスク【任意開示】
		「内部統制報告書」【法定開示】		
	レポート【任意開示】			

出所：経済産業省知的財産政策室（2007）を基に筆者作成。

財務情報に大きく分けられる（図表 2-6-2）。財務情報とは財務諸表と決算情報，業績予想など金銭的な会計情報である。したがって，これ以外が非財務情報ということになるが，一般には以下のような幅広い情報が含まれる。
- 財務報告（有価証券報告書やアニュアル・レポートなど）における財務情報以外の経営情報
- 経営理念・経営ビジョンや中期経営計画などによる経営の将来像
- 知的財産報告書による経営情報
- ESG 情報（環境・CSR 報告書や内部統制報告書などによる環境・社会・企業統治に関する経営情報）

(2) 企業価値に対する財務情報の説明力低下

　経済のグローバル化を背景に企業の経営環境が複雑化・多様化し，経営の不確実性が増大する中で，企業が持続的発展を遂げるためには，"過去情報"中心の財務情報だけでなく，"将来志向"の非財務情報の重要性が認識されるようになった。これは企業価値の創造に対する財務情報の有用性や説明力の相対的低下に他ならず，内外の研究で指摘されている。

　2011 年に IIRC が公表した資料によれば，S&P500 のマーケットバリュー（資本市場で計測される株価の時価総額）に占める物的・財務的資産の割合は，1975 年の 8 割超から急速に低下し，2009 年には 2 割を切った。これは，財務情報のマーケットバリューに対する説明力が大きく低下する反面，非財務情報の有用性が高まっていることを如実に示している。

(3) 非財務情報の中核としての「ESG 情報」

　投資家の関心事は企業の業績と株価である。将来的な成長性と企業価値は株価に反映されることから，企業価値の最大化のために，企業はどのような経営戦略をもち，どのような取り組みをするのかという情報が必要である。それゆえ，財務情報は当然ながら，経営ビジョンや知的財産あるいは環境・CSR 活動などの非財務要素が経営戦略にどう関係し，また将来の企業価値にどのような影響を及ぼすのか，企業自らが明らかにしなければならない。

これらの非財務情報の中で注目されるのが「ESG情報」である。2000年代に入ってESG（環境・社会・統治の英語の頭文字）という表現が，投資リスクの観点から欧米の主流投資家の間で使われるようになった。その後，2006年に成立した国連の責任投資原則（PRI）に採用されたことで世界中に広まり，環境と社会の持続可能性に向けて，すべての投資対象企業がこの視点から評価されることが認識された。そこで，資本市場で非財務情報といえば，ESG情報を意味するようになったのである。

（4）どのような非財務情報が有用なのか？

それでは，どのような非財務情報が有用なのか。これを考える際に大事なことは，誰がどのような非財務情報を欲しているかを知ることである。

日本企業の多くが環境・CSR報告書でCO_2排出量を開示している。地球温暖化に関心の高い読者にとって，これは有用な非財務情報である。しかし，一般の投資家はCO_2排出量だけで投資の意思決定はできず，それが経営や業績に対してどのような意味をもつのかが重要である。つまり，過去のCO_2排出量（の増減）が業績に与えた影響や効果はもちろんのこと，今後の規制動向や自社の削減目標・計画が将来の業績や企業価値にどのような影響を及ぼすかについての情報が必要となる。

例えば，エネルギー多消費型産業では2020年以降のCO_2排出量の削減目標が導入されると，財務的に大きな影響を受ける可能性があるが，逆に自社の強みを活かした新規事業も可能である。このことから，CO_2排出量削減とその経営への影響は重要な非財務情報ということになる。他方，銀行など金融機関は直接的なエネルギー消費量やCO_2排出量は少ないが，地球温暖化防止のための金融商品や新規事業への投融資は新たなビジネスチャンスとなる。それゆえ，気候変動に対する経営姿勢は意味のある非財務情報となる。

このように考えると，長期投資家を対象とした場合，その有用な非財務情報とは，当該企業の業種特性に応じて，中長期的に企業価値が高まるかどうかを判断するのに必要な情報ということになる。

4. 財務情報と非財務情報の戦略的統合

(1) 世界的に本格的な模索が始まった「統合報告書」

統合報告書（Integrated Report）とは，投資家に対する情報の質を高めるために，財務情報と非財務情報を関連づけて簡潔に報告するものである。前述したような背景の中で，2013年12月にIIRCが「国際統合報告フレームワーク」を正式に公表したことから，統合報告書の本格的な模索が世界的に始まった。

2010年に設立されたIIRCは，企業報告における統合報告の主流化を目指している。2011年にフレームワーク（公開草案）に基づく実証実験的なパイロット・プログラムを開始し，その結果を踏まえ，2013年4月にはフレームワーク（コンサルテーション草案）を発表した。その国際的なパブリックコメントを経て，同年12月にフレームワーク（第1版）を正式に公表したのである（図表2-6-3）。

それでは，実際，統合報告書はどのように作ればよいのか。今後，実務的な試行錯誤を繰り返しながら，統合報告書の記載内容の議論が世界的に本格化していくと考えられる。

すでに欧州を中心にアニュアル・レポートにESG情報を掲載した報告書が世界的に増えており，すでに500社以上が発行している。日本でも60社以上がCSR報告書に財務関連情報を併記した報告書を発行しているが，2014年版は100社を超すと予想される。ただし，現状では，世界的にも財務情報と非財務情報が形式的に1冊になった「合冊報告書（Combined Report）」が大半を占めており，本来の統合報告書はこれからである。

第2部　統合報告書導入にあたっての課題

図表 2-6-3　IIRC による「統合報告」の基本的な考え方

「統合報告」が必要となった要因
経営環境の変化(グローバル化，金融危機，経営透明性の要請，人口問題，資源・環境問題など)に対応できる，中長期視点での企業報告が必要になった
投資家の短期主義が，企業にも短期志向をもたらしている
企業価値の源泉が，有形から無形へと変化している
企業の報告負担が増す一方で，情報利用者に経営の全体像を提供できていない
企業情報の乱立⇔財務，統治，戦略，知財，ＣＳＲなど報告における重複・不整合

⬇

統合報告書の7つの基本原則	
・戦略的焦点と将来志向	長期的な価値創造に向けた経営戦略の明確化
・情報の結合性	財務情報と非財務情報の関連づけ
・ステークホルダーとの関係	ステークホルダーの意見の取り入れ
・重要性	重点を絞った情報の提供
・簡潔性	簡潔でわかりやすい情報の提供
・信頼性と完全性	信頼できるすべての重要な情報の提供
・一貫性と比較可能性	一貫した報告方針かつ他社比較可能な情報の提供

出所：IIRC（2013b）を基に筆者作成。

（2）そもそも，統合報告書とは何か？

①なぜ統合報告書なのか？

　そもそも，なぜ統合報告書なのか。合冊報告書とは何が違うのか。これまで多くの企業は財務情報と非財務情報を別々に開示してきたが，相互にほとんど関係がなく，中長期的な経営戦略やESGの取り組みが財務パフォーマンスにどう影響を与えているのかわかりづらい。また，情報過多の中で，投資の意思決定に何が重要かの判断が難しくなっている。そのため，両者を経営レベルで整合的に関係づけた統合報告書が必要となってきたのである。

　「世界は変わった。報告も変わらなければならない。」とIIRCは訴える。

世界の変化とは，人口急増と経済活動増大，そしてバリューチェーンのグローバル化を背景とする地球規模の相互依存の強化と不確実性の増大に起因する。この変化は，地球環境・社会問題だけでなくエネルギーや資源の利用可能性と価格形成にも重大な影響を与える。さらに，金融危機や安全保障などへの対応においても，世界的な政策決定に影響力を強める企業の透明性と説明責任の必要性が指摘されている。

過去情報である財務パフォーマンスを中心とする現在の企業報告は，20世紀モデルとして形成された。しかし，21世紀に入って企業の経営環境の基本構造に大きな変化が起きており，これまでの企業経営の考え方や企業価値の意味が揺らぎだしている。それゆえ，企業報告も変わらざるを得ない。

②統合報告書に不可欠な「統合思考」
しかしながら，IIRCは単に統合報告書の作成だけを求めているわけではない。次のように，統合報告のための「統合思考」を強調している。

統合報告（Integrated Reporting）
- 財務・非財務情報について何が重要であるかを認識したうえで，これら情報を用いて統合的かつ簡潔に報告するプロセス
- 短中長期に企業価値をどう高めていくかについて，「統合思考」に基づいて戦略・統治・実績・展望と結びつけること

統合報告書（Integrated Report）
- 統合報告の結果作成される成果物で，フレームワークに準拠したもの
- 外部環境の中で企業の戦略・統治・実績・展望が，どのように短中長期の企業価値につながるかについての"簡潔な"コミュニケーション

統合思考（Integrated Thinking）
- 財務要素と非財務要素が分離した縦割型思考とは対極にある考え方であり，統合的な意思決定と行動を導く
- 企業価値の創造において，企業の「資本」（財務，製造物，知的，人的，さらに社会・関係，自然）との関係についてのプロアクティブな考察

第2部　統合報告書導入にあたっての課題

- 長期にわたる価値創造能力に重要な影響を与える要素間の結合性と相互依存関係に配慮すること

③財務情報と非財務情報の戦略的な関係づけ

　企業価値にかかわる情報開示においては，投資家を中心とするステークホルダーから，企業統治への不信感を払拭する経営の透明性を求める圧力が高まっている。また，将来の経営環境の不確実性が拡大していることから，業績予想についても今後の事業展開がみえにくくなっている。さらに，グローバルなバリューチェーン上の"想定外"のリスク要因（環境問題や人権・労働問題など）が，今後の業績を左右する可能性がでてきた。

　これらの問題は，情報開示として当然であるが，むしろ情報開示以前の企業自身の経営課題である。今後，企業が持続的に企業価値を創造していくためには，財務情報だけでは説明しきれない部分を強化する非財務情報を重視する経営が重要である。ただし，単に多くの非財務情報を収集・分析・開示すればよいというわけではなく，経営戦略の観点から事業展開と非財務要素の統合性・整合性が不可欠である。

　このことと関連して，フレームワークでは新たな要求事項として，「ガバナンスに責任を負う者」による表明書（Statement）の掲載が求められた。これは，ガバナンスに責任を負う者が関与しなければ，統合報告書の信頼性が失墜するおそれがあるためである。

④統合報告書で答えるべき価値創造プロセスに関する8つの問

　統合報告の基礎概念として，IIRCは新しい視点から「価値」およびその創造を強調する。価値は企業単独あるいは企業内部だけで創造されるものではなく，外部環境との相互関係の中で創造される。また，価値は企業自身だけでなく他者（ステークホルダーや社会など）に対して創造されるという相互関連性がある。

　企業の成功は多様な「資本」に依存するとして，6つの資本を例示し，"資本の利用と増減"という観点からビジネスモデルを考える。価値は諸資本に

宿り，さまざまに変容していくからである。そこで価値創造プロセスとして，企業がおかれている外部環境において，内部要素と「資本」への相互作用を示しつつ，企業がどのように価値を創造するのかについて全体像を報告することが求められる。

これは統合報告書の作成時に勘案すべきことであり，投資家などの情報利用者に対して，いかにわかりやすく伝えるかが問われる。フレームワーク（第1版）では統合報告書に「8つの内容要素」を記載することを求めているが，要は，統合報告書で価値創造プロセスに関する"8つの問"に簡潔に答える必要がある（図表2-6-4）。

図表2-6-4 統合報告書で答えるべき"8つの問"（内容要素）

企業概要と外部環境	企業はどのような事業を，どのような経営環境において営むのか？
ガバナンス	企業統治の構造は，どのように短・中・長の価値創造の能力を担保するのか？
ビジネスモデル	企業のビジネスモデルはどのようなものか，それはどの程度の"復元力"を有するのか？
リスクとチャンス	短中長期の価値創造能力に影響を及ぼすチャンスとリスク，それに対する取り組みはどのようなものか？
経営戦略と資源配分	企業はどこへ向かおうとするのか，どのようにしてそこに辿り着くのか？
実績（パフォーマンス）	企業は戦略目標をどの程度達成したか，資本への影響に関する成果はどのようなものか？
将来展望	経営戦略遂行における課題や不確実性は何か，ビジネスモデルや将来の実績への潜在的影響は何か？
作成と開示の基礎	記載事象はどのようにして決定されたのか，それはどのように定量化され，評価されたのか？

出所：IIRC（2013b）を基に筆者作成。

以上のことから，統合報告書とは，企業による企業自身と社会に対する価値創造プロセスを有形・無形の諸資本の利用と増減という観点から説明する

ものである。従来の企業報告の発想とは大きく異なり、これまで財務指標で経営判断をしてきた多くの企業には新しい評価基準である。戸惑いもあろうが、「統合思考」により発想を転換することが近道であろう。そこで、企業経営における統合思考の導入に向けた4つのポイントを提案したい。

5. 発想の転換を迫る「統合思考」

(1) 鍵を握る「統合思考」

今後、統合報告書の動きは世界的に急速に拡がっていくと予想されるが、いきなり統合報告書を作ることは困難であろう。統合報告には「統合思考」が大前提となる。IIRC は、統合思考を「企業価値の創造において、重要な要素間の結合性と相互依存関係を考慮に入れること」と定義した。より具体的にいえば、社会の持続可能性と企業の持続可能性の関係性、そして企業経営における財務要素と非財務要素の関係性について統合的・整合的に考えることである。これに対比されるのが、IIRC のいう「サイロ思考」であり、従来型の縦割思考ないしタコツボ思考ということになろう。

自社の特性や強みを踏まえた統合思考に基づき、バリューチェーンを視野に入れた企業価値の創造をさまざまなアプローチで実践し、それを開示することが統合報告書に他ならない。統合報告書の形を真似することは可能であろうが、「仏造って魂入れず」では無意味である。統合思考を省いて統合報告書を作ろうとしても、単に「合冊報告書」にしかならない。このことから、統合思考は、これまでの企業経営の判断基準やビジネスモデルを根底から変えるパラダイムシフトとなるであろう。

(2) 「統合思考」の導入に向けた4つのポイント

統合報告書の概念の登場により、経営戦略のあり方や企業価値の意味が問い直されている。そのためには、まず統合思考の醸成が不可欠であり、その際に留意すべきポイントを4つあげることができる。いずれも大胆な発想の

転換が必要である。
　①　未来志向の価値創造プロセスの認識
　②　企業価値の創造と毀損回避の両面からのアプローチ
　③　IR部門とCSR部門の連携を中心とする組織再編
　④　経営戦略における重要事項を表すKPI（主要業務評価指標）の活用

第1のポイント：未来志向の価値創造プロセスの認識
　統合報告書が求めるものは，従来の企業報告では扱っていなかった新たな領域（未来志向の価値創造プロセスの全体像）を開示することである。過去情報である財務パフォーマンス中心の開示とリーマンショック後の資本市場における短期主義の進展が，企業経営に長期的な視野の欠如をもたらしたと指摘されている。
　そこで，短期・中期・長期にわたる時間軸をもって企業価値をどのように創造していくのかが問われる。これまで価値創造として考慮することの少なかったESG要素を十分に勘案し，財務要素と非財務要素を整合的に関連づけて経営戦略を策定し，投資家をはじめステークホルダーが理解・納得できるような価値創造プロセスとビジネスモデルを報告する必要がある。

第2のポイント：企業価値の創造と毀損回避の両面からのアプローチ
　統合報告書では，企業価値の創造について，IIRCが提案する価値創造にかかわる6資本（財務，製造物，知的，人的，社会・関係，自然）を相互に関係づけ，どのように活用するかが問われる。企業価値は諸資本に宿るからである。
　一方，企業価値の毀損回避はリスク・マネジメントである。グローバルなバリューチェーンにはさまざまな経営リスクが潜むため，デュー・ディリジェンス（問題発見プロセス）が必要である。その際に役に立つのが国際規格のCSRガイダンスISO26000であり，解決すべき社会的課題として7テーマ（企業統治，人権，労働慣行，環境，事業慣行，消費者課題，コミュニティ参画・開発）が端的に示されている。

第３のポイント：IR 部門と CSR 部門の連携を中心とする組織再編
　これまでの企業情報の開示では，多様なステークホルダーの要請に応える形で，各部門（特に IR 部門と CSR 部門）がそれぞれ担当する情報を独自に作成し，独自に開示してきた。その結果，財務情報と非財務情報の連携はほとんどなかった。さらに非財務情報にしても，異なる枠組みで別々に開示されてきた。
　そこで，まず，これまで無関係と考えられていた IR 部門と CSR 部門が連携できるような組織再編を行い，両者の協働で統合報告書の作成を目指す。最初は「合冊報告書」でも構わない。互いに別物と思い込んでいた両者が同席し，1 つのものを目指すこと自体に意味がある。これは"経営思考の統合"に他ならず，発想の転換をもたらす部門横断の"統合思考型組織"への再編に向けた始まりの形である。

第４のポイント：経営戦略における重要事項を表す KPI の活用
　統合報告の開示原則にある「一貫性」とは報告方針の経年的な一貫性であり，そのためには同じ事象について非財務要素であっても定量的な KPI（Key Performance Indicators：主要業務評価指標）で表現することが効果的である。つまり，価値創造プロセスとして記載される戦略や目標を理解しやすい数値で開示することが可能となる。
　そうすることで，企業自身はもとより長期投資家が中長期目標の実現可能性を理解し，実績を定量的に評価できるようになる。例えば，非財務情報である CO_2 排出量削減の経営上の位置づけについて，費用や投資が将来のキャッシュ・フローや業績，さらにはグローバルな経営戦略や事業展開にどのような影響を及ぼすのかを明確に表現できる。

6. おわりに

(1) いかに経営戦略の個性を伝えるか？

　IIRCは統合報告書の作成・開示の原則を示すが，具体的な個別の報告内容を規定するものではない。それゆえ，統合報告書の記載内容は業種や企業のマテリアリティ（重要課題）によって大きく異なる。それは経営戦略上の企業の個性でもあり，それをどう考え，どう伝えるかが強く問われる。もはや日本企業の体質ともいえる"横並び"の発想は通用しない。

(2) "情報開示の統合"から入るのが現実的？

　社会的な感度が高い先進的な企業は，統合報告を自らの経営課題と位置づけている。しかし，そうでない多くの日本企業では，それ以前の問題としてCSRの取り組み自体が遅れているため，"CSRの経営への統合"が先決である。それができれば自ずと統合思考の醸成は進むはずである。ただし，逆説的に考えると，"情報開示の統合"から始めて，財務重視のメインストリームの中にCSRを浸透させながら統合思考を醸成していくのが現実的かもしれない。形から入ることは，決して間違いではない。

　企業，投資家ならびにステークホルダーが長期的な視野をもち，環境，社会，市場，企業のいずれもが健全な発展ができるよう，財務情報と非財務情報が戦略的かつ整合的に統合された報告書が普及することを期待したい。それは，社会と企業の持続可能性の同時実現に向けた大いなる挑戦の始まりだからである。

参考文献

IIRC（2013a）Consultation Draft of the International〈IR〉Framework, April.
IIRC（2013b）The International〈IR〉Framework, December.
経済産業省知的財産政策室（2007）「知的資産経営報告の視点と開示実証分析調査報告書―「強み」の開示とステークホルダーとの対話―」。

第7章

法定開示と統合報告

1. はじめに

　本章では，主に，金融商品取引法上のディスクロージャー制度と統合報告ないし統合報告書との関係について考察したいと思う。法定開示書類の中心となっている有価証券報告書と統合報告を志向している会社のアニュアルレポート等の比較分析は他章に譲ることとし，今回は，統合報告を法定開示化するとすればどのような課題があるのかを検討したいと思う。統合報告の考え方および統合報告書の内容等については，2013年12月に国際統合報告評議会（the International Integrated Reporting Council：IIRC）から「統合報告〈IR〉フレームワーク」が公表されているが，ようやく初めてフレームワークが示された段階であり，同フレームワークにおいても必ずしも法定開示を志向しているわけではない。また，統合報告については実務上の蓄積も十分にある訳ではない。このような状況において法定開示化の議論をすることは時機尚早であると考えられる。例えば，フレームワークは原則主義を標ぼうしているように抽象的な表現が多く，それなりの伝統を有するわが国の法定開示システムに単純に適合するわけではない。さらに法定開示ということになればいっそう記載内容の信頼性の確保（保証）の問題も課題として浮かび上がってこよう。このように法定開示化を検討するといっても，現状では，かなり距離があるようにも思われるが，少し大胆に議論を展開してみたい[1]。

---

1) 本章のうち，意見にわたる部分はすべて筆者の個人的見解である。

2. 法定開示制度の概要と特質

（1）法定開示制度の概要

　わが国において法定開示書類といえば，金融商品取引法上の企業内容等開示制度（ディスクロージャー制度）に基づく各種の開示書類が第一に想起される。会社法に基づく事業報告や計算書類の株主に対する情報提供や公告も法定開示と呼ばれることがあるが，本章では，もっぱら金融商品取引法上の開示制度を対象として議論を進めていきたいと思う。

　金融商品取引法上の開示制度においては，有価証券届出書制度を中心とする発行開示書類と有価証券報告書を中心とする流通（継続）開示書類がある。発行開示書類には，有価証券届出書の他，発行登録書や発行登録追補書類等があり，継続開示書類には有価証券報告書の他，四半期報告書，半期報告書，臨時報告書等があるが，これらの書類に記載される情報のうち，「企業情報」と呼ばれる情報が，統合報告と直接の関連を有するものと考えられる。

　上場会社等が提出を義務づけられている有価証券報告書第3号様式の記載事項（企業情報）を図表2-7-1に示す。

図表 2-7-1　有価証券報告書第3号様式の記載事項

```
第1　企業の概況
  1　主要な経営指標等の推移
  2　沿革
  3　事業の内容
  4　関係会社の状況
  5　従業員の状況
第2　事業の概況
  1　事業等の概要
  2　生産，受注及び販売の状況
  3　対処すべき課題
  4　事業等のリスク
  5　経営上の重要な契約等
  6　研究開発活動
  7　財政状態，経営成績及びキャッシュ・フローの状況の分析
第3　設備の状況
  1　設備投資等の概要
  2　主要な設備の状況
  3　設備の新設，除却等の計画
第4　提出会社の状況
  1　株式等の状況
  2　自己株式の取得等の状況
  3　配当政策
  4　株価の推移
  5　役員の状況
  6　コーポレート・ガバナンスの状況
第5　経理の状況
  1　連結財務諸表等
  2　財務諸表等
第6　提出会社の株式事務の概要
第7　提出会社の参考情報
  1　提出会社の親会社等の情報
  2　その他の参考情報
```

(2) 法定開示における投資情報の特質

　周知のようにディスクロージャー制度は有価証券の発行会社等に係る「情報の非対称」を克服するための制度として説明される。大株主や主要取引銀行のように経済的な地位ゆえに発行会社から重要な情報を入手できる者にとっては，法律による情報開示の要請は必要ないが，一般投資者は，有価証券の投資判断に必要な情報を発行者その他の者から入手する経済力を有しないことから法律による情報開示が強制されるとの考え方である[2]。金融商品取引法による情報開示は，有価証券についての投資判断資料の提供を目的とするところにメルクマールがあり，投資判断資料として有用性のない情報は制度的に排除されるという前提に立っている[3]。

　有価証券の投資判断資料の提供としての情報開示が有効であるためには，有価証券の投資判断に必要な情報が投資者に対して完全に開示されなければならない，とされる。しかしながら，有価証券に関するあらゆる情報を開示することは実際上不可能である。また，例えそれが開示されても，投資者はその分量の膨大さのために，それを有効に利用することができない。完全な情報の開示は，有価証券に関するあらゆる情報を開示することを要求するものではなく，投資判断に必要な「重要な」情報の完全な開示を要求するものである（神崎ほか，2012）。

　図表2-7-1に示す有価証券報告書の記載事項のように金融商品取引法においては各種法定開示書類における開示内容は，法令において具体的に定められている。

　これは，「重要な」情報の完全な開示という原則を具現化するという考え方でそれぞれの項目が選ばれていると想定することができるであろう。

　何が有価証券の投資判断に必要な「重要な」情報であるかは，抽象的，機械的に判定することはできず，具体的な事案に応じて実質的に判定されなけ

---

2) このような考え方の背景には任意開示には限界があるという考え方があるともいえる。
3) IIRCのフレームワークにおいては，「統合報告書の主たる目的は，組織がどのように価値を創造するかを財務資本の提供者に説明する」こととし，投資者を重視する姿勢を示している。また，続いて「価値創造能力に関心をもつすべてのステークホルダーに有益なもの」と記述している（Part Ⅰ1章1C）。

ればならない（神崎ほか，2012）。このことは，形式的に法令に従っただけでは不十分なケースもあるということを示唆している。

　また，投資判断に必要な「重要な」情報は，市場の環境等さまざまな状況によって変化していくことになる。例えば，近年，コーポレート・ガバナンスに関する情報や気候変動に関する情報が重視される傾向にあるのは記憶に新しいところである。わが国においても法定開示の開示内容に係る法令等の改正は頻繁に行われており，「重要な」情報は，制度的にみても変容していることがうかがえよう。

　このような投資情報の提供を目的とした現行の法定開示の考え方と統合報告の考え方が整合的かどうかが1つの論点となろう。

　法定開示は，「重要な」情報の提供を確保する目的の一環として比較可能性を重視しているものと考えられる。会計基準という明確な作成基準を有する財務書類は企業間や会計年度間の比較可能性を重視していることは疑いないが，非財務情報においても比較可能性は投資判断上重要な条件であり，わが国の法定開示においても有価証券報告書等の様式や「記載上の注意」という法令上の規定によって記載事項が細部にわたり規制されており，よってもって比較可能性が担保されている。他方，統合報告は報告企業の経営者が当該企業の持続可能性等について経営者の視点からビジネスモデル等を説明するものであり，その内容についても一定の自由度を有するものと考えられる。

　こうした比較可能性の観点からの統合報告の検討も1つの論点となろう。

　さらに統合報告は，報告企業の将来の持続可能性について説明・記載することが主になるため多くの将来情報を含むことが前提となる。将来情報については，その性格上，見積りや予測の要素が強くなり，情報としての硬度が問題となる。反面，見積りや予測が外れることも想定されるので，開示を強制する以上，そのような場合に虚偽記載と認定されないような制度的手当てが前提ではないかとの指摘がされる。具体的には，例えば，米国で採用されているセーフハーバー・ルールの採用などが論点となり得よう。

第2部　統合報告書導入にあたっての課題

図表 2-7-2　「IIRC 統合報告 <IR> フレームワーク」統合報告書の指導原則

> 3.1　次に示す指導原則は，報告書の内容及び情報の表示方法に関する情報を提供することによって，統合報告書の作成と表示の基礎を提供する。
> 　A　戦略的焦点と将来志向
> 　B　情報の結合性
> 　C　ステークホルダーとの関係性
> 　D　重要性
> 　E　簡潔性
> 　F　信頼性と完全性
> 　G　首尾一貫性と比較可能性

図表 2-7-3　「IIRC 統合報告 <IR> フレームワーク」統合報告書の内容要素

> 4.1　統合報告書は次の 8 つの内容要素を含むとともに，それぞれ後述する各問いに対する答えを提供する。
> 　A　組織概要と外部環境
> 　B　ガバナンス
> 　C　ビジネスモデル
> 　D　リスクと機会
> 　E　戦略と資源配分
> 　F　実績
> 　G　見通し
> 　H　作成と表示の基礎
> 　　　また，これに当たっては次を考慮する。
> 　I　一般報告ガイダンス

　最後に，統合報告を法定開示化した場合に，それに含まれている情報の信頼性の確保をどう考えるかという問題を整理しておく必要がある。
　例えば，有価証券報告書においては，それに含まれる財務書類について監

査法人や公認会計士の監査が要求されている。金融商品取引法が監査を強制しているわけで，法定監査とも強制監査ともいわれる。通常，監査も保証の一種と観念されているが，統合報告を法定開示化した場合，財務書類に相当する部分だけでなく，他の部分についても（あるいは全体として），第三者が独立した立場から何らかの保証を与えるべきではないか，という議論が会計士業界を中心に存在する。周知のように財務書類の監査を実施するためには十分な会計基準や監査基準が整備されていることが前提となるが，統合報告の作成基準や保証基準が実務に耐えられるような精度や網羅性を持ち得るかは疑念なしとしない[4]。

3. リスク情報等にみる法定開示制度の変遷

(1) リスク情報等の特質

金融商品取引法上のディスクロージャー制度の変遷については，詳細に述べる紙幅はないが，平成初年以降でも，セグメント情報の導入，有価証券等の時価情報の導入など財務情報の充実が図られ，1998（平成10）年前後には，開示内容のベースも単体財務諸表ベース（提出会社ベース）の情報から

---

[4] 2012年4月，宝印刷総合ディスクロージャー研究所は，「金融商品取引法上のディスクロージャー制度に関する課題について（中間報告）」を公表した。これは同研究所の調査研究プロジェクトの情報提供の一環として設置されたディスクロージャー制度研究会が金融商品取引法上のディスクロージャー制度に関する課題の指摘や改善提案を目指し議論した結果を取りまとめたものである。中間報告においては，「金融商品取引法上のディスクロージャー制度と投資判断資料」ということで，ガバナンスに関する情報など現在開示されている情報やESG情報など開示が課題となっている情報について投資判断資料としての必要性等が論じられた。その一環として，将来的な問題ではあるが，統合報告と金融商品取引法上の開示制度との関係についても言及された。
検討課題として，①統合報告とは，単に財務報告の中に非財務情報を併記したものではなく，企業活動全体を対象とするものであり，財務報告，マネジメント・コメンタリー（MD & A），ガバナンスおよびリスク・マネジメント情報，環境および社会要因に関する情報の4つの要素が有機的に結びついていることが重要であり，このような視点について議論を深めていく必要があること，②将来情報，不確実性の高い情報（特に定量的な情報）について法定開示において開示を求めるのであれば，セーフハーバー・ルールを検討する必要があること，③法定開示に含めることになれば，開示された情報に係る保証業務の位置づけ，監査人の役割と責任も検討課題となること，があげられた。

第2部　統合報告書導入にあたっての課題

連結ベース（企業集団ベース）の情報に大きく変容した。この時期までの有価証券報告書の非財務情報に係る記載事項は，過去の情報がほとんどで伝統的な範疇にとどまっていたが，転機となったのは2002（平成14）年12月の金融庁金融審議会の報告書で，有価証券報告書に「リスク情報」，「経営者による財務・経営分析（MD&A）」および「ガバナンス関連情報」の記載事項化が提言されたことにより，法定開示に係る制度改正が行われたことである。この際の議論は統合報告の法定開示化を考えるにあたり参考になりそうである。伊藤（2010）では，この新種の開示制度の特質を「強制的自発開示」と捉えている。そこでは，「強制的自発開示」とは，「原則的に開示すべき大きな枠組みについては法制度が強制的に規定するものの，実際の開示内容については企業経営者に委ねるモデル」と規定されている。また，強制的自発開示は「今後もっと拡張されていくことが予想される。しかしながら，強制的自発開示の経済効果についてはディスクロージャー研究の空白地帯といってよく，未開の分野」と指摘する。統合報告を法的開示化する場合，最も単純に考えれば，IIRCのフレームワークのうち図表2-7-3に示された「内容要素」の部分を記載事項とするような方向性が考えられるが，このような方法をとれば「強制的自発開示」の範疇に入る制度となることが予想される。そこで，リスク情報等の導入時に金融審議会においてどのような取りまとめが行われ，どのような法形式で制度化が行われたかを概観することとしたい。

(2) リスク情報等の導入
①金融審議会の報告書

　前述のディスクロージャー・ワーキング・グループでは，2002年10月から11月にかけて「信頼される市場の確立に向けたディスクロージャーの充実・強化」，「経済の活性化（事業資金調達の円滑化，事業再編の迅速化等）に関するディスクロージャー・ルールの整備」および「ディスクロージャーに関する手続等の簡素化・迅速化」の３つのテーマについて検討を行った。そのうちの「信頼される市場の確立に向けたディスクロージャーの充実・強化」の検討テーマの１つが「有価証券報告書等における「リスク情報」，「経

営者による財務・経営成績の分析（MD&A）」,「コーポレート・ガバナンス関連情報」の開示の充実」であった。

　この検討項目について報告書では,「有価証券報告書等において,「ガバナンス関連情報」をはじめ,「リスク情報」や「経営者による財務・経営成績の分析」の項目をそれぞれ新設し,これらの情報を一括して記載することが考えられる」と提言された。

　「リスク情報」については,「投資家が提出会社の事業の状況,経理の状況等について適正な判断を行い得るよう,できるかぎり幅広く,かつ,具体的に記載されることが望ましい。その際,真に重要な「リスク情報」が分かりやすく,かつ,簡潔に開示されるよう留意することが適切である」とされ,さらに,「記載上の注意」においては,「一般的な表現・例示にとどめることが適切である」とされた。

　また,「リスク情報が将来的な事項にまで及ぶ場合には,当該記載事項は提出日現在において提出会社が判断した将来情報である旨を明記する」こととされた。

　「経営者による財務・経営成績の分析（MD&A）」についても,「投資家が提出会社の事業の状況,経理の状況等について適正な判断を行い得るよう,提出会社の財務状況及び経営成績に重要な影響を与える要因についての分析,資本及び流動性の源泉に係る情報等が考えられる」とされ,さらに,「有価証券報告書等の様式における「記載上の注意」においては,リスク情報と同様に「一般的な表現・例示にとどめることが適切である」とされた。

　また,リスク情報と同様にMD&A情報が「将来的な事項にまで及ぶ場合には,当該記載事項は提出日現在において提出会社が判断した将来情報である旨を明記する」こととされた。

　なお,「コーポレート・ガバナンス関連情報」については,「記載上の注意」の規定方法についての言及は行われず,従来方式の規定ぶりが想定されていたようである。

②開示府令等における規定

　金融審議会の報告書によれば，リスク情報については，「記載すべき内容についての具体的な例示」として当時の有価証券届出書における「特別記載事項」として例示されている事項（特定の取引先・製品・技術等への依存，特有の法的規制・取引慣行・経営方針，重要な訴訟事件等の発生など）が示された。

　この提言を受けて，現在，「記載上の注意」の「事業等のリスク」の項目において「事業の状況，経理の状況等に関する事項のうち，財政状態，経営成績及びキャッシュ・フローの状況の異常な変動，特定の取引先・製品・技術等への依存，特有の法的規制・取引慣行・経営方針，重要な訴訟事件等の発生，役員・大株主・関係会社等に関する重要事項等，投資者の判断に重要な影響を及ぼす可能性のある事項を一括して具体的に，分かりやすく，かつ，簡潔に記載すること」と規定されている。また，「事業等のリスク」の記載例として詳細な事務ガイドラインが定められている。

　他方，MD&A情報については，報告書では，具体的な例示として「経営成績に重要な影響を与える要因についての分析，資本及び流動性の源泉に係る情報等が考えられる」とされた。

　この提言を受けて，現在，「記載上の注意」の「財務状態，経営成績及びキャッシュ・フローの状況の分析」の項目において「事業の状況，経理の状況等に関して投資者が適正な判断を行うことができるよう，提出会社の代表者による財政状態，経営成績及びキャッシュ・フローの状況に関する分析・検討内容（例えば，経営成績に重要な影響を与える要因についての分析，資本の財源及び資金の流動性に係る情報）を具体的に，かつ，分かりやすく記載すること」と規定されている。

　このようにリスク情報については，事務ガイドラインを含めれば比較的詳細な規定が設けられており，MD&A情報については，詳細な規定は設けられていない。これは情報の性質にもよるが，リスク情報については，積極的な記載を慫慂するという意味合いがあったものと考えられる。

　また，報告書で提言された将来情報への対応に関しては，リスク情報およ

び MD&A 情報に係る「記載上の注意」において「将来に関する事項を記載する場合には，当該事項は届出書提出日現在（有価証券報告書においては，連結会計年度末現在）において判断したものである旨を記載すること」という規定が設けられている。

4. 統合報告の法定開示化

(1)「法定開示化」の考え方
①記載事項について

統合報告の考え方やそれに基づく統合報告書における開示内容が法定開示制度における「投資情報」として必要か否か等については議論のあるところである。この点は別稿に譲りたいが，投資活動の国際化を鑑みれば，国際的な動向は無視できないであろう。

ここでは，リスク情報等の導入時の議論を参考に統合報告の制度化を法令的ないし法技術的な観点を中心に検討してみたい。まず，記載事項という観点から検討してみよう。「法定開示化」といってもさまざまな方法，レベル感があるわけで，財務情報と非財務情報との統合という観点から有価証券報告書の内容を全面的に組み替えるといった方法も構想できると考えられる。より踏み込んで考えれば，会社法と金融商品取引法で並立しているわが国のディスクロージャー制度の改変まで構想できるかもしれないが，論点が拡散するので今回は現状の開示府令の「記載上の注意」の規定というレベルで統合報告フレームワークで示された内容要素を開示事項に付け加えるという，制度化の第一歩といった観点から検討したい[5]。

また，近年，よく取り上げられるようにルールの規定手法としてはプリン

---

5) 現行制度の枠内においても統合報告書に記載すべき情報の記載が不可能なわけではない。例えば，「投資家向け制度開示書類における気候変動情報の開示に関する提言」（2009（平成21）年1月14日　日本公認会計士協会）によれば，有価証券報告書の記載項目のうち，気候変動情報に関する開示項目の記載の可能性がある項目として「対処すべき課題」，「事業等のリスク」，「研究開発活動」，「財政状態及び経営成績の分析」，「コーポレート・ガバナンスの状況」があげられている。

シプル・ベースとルール・ベースという考え方があり、統合報告の記載を十分ならしめるためにはどちらの手法がより適合的かという問題もあるが、企業の中長期的な経営戦略を中心的な記載事項とする以上、経営者の戦略的な選択を踏まえた構想が記述されるはずであり、現状のリスク情報に係る規定のようにルール・ベース的な規定ぶりにはなじまないと考えられる。

②将来情報への対応について

統合報告は、企業戦略を記載する以上、将来情報が多く含まれるため最低限でも現行のリスク情報やMD&A情報に係る規定は必要であろうが、それで十分かどうかは検討する必要がある。将来情報に意図的な虚偽記載があれば現状の法令でも違法性があるのであろうが、意図的ではない場合、どのような条件・手続きを踏めば違法性を阻却できるかはすぐれて法律的な問題であり、「記載上の注意」のレベルで解消できるかどうかは明らかではない。

議論の参考として、黒沼（2002）などで簡潔にまとめられた米国におけるセーフハーバールールについて言及しておく。

米国ではかつて開示書類に発行者が将来情報（forward-looking information）を記載することを禁止していたが、1978年に政策を転換し、予想が外れた場合に一定の条件の下で表示者の民事責任を免除するセーフハーバールールを定めた上で将来情報の開示を奨励している。1979年に制定されたSEC規則では、セーフハーバールールの適用範囲がSECに提出される文書と株主宛年次報告書に記載された表示に限定されていたこと等が欠点とされたため、1995年証券訴訟制度改革法では、法定開示書類や口頭の表示にも適用され、事実審理前の請求棄却を可能にするセーフハーバールールを定めた。その内容は、将来情報の表示（forward-looking statements）は、①将来情報であることが明示され、かつ、意味のある注意表示（meaningful cautionary statements）を伴っている場合、②重要でない場合（immaterial）、または、③表示者の悪意（actual knowledge）を立証できなかった場合には、表示者は民事責任を負わないとされた（1933年法27A条（i）項、1934年法21E条（l）項）（黒沼, 2002など）。

米国とわが国の法制や裁判環境の差異等を十分に検討吟味する必要はあろうが，統合報告の法制化を検討するのであれば，金融商品取引法における将来情報の開示を巡る法的責任の問題を整理しておくことは避けて通れないのではないかと考える。

③保証について

統合報告の内容について金融商品取引法上，何らかの保証を求めるかどうかは非常に多様な論点を有する問題である。同法は周知のように財務書類について公認会計士または監査法人の監査を求めているが，その前提として会計基準や監査基準，それらの実務指針や各種の実務慣行，法令的制度，専門家の資格制度や育成制度などさまざまな制度の整備が不可欠である。統合報告の内容について何らかの制度的な保証を求めるためには，それに見合う作成基準や保証手続きを確立する必要がある。この点，IIRC のフレームワークは作成基準であって保証基準ではないことを明らかにしており，保証手続については，設定主体は自明ではないが，国際監査基準審議会（IAASB）では保証手続について検討中とされている[6]。また，英国では，会計監査役は，取締役報告書の開示情報が年次計算書類と一致するかについて意見を述べるものとされているようである。詳細は保証手続について検討した論文等を参照してほしい[7]。

また，IIRC のフレームワーク1G　1.20 においては，「統合報告書に対する責任」として，「統合報告書は，次の内容を含む。ガバナンスに責任者からの表明を含む。」とし，以下の記載事項を定めている。

1）統合報告書の誠実性を確保する責任に関する同意

---

[6] IAASB は，財務諸表外の情報が充実する等，取り巻く環境が変化していることを踏まえ，国際監査基準（ISA）720 の見直しに向けた検討を開始し，2012 年 11 月には公開草案を公表している。また，米国公開会社会計監視委員会（PCAOB）は，2013 年 8 月に「監査した財務諸表及び監査報告書が含まれる特定の開示書類におけるその他の記載内容に関する監査人の責任」を公表している。

[7] 例えば，統合報告に含まれる ESG 情報について，財務諸表情報の補足・補完として捉えるのであればともかく，財務諸表情報から独立して非財務情報自体の保証を行うことは困難であり，プロセス等の検証による限定的な保証が限度との指摘がある（内藤，2014）。

2) ガバナンス責任者の集団的思考に基づき統合報告書が作成，表示されたことに関する同意
3) 統合報告書がフレームワークに準拠して表示されたものかどうかについての意見または結論

これに類似した制度として「確認書」の制度があり，わが国においても金融商品取引法24条の4の2において有価証券報告書の記載内容の適正性に関する確認書の制度が設けられており，代表者および最高財務責任者が有価証券報告書の記載内容が金融商品取引法令に基づき適正であることを確認した旨を記載することとされている。

(2)「法定開示化」の検討
①改正提案

小西（2012）では有価証券報告書の開示内容が重複しているリスク情報，MD&A情報，コーポレート・ガバナンスに関する事項などを中心に，最も重要な要素を選択・整理して財務諸表と一体的に結合させるべきとしている。そこでは財務諸表の数値に加えてKPI（主要業績評価指標）やKRI（主要リスク評価指標）などを用いた記載によって財務的な影響が評価できるようにするとともに，ESG情報を反映させて価値創造プロセスを明らかにすることとし，さらに，財務諸表以外も限定的に保証業務の対象とすることや注記事項の整理が提案されている。

また，「記載上の注意」レベルの改正の提案をした例として水口（2013）がある。「現在の有価証券報告書の枠組みのままでも，記載内容次第で統合報告に近づけることができる」との観点から「記載上の注意」の修正案を提示している。具体的には「事業の内容」「事業等のリスク」「対処すべき課題」「業績等の概要」について以下のような提案が示されている。

1)「事業の内容」については，拡張した資本概念を踏まえた価値創造のプロセスの説明を求める観点から以下のように修正する（下線部が修正部分。以下同じ）。

「届出書提出日の最近日現在における提出会社及び関係会社において営

なまれている主な事業の内容と価値創造のプロセスについて，地球環境や社会的課題との関係も踏まえ，かつ，セグメント情報との関連も含めて，事業系統図等も用いて系統的に分かりやすく説明すること。」
2)「事業等のリスク」の例示の中に自然資本やソーシャル・キャピタルに起因するリスクを追加する観点から以下のように修正する。
「届出書に記載した事業の状況，経理の状況等に関する事項のうち，財政状態，経営成績及びキャッシュ・フローの状況の異常な変動，特定の取引先・製品・技術等への依存，・・・地球環境問題や社会問題が事業に与える影響等，投資者の判断に重要な影響を及ぼす可能性のある事項を一括して具体的に，分かりやすく，かつ，簡潔に記載すること。」
3)「対処すべき課題」において戦略について記載を追加する観点から以下のように修正する。
「最近日現在における連結会社の事業上及び財務上の対処すべき課題と，地球環境問題や社会的課題への対応も踏まえた戦略的目標について，その内容，対処方針等を具体的に記載すること。」
4)「業績等の概要」において，非財務のKPIについての規定を追加するために以下のように修正する。
「最近連結会計年度における業績及びキャッシュ・フローの状況について，前年同期と比較して分析的に記載すること。また，地球環境問題や社会的課題への対応も含む戦略的目標の達成状況を評価するための，非財務の主要な業績指標のうち，重要性の高いものについて，指標の意義を説明し，前年同期と比較して分析的に記載すること。」
また，「主要な経営指標の推移」の例示列挙の中にKPIをよりわかりやすくするために「業績等の概要で非財務の主要業績指標として記載したものがあるときは，その指標」を追加する修正を行う。

②改正提案へのコメント
以上のような試みは，開示内容に限ったものではあるが，内閣府令レベルという小規模な法令改正により統合報告を法定開示化する可能性を示唆した

ものとして興味深いものがある。ただし，きわめて原則主義的ないし抽象的な規定が提案されており，「価値創造プロセス」や「非財務の業績指標」といったより法令的な定義が必要なものが含まれている。法的責任を伴う制度として実務に落とし込むためには，各規定に係る考え方の説明，用語の定義，最低限の記載事項の整理等について事務ガイドライン等の方法でより詳細なガイドラインを定めるとか，IIRCのフレームワークとの関係性等（参照枠・準拠性）を明らかにするなどの工夫が必要であろう。また，内部統制基準のように，しかるべき機関において「日本版　統合報告フレームワーク」を設定することも考えられよう。国情を反映させる必要性があるのか明らかではないが，仮に独立した専門家による保証の対象とするとなると準拠枠として一定の硬度が求められよう。

5. おわりに

　本章では，統合報告の考え方を法定開示化することそのものの是非は別稿に譲り，仮に法定開示化するとすればどのような問題点があるのかを少しでも明らかにすることに注力した。統合報告書は任意開示の方が馴染むのではないか，という見方が多数であり，筆者も任意開示を進め，実務の集積による記載内容等の収斂を待って制度化するという方が無難ではないかと考える。取引所の開示が法定開示に先行した事例は多くあるが，そのようなアプローチも考えられる。ここまで述べてきたように，開示規定の内容についてはある程度のイメージをもつことはできるが，将来情報の問題や保証の問題は未知の領域を多く含んでおり，現時点で制度化を提言するには研究も進んでおらず，課題は山積しているようにも思われる。会計情報の限界等を理由としてディスクロージャー制度は曲がり角に来ているとの認識もある。統合報告もその一環として捉えることも可能であり，英国等一部の国では制度化が図られている。わが国においても，そのような国際的な動向に配意しつつ，関係各界の研究・検討が進められることが期待される。

第7章　法定開示と統合報告

参考文献

IIRC（2011）Towards Integrated Reporting-Communicating Value in the 21st Century-.（日本公認会計士協会訳（2011）『統合報告に向けて－21世紀における価値の伝達』。）
IIRC（2013a）Consultation draft of the international <IR> Framework, April.
IIRC（2013b）The International <IR> Framework, December.
あらた基礎研究所（2012）次世代会計監査研究会「研究報告書（4）」。
市村清（2013）『統合報告　導入ハンドブック』第一法規。
伊藤邦雄（2010）「ディスクロージャー学の展望と課題―会計基準のコンバージェンス問題を超えて―」『企業会計』62（10），4-13頁。
神崎克郎・志谷匡史・川口恭弘（2012）『金融商品取引法』青林書院。
企業活力研究所（2012）「企業における非財務情報の開示のあり方に関する調査研究報告書」。
黒沼悦郎（2002）『証券市場の機能と不公正取引の規制』神戸大学研究双書刊行会。
経済同友会（2013）「持続可能な経営の実現」。
小西範幸（2012）「統合報告の特徴とわが国への適用」『企業会計』64(6)，18-27頁。
スタディレポート（2013）「リスク情報の開示と保証のあり方－統合報告書の公表に向けて－」日本会計研究学会スタディ・グループ最終報告。
宝印刷総合ディスクロージャー研究所（2012）『金融商品取引法上のディスクロージャー制度に関する課題』別冊商事法務369。
内藤文雄編著（2014）『監査・保証業務の総合研究』中央経済社。
日本公認会計士協会（2009）「投資家向け制度開示書類における気候変動情報の開示に関する提言」。
日本公認会計士協会（2010）「投資家向け制度開示におけるサステナビリティ情報の位置付け」。
日本公認会計士協会（2011）「生物多様性に関する取組み及び情報開示の現状と課題」。
日本公認会計士協会（2013）「統合報告の国際的事例研究について」。
広瀬義州編著（2011）『財務報告の変革』中央経済社。
古庄修（2012）『統合財務報告制度の形成』中央経済社。
古庄修（2013）「統合報告の行方と開示フレームワークの再構成」『産業経理』73(2)，95-104頁。
古庄修（2013）「MD&A・ガバナンス情報開示の課題と展望」伊藤邦雄責任編集『別冊企業会計　企業会計制度の再構築』中央経済社。
三代まり子（2013）「国際的な開示フレームワークの動向～国際統合報告評議会（IIRC）による統合報告について～」『RIDディスクロージャーニュース』（宝印刷総合ディスクロージャー研究所）21。
水口剛（2013）『責任ある投資―資金の流れで未来を変える―』岩波書店。
山崎秀彦（2010）『財務諸表外情報の開示と保証』同文舘出版。

第8章

統合報告書の意義について
―規制開示との比較・検討―

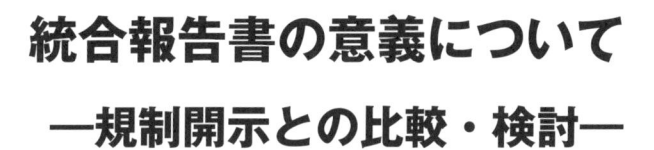

1. はじめに

　証券市場への企業情報の開示は，公的規制たる法定開示および証券市場における自主規制機関の規則等による自主規制たる適時開示等（以下，両者を規制開示という）と企業の任意（自発的）開示から構成されている。前者による開示は，証券市場を有効適切に機能させる観点から，投資判断において重要な影響を及ぼすべき企業内容等に関する情報の適時適切な開示を対象企業に義務づけている。その開示情報は財務諸表（財務諸表本体およびその理解のために必要となる会計方針，注記等をいう。以下，同じ）とそれ以外の情報から構成されている[1]。一方，任意開示は，企業が投資者とのコミュニケーションを図ることなど，それぞれの目的に照らして提供情報および提供ツールも一律でなく，自由に設計・運用されている。規制開示によるだけでは，投資者に対する企業情報の提供が十分でないと考えられる場合や情報の追加・補充等が必要であると企業が考えて自発的に行う開示が任意開示として位置づけられよう。そこで，任意開示の意義の考察においては規制開示と

---
1) 開示情報の区分については，財務情報と非財務情報，定量的情報と定性的情報，財務報告と非財務報告，記述式情報等，多様な区分スタイルがあるが，本章では財務諸表（財務諸表の注記は当然に財務諸表に含まれるものである。）と財務諸表以外の情報という明確な区分方式を用いることとする。開示情報を明確に区分して取り上げた方がわかりやすいため，財務諸表を中心とした会計情報の開示としての「財務報告」とそれ以外の報告という区分ではなく，端的に財務諸表とそれ以外の情報という区分を用いるものである。

の比較・検討が必要と考えられる。この場合において，重要な情報の選択的開示は認められないことに留意する必要がある[2]。

　現在，上記の任意開示が行われる趣旨を踏まえて，多様な任意開示が行われている。しかし，これらの多様な任意開示は上述のとおり，企業の任意の方針・方法によるものであり，所定の開示基準等に基づいたものではない。情報を開示する企業サイドのみでなく，開示情報を受け取るサイドにおいても，開示情報の範囲や規制開示等の他の開示情報との関係（例えば，図や表を用いるなど，単にわかりやすい表現によるものなのか，新情報が提供されているのかなど）が明確な方が任意開示情報をより利用しやすいことになる。

　一方，規制開示である法定開示および適時開示による適時適切な企業内容等の開示は，証券市場の機能発揮を十全に図るための要件（インフラ）としてそれぞれ規律されているが，最近，こうした規制による開示情報の有用性の低下の指摘とそれへの対応等が求められている（例えば，伊藤，2011）。こうした中で，2013年12月，国際統合報告評議会（IIRC）が，企業価値創造の理解に資する観点から，国際統合報告フレームワーク"The International <IR> Framework"（以下，フレームワークという）を公表した[3]。統合報告は広範な資本に関する説明責任およびスチュワードシップを高めるとしているものの，その主要な目的が投資者（財務資本の提供者）向けとされたこと（FW par. 1.7）を踏まえ，本章においては，このフレームワークに準拠して作成された統合報告書における開示内容（紙幅の関係で一部の開示項目に限定する）について，規制開示との比較検討を行ったのち，任意開示としての意義について論述する。

---

2) わが国においては，米国における重要な企業情報の選択的開示を規制するための規則レギュレーションFD（Regulation Fair Disclosure）のような法令は設けられていないが，上場会社には金融商品取引法の規則による適時開示が求められており，選択的開示は認められない仕組みとなっている。
3) 本章において，フレームワークにおける条項を示す際，フレームワークをFWと省略して表示する。

2. 証券市場における企業情報の開示

(1) 証券市場の成立の前提

　証券市場においては，有価証券の権利・内容とともに，発行体の事業内容，財務状況等に関する投資判断情報が開示される必要がある。株式（株券）のように，投資対象証券の権利・内容が一般的に理解されている場合，後者の発行体に関する開示に焦点が当たる。市場における投資対象としては，上場株券が広く一般的であることを踏まえ，本章では投資判断情報の提供として上場会社による企業情報の開示を取り上げる[4]。

　証券市場においては自己責任原則が投資の前提とされている。したがって，証券市場が市場として機能するためには，企業内容等に関する開示情報が投資者が自らの投資判断に責任を負って然るべきであるとされる程度のものであることが大前提である。換言すれば，投資判断情報として重要な企業情報の開示が的確に行われて初めて，投資者が投資判断の自己責任を受け入れる素地が整えられることとなり，証券市場が成立することになる。

　こうした投資判断情報の開示の重要性を踏まえて，金融商品取引法において企業情報の開示制度の整備を法の目的として掲げて重視しているところである（金商法1条）。

(2) 証券市場への企業情報の開示ルート

　証券市場に対する投資判断情報の開示は，その情報提供ルートを開示主体別にみれば，証券の発行者（上場会社）が行うもの，証券市場の開設および管理を行う者（金融商品取引所）が行うもの，およびこれらの者以外の者（政府，中央銀行等）が行うものとに区分される。これらのうち，本章では，前述のとおり，上場会社が行う開示を考察対象として取り上げることとする。

　開示主体が上場会社である場合の投資判断情報の開示ルートは，次の3つ

---

[4] 本章では上場会社による開示を論述対象としていることから，自主規制機関としては金融商品取引所を取り上げる。

の形態に区分される。
　①　公的規制による開示：金融商品取引法による法定開示
　②　自主規制による開示：金融商品取引所の規則等による適時開示等（本章では紙幅の関係から，規則による適時開示のみを取り上げる）
　③　任意開示：上場会社が自発的に任意に行う企業情報の開示

　上記①と②は，情報開示の根拠が法律か金融商品取引所の規則かという違いはあるものの，開示主体たる上場会社にとっては開示の実施が義務づけられている情報開示ルートである。つまり，投資の自己責任を求める前提の1つとしての企業情報の開示は，証券市場に係る規律を定めた金融商品取引法と同法の下で証券市場の開設と管理・運営を行う者としての自主規制機関たる金融商品取引所の定めた規則により確保される。金融商品取引所の規則は，金融商品取引法を所管する当局（内閣総理大臣）の審査・承認が必要であり（金商法82条1項1号），同法の目的を踏まえ，取引所は市場における公正円滑な取引および投資者保護に資するため，自主規制業務を適切に行わなければならない（金商法84条1項）。

　したがって，公的規制としての法定開示の①とともに②の自主規制としての適時開示によって，投資判断に資する開示の確保を図ることが必要である。すなわち，①の法定開示と②の適時開示は，双方をもって実質的に開示制度を構築しているものとして捉えることが適当である。

　また，③に掲げた，上場会社による任意の情報開示は，①および②の規制開示のみで企業情報の提供が十分であるかどうか，企業に関する理解をより深めるなどの観点から，企業情報の利用アプローチを広げるとともに，企業内容等に対する理解をいっそう深めるための工夫を行うものであり，企業情報の開示において重要な役割を果たしている場合がある。

　したがって，開示制度としての①，②のルート，換言すれば，その実施が義務づけられている開示と③の各上場会社がそれぞれに創意・工夫して任意に実施する開示ルートの三者が一体となった開示が，証券市場・投資者にとって有用な企業情報提供の枠組みであるといえよう。

(3) 任意開示としての統合報告書の意義の考察スタンス

　統合報告は，組織を取り巻く外部環境の下で，その戦略，ガバナンス，実績および見通しが，どのようにして短，中，長期の価値創造につながるかについての簡潔なコミュニケーションであり（FW par.1.1），財務資本の提供者に向けて，組織体の価値創造がどのようになされているかを説明するものとされている（FW par.1.7）。そして，統合報告書はフレームワークに従って作成することが求められている（FW par.1.2）。このように，統合報告書の主要目的は，証券市場・投資者に対する企業情報の任意開示として位置づけられるが，文字どおり全面的な任意開示というよりも，作成（開示）原則を提示するフレームワークに準拠して作成・開示されるという，一定の基準に基づく任意開示資料という特徴のあるものとして位置づけられる。

　統合報告の検討過程において，重要な開示ギャップの存在と多様な開示情報を提供する各種報告が「互いに結びついておらず，それぞれ別々に展開されてきたので，戦略，ガバナンス，事業運営及び財務と非財務の業績の間の重要な相互関係は，明らかにされていない。」との指摘がなされ[5]，規制開示および現行の任意開示に対して，統合報告は独自の任意開示スタイルを提示したものである。そこで，証券市場において必須の開示情報を規律すべき規制開示との比較・検討において新たな任意開示資料たる統合報告書の意義を検討することが必要と考えられる。

3. 統合報告書と規制開示の構成比較

(1) 統合報告書における開示情報の構成

　統合報告書は，前述したとおり，組織の戦略，ガバナンス，実績および見通しが，どのように価値創造につながるかについて簡潔に説明するという観点から，その内容要素間，さらに他の情報ともリンクするものとされている

---

[5] IIRC から 2011 年 9 月に公表された Discussion Paper "Towards Integrated Reporting − Communicating Value in the 21st Century", p.4．

(FW par.4.2 等)。こうした開示情報間の連携や統合報告の目的を踏まえて，統合報告書においては，財務諸表の記載・開示そのものは含んでいない。つまり，財務諸表が規制開示において開示されていることを前提として，その利用が想定されているものと考えられる。例えば，統合報告書において開示される「内容要素」における「実績」において，KPI等の量的指標は財務諸表において計上されている金額あるいはその加工によるものであり，財務諸表とのリンクが前提とされるものである。

このように，統合報告書における開示項目の中に財務諸表に計上されている金額の理解・利用を目的として開示する方法を工夫しているものがある。換言すれば，統合報告書は，財務諸表により提供される財務情報とのリンクを前提として，企業価値の創造プロセスに関する財務諸表以外の情報を開示することを求めている部分があると考えられる。

(2) 規制開示における開示情報の構成

規制開示における開示情報は，財務諸表と財務諸表以外の情報から構成されている。経営活動の実績を金額的に集約表示した財務諸表は，投資者自身が過去に行った投資判断を評価するための必須情報であり，また剰余金の分配の評価・決定にも欠くことができないため，投資判断における必須情報の開示を求める規制開示において開示情報として定められている。財務諸表以外の情報は，投資対象企業に関する理解に欠かせない情報と経営活動の実績の理解に資する情報として，概括的に大別すれば，①企業および企業環境等の理解に資する情報，②財務諸表が提供する情報に関する説明・分析，③将来予測に関する情報（適時開示），から構成されている。

(3) 統合報告書と規制開示の全体的比較
①財務諸表

統合報告書と規制開示による開示情報の構成を比較すると，まず財務諸表が開示情報とされているかどうかが大きな違いである。これは，両者の開示資料としての意義・目的を反映したものであろう。統合報告書においては，

財務数値そのものについては他の開示資料との連携を前提として，企業価値の創造プロセスの理解に重点がおかれ，その結果として経営活動の実績として示される量的データのうち，企業活動を金額的に集約表示する財務諸表そのものは内容要素には含まれていない。

したがって，統合報告書においては，事業活動内容（ビジネスプラン）とそれをコントロールするガバナンス等の開示に重点がおかれている。統合報告書が任意開示資料であり，企業自らへの理解をより深める工夫の観点からの情報提供ツールであることを踏まえれば，財務諸表に関する開示について規制開示と異なる方向づけとなることは，むしろ，当然でもある。規制開示と異なってこそ，任意開示を行う意義があるともいえよう。

②財務諸表以外の情報

財務諸表以外の情報は，前述のとおり，3つの類型に大別される。フレームワークには，「基本原則」（FW 3.GUIDING PRINCIPLES）等が示されているが，開示情報として「内容要素」（FW 4.CONTENT ELEMENTS）の8項目，すなわち組織概要と外部環境，ガバナンス，ビジネスモデル，リスクと機会，戦略と資源配分，実績，将来の見通し，作成および開示の基本が掲げられている（FW par.4.1）。そこで，統合報告書と規制開示との比較においては財務諸表以外の情報を取り上げることとなる。本章においては，紙幅の関係もあり，上記「内容要素」のうち，経営活動の実績を金額的に集約表示した財務諸表の理解と将来の見込みという企業の将来キャッシュ・フローの分析・評価等に直接的にかかわる「実績」と「将来の見通し」に関する開示を取り上げて，比較・検討することとする。これらは財務諸表以外の情報であるが，財務諸表とともに一体情報として経営活動の実績を説明することで将来キャッシュ・フローの分析・評価において意義あるものとなることを踏まえたものである。

4. 法定開示と統合報告書の比較

(1) 有価証券報告書における開示

　法定開示は，発行市場開示と流通市場開示から構成されるが，ここでは統合報告書との関係で後者を論議対象として取り上げる。流通市場開示は，定期開示と臨時開示から構成されるが，統合報告書が各事業年度ベースで作成・開示されることを踏まえ，定期開示を取り上げる（適時開示との比較・検討においても同様とする）。そこで，以下において，年度ごとの定期の法定開示資料である有価証券報告書を取り上げることとする。

　有価証券報告書は，事業内容，経営成績等の分析・説明，経営陣の構成，コーポレート・ガバナンス等の記述式情報である財務諸表以外の情報と財務諸表の両者から構成されている（開示府令第3号様式）。

(2) 統合報告書の「実績」開示との比較

　フレームワークによれば，統合報告書においては，実績の開示について，戦略目標をどの程度達成したかを説明することを求め（FW par.4.30），定量的情報（KPIのような定量的指標も有用だとしている）および定性的情報を含むことが必要だとしている（FW par.4.31, 4.32）。ただし，KPIのような定量的指標の基礎数値となる金額を表示する財務諸表に直接的に係る前述の財務諸表以外の情報である「②財務諸表が提供する情報に関する説明・分析」の開示を明示的には求めていない。これは，この②情報が財務諸表と同様に，通常，規制開示において開示がなされていることを踏まえた対応であると考えられるが，規制開示において開示ギャップがあることが統合報告書を提示する理由の1つであることからすれば，この②情報の開示について，さらに任意開示として工夫したものが統合報告書において端的に明示されることが望ましいと考えられる。

　有価証券報告書における②情報の該当項目として代表的なものが「財政状態，経営成績及びキャッシュ・フローの状況の分析」であり，次の内容となっ

ている（開示府令第3号様式「記載上の注意」16，開示府令第2号様式「記載上の注意」37）。

> a　届出書に記載した事業の状況，経理の状況等に関して投資者が適正な判断を行うことができるよう，提出会社の代表者による財政状態，経営成績及びキャッシュ・フローの状況に関する分析・検討内容（例えば，経営成績に重要な影響を与える要因についての分析，資本の財源及び資金の流動性に係る情報）を具体的に，かつ，分かりやすく記載すること。

　有価証券報告書の記載においても，「具体的に，かつ，分かりやすく記載すること」とされているが，実際の有価証券報告書の記載においては抽象的表現にとどまっているものが多い。例えば，財務諸表に表示されている金額の増減額・増減率を掲げて，その理由を若干掲げているに過ぎないものが多い。特に，売上高や各段階の利益等に係る増減額・増減率については，財務諸表をみれば，当然，算定できるものであり，この開示項目における独自情報とはいえない。

　このように，「実績」の開示において，統合報告書と有価証券報告書との最も重要な差異は，企業が目標としている指標を示したうえで，その実績と乖離の原因を具体的に説明することが有価証券報告書には明確に求められていないところである。こうした情報が，将来キャッシュ・フローの分析・評価等を行ううえで重要なものであることは論を俟たない。

　ここで，企業の達成目標について定量的説明および定性的説明を行って，その実績との比較・差異分析を理由を付して説明した情報が有価証券報告書において開示されずに，任意開示である統合報告書において開示された場合で，当該情報が，投資判断に影響を及ぼすべき重要な情報であるときには，選択的開示の問題が生ずるおそれがあることに留意する必要がある。統合報告書は，任意開示であるため，当該重要な情報を一般に開示せずに，特定の者を対象にして情報提供するかどうか，企業の任意の決定によるからである。

(3) 統合報告書の「将来の見通し」との比較

　有価証券報告書においては，将来に関する事項の開示は禁止されていないが，そもそも開示を義務づけておらず，開示した場合には単に開示書類の「提出日現在において判断したものである旨」を付言することが求められているにすぎない（開示府令第3号様式「記載上の注意」16，開示府令第2号様式「記載上の注意」37）。一方，統合報告書においては，将来の課題や不確実性を明らかにして，それらがビジネスモデルや実績にどのような影響を与えるかという将来の見通しの開示を求めている（FW par.4.34）。将来の見通しは，今後の変化や実現可能性との関係が重要であり，さらに組織外部の者が開示された情報の理解を促す観点から，先行指標，目標KPI等の提起・説明も有用だとしている（FW par. 4.38）。このように，統合報告書の「将来の見通し」の開示は，有価証券報告書と大きく異なっている。

5. 適時開示と統合報告書の比較

(1) 決算短信における開示

　上場会社は，年度ごとの定期開示として，決算内容が定まった場合は，金融商品取引所（本章では日本の主要取引所としての（株）日本取引所グループの（株）東京証券取引所（以下，東証という）を取り上げる）の所定の決算短信により，ただちにその内容を開示することが義務づけられている（東証・有価証券上場規程404条）。そこで，適時開示における開示資料としては，決算短信を取り上げることとする。

　決算短信は，サマリー情報と添付資料から構成されている。前者は，決算内容（財務諸表）の要点を簡潔に取りまとめたものである。後者は，経営成績・財政状態に関する分析，経営方針等の文章情報（定性的情報と呼称されている）と財務諸表から構成され，開示情報の主体となっている。

(2) 統合報告書の「実績」開示との比較

　決算短信は，財務諸表によって表示される金額情報だけでは読み取ることが困難な企業の経営実態について，企業自身の分析や判断に基づいて説明を行った定性的情報について，「経営成績・財政状態に関する分析」として開示を求めている（東証「決算短信・四半期決算短信の作成要領等」の「2. 決算短信の作成要領」(1) ② a (b)）。

- 経営成績に関する分析：当期の経営成績，今後の見通し，中期経営計画等の進捗状況，目標とする経営指標の達成状況
- 財政状態に関する分析：資産，負債，純資産及びキャッシュ・フローの状況に関する分析，キャッシュ・フロー関連指標の推移

　統合報告書と決算短信は，それぞれの作成基準（前者の基準はフレームワーク，後者の基準は「決算短信の作成要領」）における表現・規定ぶりは異なるが，企業が達成目標としているもの（定量的目標）とその実績を比較して，乖離状況等に関して説明することを求めている点において，基本的に同様であると考えられる。つまり，決算短信においては，定量的目標とそれに関する定性的説明が求められており，同一とはいえないが，統合報告が求めている定量的および定性的説明の開示の方向に大きな差異はないといえよう。なお，統合報告書と決算短信の作成基準が例示している定量的目標は，あくまで例示であり，個々の企業により決定されるものである。したがって，それぞれの例示が異なること自体は両者が目指すところの差異を示すものではない。

(3) 統合報告書の「将来の見通し」との比較

　決算短信は，「サマリー」において次期の業績予想（売上高，経常利益等の見込み額）の開示と「添付資料」において次の将来情報の開示を求めている（「決算短信・四半期決算短信の作成要領等」の「2. 決算短信の作成要領」(1) ② a (d)）。

第2部　統合報告書導入にあたっての課題

> 経営方針：会社の経営の基本方針，目標とする経営指標，中長期的な会社の経営戦略，会社の対処すべき課題，その他会社の経営上重要な事項

　また，東証では「上場会社と投資者との間の重要な情報格差を解消し，投資者との充実した対話を通じて証券市場における公正かつ円滑な価格形成を確保する観点から，上場会社が，それぞれの実情に応じて将来予測情報の積極的な開示に取り組むよう要請」している（「決算短信・四半期決算短信の作成要領等」1.（2）④）。ここに，「将来予測情報」とは，主要な経営指標（例えば，売上高，利益，ROEなど）の見込みや，将来の経営成績に影響を与える財務指標（例えば，設備投資や研究開発に係る支出など）の見込みその他の将来の見通しに係る情報をいう（「決算短信・四半期決算短信の作成要領等」1.（2）④）。こうした要請を受けて，次期の売上高・各種利益等の将来情報が決算短信で大半の上場会社により開示されていることは広く知られているところである[6]。

　統合報告書においては，将来情報として，組織の戦略遂行に当たり，どのような課題および不確実性に遭遇する可能性が高いか，ビジネスモデルおよび将来の実績への潜在的な影響の開示を求めている（FW par.4.34）。前述のとおり，「実績」の開示において達成目標等との比較・説明を求めていることから，結果的にこうした達成目標等の将来情報が「将来の見通し」として開示されることが想定されているものと考えられる。上述の「潜在的な影響」には将来の財務実績や外部環境やリスクと機会等に関する議論も含まれる（FW par.4.37）ほか，先行指標・KPI等の開示もできるとしている（FW par.4.38）。また，将来情報の開示においてはその前提の要約の開示も有用であることを示している（FW par.4.38）。

　このように，統合報告書の「将来の見通し」において取り上げる開示項目等についてフレームワークは規定している。決算短信の「作成要領」におい

6）東証「平成25年3月期決算短信発表状況等の集計結果について」（平成25年6月）によれば，平成25年3月決算会社の95.5％が開示しており，大半の上場会社が業績予想を開示することで推移している。

ては，将来予測情報として，指標の例示を提示しながら主要な経営指標の見込みや将来の経営成績に影響を与える財務指標の見込みについて開示を求めており，フレームワークに比して，より実務的，具体的な指針を規定しているといえよう。

6. 開示情報のあり方と統合報告書の意義

(1)「実績」と「将来の見通し」に関する比較・検討の評価

統合報告書による「実績」の開示は，有価証券報告書に比して，財務諸表の理解にも資する，より有用性の高い内容のものを求めていると考えられる。一方，決算短信との比較においては，両者が求める開示内容に重要な差異はないといえよう。

「将来の見通し」の開示は，有価証券報告書においてはそもそも開示が義務づけられていないことから（開示の禁止はされていない），通常，実際にも開示されていない。前述のとおり，決算短信においては開示が勧奨されていることから，大半の上場会社により開示されており，決算短信と統合報告書が求める「将来の見通し」に重要な差異はないが，「将来の見通し」として何を開示するかは，統合報告書においては個々の企業の判断に委ねられており，開示すべき項目の例示はされていない。

以上のとおり，統合報告書における「実績」と「将来の見通し」の開示は，規制開示と連携しつつ有用な投資判断情報を提供する任意開示として評価できよう。

(2) 統合報告書（フレームワーク）の意義

統合報告書は，そもそも任意開示資料である。規制開示は，自己責任原則の下での投資判断の責任を負うに足り，かつ，証券市場における価格発見等の適切な市場機能の確保のための，合理的な投資判断において欠くことのできない情報，いわば必須情報を求めて規律するものである。一方，必須情報

以外に，企業が自ら，その理解をより求めたいところに関して任意に情報提供することは意義のあることである。自主規制開示情報から法定開示情報に，任意開示情報から規制開示情報にと位置づけが変わった企業情報もあり，また情報開示のための手段やそれを実施する機会提供等を踏まえても，規制開示と任意開示の相互連携は重要である。

こうした任意開示情報の意義を踏まえれば，企業による多様な対応があることに問題はない。こうした中で，企業価値創造のプロセスに関する情報として任意開示の統一的なフレームワークが策定されることは，開示指針が提供されることとなるため，企業にとっては「原則」を踏まえて投資者に有用な情報を提供するための基礎となることに加え，情報の利用者からしても各企業の比較等において有意義なことである。また，フレームワークの設定は，任意開示情報に係る信頼性を得ることにも資するものであるといえよう。

7. おわりに

フレームワークが統合報告書において開示を求める財務諸表以外の情報が重要である理由について，大別すれば，次の3点に集約できると考えられる。

① 財務諸表計上金額等の意味するところは，財務諸表のみでは適切に理解し，評価・分析することが困難であること。
② 企業価値を生み出す経営資源として重要な人的資産，生産ノウハウ，ブランド等の無形資産が現行制度会計による財務諸表に計上されていないこと。
③ ビジネスリスク等のマネジメント情報，将来情報等は，そもそも経営活動の実績を集約して金額表示する財務諸表の対象外であること。

上記①に掲げた点は，一定の様式により集約表示された財務諸表上の金額だけでは，当該金額の意味しているところを的確に理解することは困難であることを示している。上記②に掲げた経営資源が，企業の利益・キャッシュ・フローの生成プロセスにおいて重要な役割を果たしている点については，そ

の程度が企業によって異なるものの,特に異論がないところであろう。しかし,現行制度会計においてはこうした無形資産の認識・測定はできず,財務諸表には計上されていない。上記③については,特に説明も不要であろう。したがって,証券市場における投資判断情報の提供手段としての開示情報に対して求められるものが,財務諸表のみでは充足されないことは明らかである。

企業の経営活動においては,経営資源の有効活用と成長・発展との関係が重要視されている。それらの把握に対するアプローチは企業それぞれの対応により異なっているものと考えられ,企業・経営者による説明がないと,投資者と企業との間の重要な情報の非対称は解消されず,投資判断にとって問題である。

したがって,財務諸表以外の重要な情報について,より充実した開示を求める統合報告書における内容要素の開示は評価されるべきである。しかし,統合報告を巡る論議について,「現在の財務報告の複雑性や重複の解消,実務上の過重負担の軽減にもつながる統合報告に対する大きな期待や,「統合」の言葉自体がもつ多様なイメージが先行し過ぎているように思われる。」(古庄,2011,18頁)といった指摘について,任意開示の意義を踏まえて十分留意する必要があると考えられる。

また開示情報の利用を前提としている規制開示の役割が十分認識されたうえで統合報告書を活用されることが望まれる。統合報告書による開示の中で,本章で取り上げた「実績」および「将来の見通し」についていえば,規制開示において実際に開示されている内容が,その作成基準の趣旨を反映したものとなっていないものがあることを否定できない。一方で,選択的開示における問題の発生の未然防止の観点を踏まえ,まずは自主規制開示である適時開示において事業活動の実績と将来の評価・分析に関する開示を充実させ,当該適時開示の存在を前提として,統合報告書において「実績」および「将来の見通し」について開示することが望まれる。社会的評価や事業環境等を踏まえて,企業自身および事業活動等に対する外部利害関係者からの理解をより深める観点から,任意の情報提供をどのように行うかは各企業の独自の判断によるものであろう。こうした中で,IIRCによる統一的な開示フレー

ムワークの設定は，開示主体たる企業サイドばかりでなく，開示情報を利用するサイドにとっても，各企業の開示スタンスの理解，開示情報の効果的な分析・評価等や企業間比較の観点から，有用なものといえよう。

参考文献

伊藤邦雄（2011）「財務報告の変革と企業価値評価」『企業会計』63（12），48-57頁。
古庄修（2011）「統合財務報告制度の形成と課題」『国際会計研究学会年報』2，17-29頁。

第9章

統合報告と制度的対応
―英国の統合報告に関する規制の試み―

1. はじめに

　統合報告ないしは統合報告書は，わが国においては，ごく新しい現象といえる。その方向性については，法律家も注目しているものの（例えば，尾崎，2013, 129頁），これまでのところ，統合報告書に関する法制度の検討などは，まだ行われていない段階である（ただし，本書の第2部第7章・第8章参照）。しかしながら，企業の開示情報には，財務情報と非財務情報があり，財務情報に適切な説明を加え，あるいは補足的な情報提供が伴うことで，全体としての開示情報の質的向上が図られ得るとすれば，それを統合報告と呼ぶか否かは別としても，その方向での制度的な対応を検討すべきときが，やがては到来するのではないかと考えられる。

　英国は，近年，非財務情報の開示に関する法規制の整備に積極的に取り組んでいることで，注目されている。英国では，現行法である2006年会社法（Companies Act 2006：CA）の制定を経て，2010年から，本格的に非財務情報の開示に関するフレームワークの見直し作業が進められ，2011年に，法律案を付した意見聴取文書を公表して意見聴取を行う等したうえで，2013年8月に，会社法の関連条項が改正された。同年10月1日から改正法が施行されている。本章では，このように法制度上の対応において先行する英国について，近年の動向をフォローするとともに，統合報告に向けた非財務情報の開示について，どのような法的条件ないしは制度的な条件が，英国にお

ける制度的な対応の前提となり，あるいはこれを促す要因となっているかを検討し，わが国における今後の示唆を得たいと思う。

　以下，英国について，第2節において，2013年の改正前の非財務情報開示に関する規制を確認し，第3節で，非財務情報開示に関するフレームワーク見直し作業と法改正の内容をフォローした後，第4節で，むすびに代えて，英国でこのような制度的な対応が行われるに至った法的ないしは制度的な条件を考察することにする。なお，本章における英国会社法等の条項についての説明は，特に言及のないかぎり，大会社または上場会社等（quoted company）に適用される規制に関するものである（上場会社等の定義については，CA 385条）。

2. 非財務情報（記述的な情報）の開示に関する従来の規制

(1) 英国会社法の規制

　会社法には，伝統的に，取締役に作成が義務づけられる株主向けの記述的な報告書として，取締役報告書（directors' report）がある（CA 415条1項2項）。取締役報告書は，将来情報を含めた記述的な情報提供の媒体として，近年その重要性を高めてきた。また，取締役報告書の記載事項のうち，取締役の報酬に関する情報は，現在では，取締役報酬報告書（directors' remuneration report）として，独立した報告書に分離されている。

　取締役報告書と取締役報酬報告書は，年次計算書類とともに，株主総会に提出される他，株主・社債権者等への送付が義務づけられており（CA 423条・424条），所定の場合には，計算書類等（計算書類，取締役報告書および取締役報酬報告書）の要旨（summary financial statement）を提供することで，これに代えることができる（CA 426条）。計算書類等は，会社登記所における公開の対象とされ，上場会社等では，自社のウェブサイト上での公開も会社法により義務づけられている（CA 430条）。

　取締役報告書には，基本的な事項として，当該事業年度における取締役の

氏名，当該事業年度の主な活動（グループ取締役報告書では，連結対象企業の主な活動），取締役が配当の支払を勧告した金額（CA 416 条 1 項～3 項）の他，会社法 417 条により，事業レビュー（business review：BR）の記載が要求される。

　BR は，会社法 172 条に定める取締役の義務（従業員の利益，ステークホルダーとの関係，社会・地域社会や環境への事業活動の影響等を考慮しつつ，会社の成功を促進する義務）を取締役がいかに果たしたかを開示して，株主の評価を助けることを目的とする開示項目であると定められている（CA 417 条 2 項）。BR の記載事項としては，事業の公正なレビュー（a fair review of the company's business），および，会社が直面する主なリスクと不確実性に関する事項（CA 417 条 3 項）に加え，事業の規模と複雑さに応じて，年度を通じた事業の展開と成果，および，年度末の事業の状況に関するバランスのとれた総括的な分析（CA 417 条 4 項）があげられており，また，事業の展開・成果および状況を理解するために必要なかぎりで，財務上の主要なパフォーマンス指標（以下，KPI という）を用いた分析，および，適切な場合には，環境・従業員に関する情報を含む他の KPI による分析を記載しなければならない（CA 417 条 6 項）。さらに，BR には，適宜（where appropriate），年次計算書類に含まれる金額への言及および追加説明を含めることが求められる（CA 417 条 8 項）。このように BR は，従来から財務情報と非財務情報を統合する色彩の強い開示項目である。

　上場会社等の場合には，事業の展開・成果および状況を理解するために必要なかぎりで，(a) 事業の将来的な展開，成果および状況に影響すると思われる主な潮流および要因，(b) ①環境に関する事項，②従業員，および，③社会・地域社会に関する事項について，会社の方針および当該方針の効果に関する情報，ならびに，(c) 事業にとって必須の契約その他の取決めを結んだ相手方に関する情報（ただし，当該者の利益を著しく侵害し，公益に反すると判断される場合は除外）の記載が求められる。これらの開示には「…を理解するために必要な限りで」という限定が付されているが，それは取締役に開示するか否かの裁量権を与えるものではないと理解されている

(Davies, 2012, p.779)。なお, 会社法 417 条の定めは, 会社の利益を著しく害すると取締役が判断するときは, 差迫った展開や交渉過程にある事項について, 適用の免除が認められる（CA 417 条 10 項）。その他の記載事項については, 大会社・中規模会社・グループ（計算書類および報告書）規則に規定されている[1]。

他方, 取締役報酬報告書の記載事項についても, 会社法の規定（CA 420 条 1 項・421 条 1 項）に基づき, 前述の規則の附則 8（Schedule 8）[2]において, 個々の取締役の報酬額とその内訳, 取締役報酬に関する会社の方針等々が, 監査対象外情報と監査対象情報に分けて, かなり詳細に規定されている。取締役の長期インセンティブ報酬は, 上場規則（FCA Handbook, Listing Rules：LR）においても, 別途開示対象とされており（LR 9.8.8（3）～（6）), 開示規制の重複が生じていた。

（2）金融サービス市場法による規制

わが国の金融商品取引法にあたる 2000 年金融サービス市場法（Financial Services and Market Act 2000：FSMA）は, 金融監督機構（Financial Conduct Authority：FCA）[3]を同法上の規制機関とし, 2000 年以降は FCA が上場所轄機関（UK Listing Authority）を兼ねている。FCA の開示・透明性規則（FCA Handbook, Disclosure Rules and Transparency Rules：DTR）や上場規則等により, 所定の上場会社には財務情報の開示に加えて, 一定の記述的な情報の開示が求められる。ちなみに, 英国では, 金融サービス市場法およびその関係法令上, わが国の有価証券報告書に相当する書類やその作成に関する規則は存在せず, 会社法の下で作成される年次計算書類や取締役報告書等が, 上場会社等の年次財務報告（annual financial report）

---

1) 大会社につき, The Large and Medium-sized Companies and Groups (Accounts and Reports) Regulations 2008 (SI 2008/410)。記載事項の詳細は, 宝印刷総合ディスクロージャー研究所編（2012）69 頁。
2) 附則 8 の詳細は, 宝印刷総合ディスクロージャー研究所編（2012）73 頁。
3) 2012 年金融サービス法による規制体制の再編によって, 従来の金融サービス機構（Financial Services Authority）から, 組織替えになった。

の基本的な内容を兼ねている。例えば，取締役報告書における BR の記載事項の多くは，開示・透明性規則における経営報告書（management report）の記載事項に対応している（DTR 4.1.8, 4.1.9）。上場会社等の情報開示は，規制情報サービス（Regulated Information Service：RIS）を介して行われる（DTR 6.3.3（2）R）。

まず，FCA の上場規則により，上場会社のうちプレミアム上場会社[4]は，年次報告書（annual report）において，コーポレート・ガバナンス・コード（以下，UKCG コードといい，UKCG と略記する）の遵守状況等を開示することが求められる。UKCG コードの基本原則について株主がその適用状況を評価できるような方法で記載すること，UKCG コードの関連規程の遵守状況を記載すること，不遵守の場合には，遵守していない規程を特定し，遵守に継続性のある規程の場合には不遵守の期間を示して，不遵守の理由を開示すること等が求められている（LR 9.8.6（5）・（6）R）。ちなみに，UKCG コードには，取締役は年次報告書において，長期的に会社が価値を生み，これを維持する基盤（ビジネス・モデル）と会社の目的を達成するための戦略に関する説明を含めなければならない，との規程（UKCG C.1.2）がおかれている。

また，FCA の開示・透明性規則により，スタンダード上場会社等（規制市場での証券の取引を認められた発行者で，CA 1 条 1 項の意味における会社）は，取締役報告書に，コーポレート・ガバナンスについての記載（corporate governance statements：CGS）をすることが求められる。当該発行者が服するコーポレート・ガバナンス・コードについて所定の事項を記載したうえで，財務報告に関する発行者の内部統制・リスク管理システムの主な特徴（DTR 7.2.5 R），株式資本に関する情報（DTR 7.2.6 R），発行者の管理・経営・監督機関と委員会の構成・運営（DTR 7.2.7 R）を記述しなければならない。CGS を独立したコーポレート・ガバナンス報告書とすることも可能とされている（DTR 7.2.9・7.2.11 R）。

---

[4] ロンドン証券取引所の上場会社（Main Market）には，高い上場基準が適用されるプレミアム上場（premium listing）と EU の最低限の基準が適用されるスタンダード上場（standard listing）の別があり，後者には主に海外企業が上場されている。

(3) 開示に関する監査と民事責任

①監査等

　会社法には，年次計算書類が，小会社等を除いて会計監査役（わが国の会計監査人にほぼ相当する）の監査対象とされること（CA 475 条・495 条）に加えて，会計監査役は，取締役報告書の開示情報が年次計算書類と一致するかについて意見を述べるものとされており（CA 496 条），また，取締役報酬報告書の監査対象部分についても，会計監査報告において，適法に作成されているか記載するものと規定されている（CA 497 条）。

②不実開示等に関する取締役等の民事責任

　会社法には，取締役報告書と取締役報酬報告書，およびこれらと関連するかぎりで計算書類等の要旨についてのみ，不実開示に関する取締役の責任が規定されている。取締役は，不実開示について悪意・重過失（reckless）がある場合に，会社に対してのみ責任を負い，その他の第三者に対しては責任を負わないとされる（CA 463 条 2 項 3 項 4 項）。この規定は，BR の導入に当たり，将来情報の開示を促すためにセーフハーバー規定として設けられたと理解されており（Davies, 2012, p.782）不実の情報開示が行われても，取締役の対第三者責任を免除し，悪意・重過失ある場合に会社に対してのみ責任を負うことを明らかにしたものである[5]。なお，他の開示書類の不実開示等に関する民事責任規定は会社法に設けられていない。

　また，金融サービス市場法には，2010 年の発行者の民事責任に関する規則[6]によって，90A 条と附則 10A が追加されている。これにより，不実開示等（RIS による開示情報が不実もしくは誤導的である場合または不誠実に開示を遅延する場合）に関する民事責任の主体は，発行会社のみとされ，他の者は発行会社以外の者に対して責任を負わないことが明定されている。発行会社が民事責任を負う主観的要件は，不実開示等についての経営責任者の悪意・

---

5) Davies（2012, p.782）は，会社に対する negligence 責任を免除するものと説明する。
6) Financial Services and Markets Act 2000 (Liability of Issuers) Regulations 2010 (SI 2010/1192)

重過失とされる。民事責任を追及できる者は，当該発行会社の証券の取得者，保有者または売却者とされ，これらの者が不実開示等の結果として被った損失 (loss in respect of the securities as a result of any untrue or misleading statement…) が保護の対象である。

3. 非財務情報の開示に関するフレームワーク見直しの試み

(1) 新たな開示フレームワークの提案

2006年会社法制定以降，非財務情報の開示については，実態調査が繰り返し行われて，必ずしも十分な開示の質とわかりやすさを確保できていないことが明らかにされた。特に，BRについては，多くの実態調査がなされており，将来情報の記載，非財務的なKPIの活用，主たるリスクの開示等について達成度の低さが指摘されていた（ASB, 2007；ASB, 2009a；ASB, 2009b；Aiyegbayo and Villiers, 2011, pp.708-709）。財務報告評議会（Financial Reporting Council：FRC）は，2009年の報告書において，英国の開示制度は複雑すぎて早急な改善が必要であると指摘した（FRC, 2009）[7]。

これを受けて，事業・革新・技能省（Department for Business, Innovation & Skills：BIS）は，2010年に非財務情報の開示フレームワークについて，どの程度適切に機能しているか等に関する意見聴取を行い（BIS, 2010a）[8]，その結果とその後の利害関係者との度重なる意見交換を踏まえて，2011年に，新たな意見聴取文書（BIS, 2011）を公表した。

BISは，この文書において，取締役報告書と取締役報酬報告書を廃止し，これらに代えて，戦略報告書（Strategic Report）と年次取締役ステイトメント（Annual Directors' Statement）を導入する案を提示した（図表2-9-

---

7) FRC (2009)．なお，FRCは，コーポレートガバナンスと企業情報開示の促進について，独立の規制機関であり，UKCGコードの設定主体である。
8) BIS (2010a)．URN10/1057. 寄せられた意見をまとめた報告書は，BIS (2010b)．URN 10/1318.

図表 2-9-1　BIS の見直し案（2011 年 9 月）

```
Strategic Report (SR)
目的：主要なリスクと将来の見通しを含む，重要な戦略情報の提供
内容：戦略，ビジネスモデル，（主要な財務データを含む）成果，リスク，
　　　社会・環境情報，コーポレート・ガバナンスと報酬に関する重要情報
```

↓　　　　　　　　　　　　　　↓

Annual Directors' Statement	Financial Statements
目的：SR を支えるより詳細な情報提供 　オンライン上での比較可能性と検索性を助けるため今以上に詳細なデータのフォーマット，オンライン開示をデフォルト・ルール 内容：重要性にかかわらず法律が要求する情報 ＋ 任意の追加情報 取締役報酬報告書・コーポレートガバナンスの記載・監査委員会報告を含む。	（監査済報酬情報と監査報告を含む） （改正提案はされていない）

出所：BIS（2011）Figure 1 より筆者作成。

1）。戦略報告書は，会社の戦略・リスク・事業モデルの簡潔な説明を提供するもので，基本的な財務情報を添えて，環境・社会に関する基本的な情報と，目下の挑戦と商機の将来性に関する分析を含め，会社にとって重要性のあるより広範な事項を統合し，現在の BR の内容も盛り込んで，財務情報やその他の情報源から抽出された高いレベルの情報で補完される，と構想されている。特に上場会社等については，会社の成果と取締役等の報酬との関係を開示する他，事業の理解に必要なかぎりで，社会・環境・人権への配慮がどのように会社の事業モデル・戦略と関係しているかを説明し，これらの項目間の結び付きを示す統合報告とすることが企図された。他方，年次取締役ステイトメントは，重要性やインパクトにかかわらず開示が要求される情報の器とすることが構想され，戦略報告書においてクロス・リファーすることで，特定のトピックについてより詳細な情報へのアクセスを容易にし，またビジュアル化を進めて，オンライン開示を前提に，実績の特定の側面について詳細な情報を有用かつ効率的に提供する媒体とすることが考えられていた。

また，取締役の報酬については，報酬支払と会社の成果の関係について，より詳細な情報開示を要求することとし，報酬報告の主要な要素は戦略報告書で提供し，詳細な報酬報告は年次取締役ステイトメントで提供する，という提案であった。

なお，開示情報の監査と保証（assurance）についても，従来の基準を引き上げるか否かが検討項目とされていたが，基準の引上げを明示的に提案するには至っていなかった。

(2) 2013年規則による2006年会社法の改正
①改正規則案の公表

翌2012年10月，BISは改正規則案（BIS, 2012）を公表したが，そこでは，戦略報告書（以下，SRという）は，従来のBRに替わるものという位置づけに変わっていた。上場会社は，SRにおいて，事業の理解に必要なかぎりで，戦略，ビジネスモデルおよび人権に関する事項を報告し，ダイバーシティに関する記載等も追加するものとされた。将来的には，SRだけを（現在の計算書類等の要旨のように）同意する株主に送付することが構想された。また，開示の軽減・簡素化として，取締役報告書について，重複して要求される開示項目，他の法令で要求される項目，意味のある情報を提供しないと思われる項目等を削除するものとした。前年の提案からの大きな変更点は，年次取締役ステイトメントに関する提案を撤回したことであり，これに伴い，SRの統合報告としての特徴も相対的に後退したということができる。もっとも，年次取締役ステイトメントに関する提案を撤回した理由は，オンライン開示に関する規制の技術的な問題であって，一旦法規定を設けると，その後のテクノロジーの発展に対応できなくなる懸念があったためであると説明されており，今後も検討を継続することが明記されている。したがって，必ずしも前年の提案の方向性が否定されたわけではないように見受けられる。

なお，2012年9月には，UKCGコードが改訂され，取締役は，年次報告書と計算書類が全体として公正かつバランスがとれて理解しやすいものとなり，会社の成果，ビジネスモデルおよび戦略を株主が評価するために必要な

情報を提供するよう考慮した旨を記載することを求めるように，同コードの規程（UKCG C.1.1）が改訂されている。

② 2013 年規則による会社法の改正

 2013 年 8 月，議会両院の承認を受けて，会社法の一部を改正する the Companies Act 2006 (Strategic Report and Directors' Report) Regulations 2013 (SI 2013/1970；以下，SR 規則という)[9] が制定され，同年 10 月 1 日から施行（2013 年 9 月 30 日以降に終了する会計年度から適用）されている。規則名にあるとおり，SR の導入と取締役報告書の改正が，主な内容である。なお，取締役報酬報告書については，別途改正作業が進められた。

 まず，SR の導入についてみると，取締役報告書の記載事項から BR を削除（CA 417 条を削除）し，これに代えて，SR に関する規定を設けている。会社法 463 条等，従来 BR に適用されていた会社法の規定は，すべて SR に適用される。SR の目的は，取締役による 172 条の義務の遂行について情報を提供し，その評価を可能にすることであるとされ，その記載事項も，大枠では従来の BR と同様であるが，上場会社等については，次の事項が追加された。すなわち，事業の展開・成果・状況を理解するため必要なかぎりで，社会・地域社会に関する情報に加えて，①人権に関する情報（人権に関する方針とその方針の有効性に関する情報を含む）（CA 414C 条 7 項(b)号），②戦略とビジネスモデルの記載（CA 414C 条 8 項(a)号・(b)号），③ダイバーシティに関する情報（取締役・上級管理職・従業員の性別ごとの人数）（CA 414C 条 8 項(c)号）である。②は，従来 UKCG コードの開示事項であったところ，強行法規により開示されることになった。また，取締役報告書の記載事項中，戦略的重要性をもつ事項は，SR に記載することができるよう改正された（CA 414C 条 11 項）。つまり，非財務情報の開示媒体である取締役報告書の記載事項のうち，BR の内容が SR に移されるとともに，戦略とビジネスモデル，人権，ダイバーシティに関する情報が追加された。取締役

---

[9] 同規則の邦訳として，沖野（2013）1769-1778 頁。

報告書がSRと取締役報告書の残存部分に細分化された，とみることもできよう。

　第2に，関連省令の改正により，株主の同意を条件に，会社は，計算書類等の要旨に代えて，SRに所定の補足書類を加えたものを，株主に送付することができるものとされた。

　第3に，取締役報告書に関する変更点として，BRがSRの記載事項に移された他，有用性の乏しい開示項目等が取締役報告書の記載事項から削除された。逆に，追加された項目には，温室効果ガスの排出量に関する情報がある（DEFRA, 2013）。

4. おわりに―若干の検討

　記述的な情報には，大別して，①財務書類を補足するもの（supplement）と②財務書類を補完するもの（complement）があるといわれる。①は，財務書類に現れる金額の追加的な説明や，財務書類に含まれる情報を形成する条件や出来事の説明を提供するものであり，②は，財務書類には現れないが，株主による企業業績や将来見通しの評価に一定程度関係する，CSRやコーポレートガバナンスにかかわる情報などである。

　英国法においては，取締役は，会社の社会的責任を勘案しつつ，会社の成功を促進する義務を負うことが会社法に明文で規定されており，これを啓発的株主価値（enlightened shareholder value）ともいう。このような法制からして，記述的な情報において，②のCSRに関する情報の存在感が強いことは英国法の特徴ともいえるが，わが国の法制においても，企業の長期的な成長という観点が重要であることに変わりはないであろう。もっとも，わが国の会社法では，財務情報と非財務情報の開示が制度上分断されており，統合報告的な開示制度の導入を考えるとすれば，開示の枠組みの見直しが必要となる。その点を勘案するとわが国では，金商法による対応を考えることの方が，現実的かもしれない。

第2部 統合報告書導入にあたっての課題

　英国会社法の取締役報告書は，取締役による記述的な株主宛報告書として，準則主義による株式会社の設立が認められた当時から存在する法定開示書類である。もっとも，英国版の MD & A といわれる OFR（Operating and Financial Review）については[10]，1993年以来の実務的な経験がある一方，取締役報告書の記載事項とする規則が制定されたのは2005年のことであり，先行的な実務上の蓄積が大きいといえる。さらに，UKCG コードが戦略やビジネスモデルの開示を求めていたように，法制度化のいわば前段階として，いわゆるソフト・ローの活用が行われており，このような手法も参考となるものと思われる。近年英国では，どのような情報を開示させるかもさることながら，いかに開示させるかということが，法規制上も，重要視されるようになっており，全体としての情報開示の質的向上が課題とされている。そのための実態調査を繰り返し行い，開示の指針を策定するといった規制機関の対応にも，参考とすべきところが多いといえよう。

　また，非財務情報開示に関するいわば側面的な支援制度として，会社法には，取締役の民事責任に関するセーフ・ハーバー規定が設けられており，また，非財務情報について，財務書類との一致を確認するかぎりで，すでに会計監査役の監査対象とされている[11]。会社法か金商法かの議論はここではおくとしても，非財務情報のうち少なくとも上記②の情報については，何らかのセーフ・ハーバー規定を検討することが重要であろう。また，監査ないしは一定の保証といった制度を，非財務情報について検討することも，今後の課題となろうし，その際にも非財務情報をさらに区分する視点が有用であろう。

　いずれにしても，英国において新法に基づく SR が作成されるのは，これからである。FRC は，2013年8月，SR の作成指針案（FRC, 2013）を公表して意見照会を行っており，おそらく IIRC の統合報告フレームワークも勘案して，SR の作成指針が2014年中頃には公表されるものと思われる。今後の SR による開示の動向に，引き続き注目していきたい。

---

10) OFR 導入の経緯については，古庄（2012）63-83頁。
11) 英国における非財務情報開示に対する保証については，山崎（2010）。

参考文献

Aiyegbayo,O.andC.Villiers（2011）The Enhanced Business Review : Has it Made Corporate Governance More Effective? JBL, 699.
ASB（2007）A Review of Narrative Reporting By UK Listed Companies in 2006.
ASB（2009a）A Review of Narrative Reporting By UK Listed Companies in 2008/2009.
ASB（2009b）Rising to the challenge : A review of narrative reporting by UK lised companies.
BIS（2010a）Corporate Law & Governance : The Future of Narrative Reporting-A Consultation, URN10/1057.
BIS（2010b）Summary of Responses : The Future of Narrative Reporting-A Consultation, URN 10/1318.
BIS（2011）The Future of Narrative Reporting : Consulting on a new reporting framework , URN 11/945.
BIS（2012）The Future of Narrative Reporting : A new structure for Narrative Reporting in the UK , URN 12/979.
Davies, P.L.（2012）*Gower's Principles of Modern Company Law*, 9th ed, Sweet & Maxwell.
DEFRA（2013）Environmental Reporting Guidelines.
Financial Services and Markets Act（2010）（Liability of Issuers）Regulations（SI 2010/1192）.
FRC（2009）Louder than Words: Principles and action for making corporate reports less complex and more relevant.
FRC（2013）Exposure Draft : Guidance on the Strategic Report.
沖野光二訳（2013）「英国2006年会社法（戦略報告書及び取締役報告書）2013年規則（SI 2013/1970）」『国際商事法務』41（12）。
尾崎安央（2013）「わが国の財務情報開示制度の課題」伊藤邦雄編『別冊企業会計 企業会計制度の再構築』中央経済社，126-131頁。
川島いづみ（2012）「英国における継続開示の法規制と非財務情報開示に関する近時の動向―英国の継続開示制度からみるわが国開示制度の問題点―」宝印刷総合ディスクロージャー研究所編『金融商品取引法上のディスクロージャー制度に関する課題』別冊商事法務369，63-81頁。
古庄修（2012）『統合財務報告制度の形成』中央経済社。
山﨑秀彦（2010）「英国における財務諸表情報の開示と保証」山﨑秀彦編著『財務諸表外情報の開示と保証』同文舘出版，45-66頁。

〈執筆者紹介〉〔担当章〕（執筆順）

森　　洋一　〔第1部第1章〕
　　公認会計士，IIRC〔国際統合報告評議会〕テクニカル・タスクフォース・メンバー

総合ディスクロージャー研究所・研究二部 ESG 担当調査チーム〔第1部第2章〕

安藤　　聡　〔第1部第3章〕
　　オムロン株式会社執行役員 経営 IR 室長

金田　晃一　〔第1部第4章〕
　　武田薬品工業株式会社コーポレート・コミュニケーション部(CSR)シニアマネジャー

津久井弘昭　〔第1部第5章〕
　　フロイント産業株式会社管理本部企画 IR 室長

小谷　　融　〔第2部第1章〕
　　大阪経済大学情報社会学部教授，総合ディスクロージャー研究所顧問

秋葉　賢一　〔第2部第2章〕
　　早稲田大学商学学術院教授

古庄　　修　〔第2部第3章〕
　　日本大学経済学部教授

宮武　記章　〔第2部第4章〕
　　大阪経済大学情報社会学部准教授

大西　又裕　〔第2部第5章〕
　　横浜市立大学客員教授

川村　雅彦　〔第2部第6章〕
　　ニッセイ基礎研究所上席研究員

平松　　朗　〔第2部第7章〕
　　宝印刷株式会社執行役員（総合ディスクロージャー研究所担当）

久保　幸年　〔第2部第8章〕
　　三優監査法人代表社員，公認会計士

川島　いづみ　〔第2部第9章〕
　　早稲田大学社会科学総合学術院教授

〈編者紹介〉

宝印刷株式会社　総合ディスクロージャー研究所

〒171-0033　東京都豊島区高田3-32-1 大東ビル2階
TEL 03-3971-3154
http://www.takara-print.co.jp/

　1967（昭和42）年，宝印刷株式会社はディスクロージャー制度に関連した法令等の調査研究およびディスクロージャー関連書類の事例収集と分析を目的とする「証券研究会」を発足いたし，以来，日本経済および証券市場の発展と共に，当社ディスクロージャーサービス業務の拡大によって培ってきた専門的知識と経験を集積し，皆様のお役に立つ形で，活動を続けてまいりました。
　近年，ディスクロージャー制度の充実・強化，IR活動積極化の必要性，グローバリゼーションへの対応などディスクロージャーを取り巻く環境は益々複雑化・高度化しております。それらに呼応すべく2007（平成19）年に「証券研究会」を発展的に改組し，「総合ディスクロージャー研究所」を新たに開設いたしました。
　「総合ディスクロージャー研究所」はこうした状況を俯瞰しつつ，全方位で問題を解決していくためのナビゲーションとサポートをご提供する専門機関として開設以降，ディスクロージャーに関する調査研究プロジェクトの開催，会計基準およびディスクロージャー制度の改正等に関する情報提供等を行ってきております。より適正な情報開示をお手伝いすることで，社会と企業を結ぶ架け橋となり，日本経済発展への貢献を果たしていきたいと考えております。

平成26年6月10日　初版発行　　　　　略称：統合報告書

統合報告書による情報開示の新潮流

編　者　ⓒ　宝印刷株式会社
　　　　　　総合ディスクロージャー研究所

発行者　　　中　島　治　久

発行所　同文舘出版株式会社
東京都千代田区神田神保町1-41　〒101-0051
営業（03）3294-1801　　編集（03）3294-1803
振替00100-8-42935　http://www.dobunkan.co.jp/

Printed in Japan 2014　　　　　　　　DTP：リンケージ
　　　　　　　　　　　　　　　　　　印刷・製本：萩原印刷

ISBN978-4-495-20051-0

JCOPY〈(社)出版者著作権管理機構 委託出版物〉
本書の無断複写は著作権法上での例外を除き禁じられています。複写される場合は，そのつど事前に，(社)出版者著作権管理機構（電話 03-3513-6969，FAX 03-3513-6979，e-mail: info@jcopy.or.jp）の許諾を得てください。